काकोरी के दिलजले

रहे रगों में रवां इसके हम नहीं कायल
बहे जो कौम के खातिर उसे लहू कहिए।
हमारे बाद भी आने को मर्दे-मैदां हैं—
हैं सरफरोश बहुत हिंद में कमी क्या है !

—अज्ञात

काकोरी के दिलजले

भारत के सशस्त्र क्रांतिकारी आंदोलन के एक स्वर्णिम
पृष्ठ का दुर्लभ दस्तावेज

रामदुलारे त्रिवेदी
(काकोरी षड्यंत्र केस के एक राजबंदी)

खोज-शोध एवं संपादन
सुरेश सलिल

नीलकंठ प्रकाशन
दरियागंज नई दिल्ली–110002

I.S.B.N. : 978-93-95145-21-3

मूल्य	:	395.00
संस्करण	:	2022
प्रकाशक	:	नीलकंठ प्रकाशन 4760-61, 23, अंसारी रोड़, दरियागंज नई दिल्ली-110002
शब्द-संयोजक	:	शोभा कम्प्यूटर्स, दिल्ली
मुद्रक	:	विशाल प्रिंटर्स, दिल्ली-110032

Kakori Ke Diljale by Ramdulare Trivedi

जिन ज्वलंत कणों का इतिहास इस पुस्तक में संकलित है,
उनके प्रतीक का एक महाप्राण 'होता' आज भी अपनी
अलौकिक आलोक रेखा से हमारा लक्ष्य निर्दिष्ट
कर रहा है। उसी अपने अत्यन्त निकट प्रिय
शालिग्राम शुक्ल की पुण्यस्मृति को
सजीव रखने के लिये यह
अपनी लघु कृति समर्पित
है।

रामदुलारे त्रिवेदी

दो शब्द

हम चले, चल दिये क्योंकि हमें—
चलने वालों का संग मिला।
हम जैसे ही अलमस्तों का, कुछ—
रंग मिला, कुछ ढंग मिला॥
—सुमन

निराशा और अंधकार के उस जमाने में गुलामी की टीस से परेशान और बेकरार हो आगे बढ़ने वाले कुछ साहसी, मनचले दिलजलों का साथ पाकर हम चल दिये थे कुछ कर दिखाने। क्षण-भर के लिए ही सही, जलकर प्रकाशमय बन जाने की अभिलाषा दिल में लेकर।

लक्ष्य आज भी सामने है। उसी तरह पूरे प्रकाश के साथ वह जगमगा रहा है, पर उसकी ओर जिनके साथ हम बढ़े थे उनमें से 'कुछ' जबर्दस्ती हमसे सदा के लिए अलग कर दिए गए हैं। कहने के लिए इस संसार से उनका अस्तित्व मिटा दिया गया है!! हमारे दिलों में उनकी कमी हरदम खटकती रहती है! हमें व्यथित और परेशान करती रहती है। पर यह लिखी जाने वाली गाथा न तो उनकी व्यक्तिगत प्रशंसा के लिए और न ही अपने उस बीते 'राजनैतिक बचपन' के कामों को जग-जाहिर करने के लिए लिखी गई है। मां की गुलामी की खटक जिन्हें आज भी परेशान कर आगे बढ़ने के लिए मजबूर करे, उन्हें इससे कुछ प्रकाश मिल जाय, इसी आशा से आज इसे आम जनता के सामने रखा जा रहा है। विश्वास है, कुछ अंशों में अवश्य ही यह अपना कार्य कर सकेगी।

—रामदुलारे त्रिवेदी

3 मार्च 1939
प्रताप प्रेस, कानपुर

रामदुलारे त्रिवेदी और उनकी यह कृति

बात कई साल पहले की है। तब मैं 'युवक धारा' पाक्षिक का संपादन कर रहा था। एक रोज रात में काफी देर तक दफ्तर का काम करने के बाद जब घर लौटने की नौबत आई तो सार्वजनिक परिवहन के सभी विकल्प अनुपलब्ध हो चुके थे। आखिरकार यह तय हुआ कि पत्रिका के सर्वेसर्वा और युवक इंका के तत्कालीन अध्यक्ष श्री तारिक अनवर के एक राजनीतिक सहयोगी जीप से मुझे मेरे घर छोड़ने जाएंगे।

रात के सन्नाटे में, दिल्ली की खाली पड़ी सड़कों पर जीप को दौड़ाते हुए अचानक मौज में आकर उक्त सज्जन, अमर शहीद रामप्रसाद बिस्मिल की मशहूर गजल 'सरफ़रोशी की तमन्ना' गुनगुनाने लगे। बीच-बीच में वह मेरी तरफ भी उम्मीद-भरी नजरों से देखते जा रहे थे कि मैं उनके तरन्नुम की तारीफ करता हूं या नहीं, मैं अपनी तरह से उस ग़ज़ल को सुन और सराह भी रहा था।

खैर, जब उनका गुनगुनाना थमा तो ग़ज़ल की 'स्पिरिट' से जुड़े रहने के लिए मैंने 'बिस्मिल' और 'अशफ़ाक़' का प्रसंग छेड़ दिया। लेकिन यह भांपते हुए देर नहीं लगी कि वह मेरी बात का सिरा पकड़ नहीं पा रहे हैं। हल्का-सा भ्रम यह हुआ कि शायद गजल से हटकर वह 'इस बेक़ार प्रसंग' पर बना-बनाया मूड न बिगाड़ना चाहते हों। लिहाजा मैंने अपनी बात जहां की तहां छोड़कर उनसे अगली ग़जल की फरमाइश कर दी। जवाब में वह बोले, "सलिल साहब, मुझे ग़ज़ल-वज़ल का कोई खास शौक नहीं है। यह ग़ज़ल तो महज इसलिए मेरी ज़ुबान पर चढ़ गई कि इसके बोल मुझे बहुत पसंद हैं।···लेकिन ग़ज़ल की बात छोड़िए, यह बताइए कि अभी आपने किन साहबान का जिक्र और किस सिलसिले में छेड़ा था ?"

"दरअसल जब आप 'सरफ़रोशी की तमन्ना' गुनगुना रहे थे, तो मैं बिस्मिल और अशफ़ाक़ के शायराना मिज़ाज और शहीदाना अंदाज को याद कर रहा था।"

"आप तो पहेली जैसी बुझा रहे हैं !···ये बिस्मिल और अशफ़ाक़ कौन थे ?"

उन्होंने बहुत सहज भाव से सवाल किया था, लेकिन मुझे लगा कि वे नाटक कर रहे हैं।'''और सच मानिये, बिस्मिल-अशफ़ाक़ आदि अमर शहीदों की कौन कहे, उन साहबान ने काकोरी या काकोरी की ऐतिहासिक घटना तक का नाम तब तक नहीं सुना था !

तो यह रिश्ता रह गया है, आज के समय में, आजादी के इतिहास और देश की मौजूदा राजनीति के बीच ! हां, शहीदों की चिताओं पर हर बरस मेलों का ढोंग बेशक चल रहा है।

उस रात 'काकोरी के दिलजले' के पुनर्प्रकाशन की फ़िक्र मुझे बेतरह परेशान करती रही थी। हालांकि यह सही है कि मेरी फ़िक्र भावनात्मक ज्यादा थी। इस बात की कोई गारंटी नहीं है कि यह पुस्तक अगर पहले से उपलब्ध होती तो उन और उन जैसे दूसरे लोगों को बिस्मिल-अशफ़ाक़ अथवा 'काकोरी षड्यन्त्र' की बाकायदा जानकारी होती ही, क्योंकि ऐसी कई पुस्तकें पिछले 30-40 सालों से लगातार उपलब्ध रही हैं, जिनमें काकोरी ही क्या, आजादी के इतिहास से संबंधित लगभग सभी प्रमुख ब्योरे देखे जा सकते हैं। फिर भी 'काकोरी के दिलजले' के पुनर्प्रकाशन का अपना अलग महत्त्व है—एक दस्तावेज के बतौर, उस ऐतिहासिक प्रकरण से जुड़े एक क्रांतिकारी और पत्रकार के अपने विशिष्ट अनुभवों के बतौर !

लेकिन मेरे लिए इस पुस्तक की महत्ता ऐतिहासिक के साथ-साथ भावनात्मक भी है। आज भारत के प्राचीन (यहां प्राचीन से आशय स्वातंत्र्य-पूर्व तक के समय से है) ज्ञान-विज्ञान-इतिहास आदि से सम्बन्धित तथ्य-संदर्भ जिस तरह गहरे दफनाए जा चुके हैं और द्विवेदी युग तक का रचनात्मक साहित्य दुर्लभ वन्य प्राणियों में तब्दील कर दिया गया है, उसे देखते हुए तो 40-50 साल पहले छपी किसी मामूली से मामूली पुस्तक के प्रति भी सहज ही भावुक हुआ जा सकता है, लेकिन 'काकोरी के दिलजले' के साथ भावनात्मक जुड़ाव के और स्तर भी हैं। पहली बात तो यह कि मेरी सबसे छोटी बुआ, जो 28-30 साल की अल्प वय में ही स्मृतिशेष हो गई, विवाह के बाद जब पहली बार मायके आई थीं तो यह पुस्तक अपने साथ लाई थीं और हमारे गांव-घर के ज्यादातर लोगों ने इसी पुस्तक के जरिये उस क्रांतिकारी प्रसंग को थोड़ा-बहुत जाना-समझा था। स्वयं मैं भी अगर अपने कानपुर के अध्ययन-अर्जन काल में इस पुस्तक के लेखक श्री रामदुलारे त्रिवेदी तथा सुरेश चन्द्र भट्टाचार्य, राजकुमार सिन्हा आदि अन्य क्रांतिकारियों के स्नेह-सम्पर्क में आ पाया तो उसकी पृष्ठभूमि में यही पुस्तक थी।

इस पुस्तक से परिचित हो चुकने के बाद, इसके लेखक श्रद्धेय त्रिवेदी जी को मैंने पहले-पहल 8-9 साल की उम्र में देखा था। तब वह गणेश शंकर विद्यार्थी द्वारा संचालित अखबार 'साप्ताहिक प्रताप' के प्रधान संपादक थे। उनसे मुझे मेरे फूफाजी (श्री कृष्ण कुमार मिश्र 'मनीषी') ने, जो तब 'प्रताप' में ही त्रिवेदी जी के

सहायक थे, मिलाया था। त्रिवेदी जी के उस प्रथम दर्शन की तो कोई स्मृति अब सुरक्षित नहीं है, लेकिन इतना जरूर याद है कि '50-'51 के, आजादी के बाद के, उस दौर में भी कानपुर के सीधे-सरल लोगों के बीच उनका जिक्र, उनके परवर्ती व्यक्तित्व के सर्वथा विपरीत, रॉबिनहुड या सुलताना डाकू जैसे दुर्द्धर्ष योद्धाओं के रूप में होता था। कोई कहता, "रामदुलारे त्रिवेदी रोज सुबह-शाम मुर्गी के दो अंडे कच्चे ही नमक-मिर्च के साथ चट कर जाते हैं।" तो दूसरा कोई कहता, "त्रिवेदी जी के कुरते की दोनों जेबों में दो भरे हुए माउजर पिस्तौल हर वक्त पड़े रहते हैं।" यह सब, लोग इस अंदाज में बताते थे जैसे सिर्फ चश्मदीद ही नहीं, बल्कि हमप्याला-हमनिवाला रहे हों, जबकि हकीकतन उनमें ज्यादातर लोग ऐसे होते थे, जिन्होंने दूर से भी त्रिवेदी जी को शायद ही कभी देखा हो। बस, उनका सहज विश्वास भर था कि काकोरी में ट्रेन रोककर सरकारी खजाना लूटने और बर्तानवी हुकूमत को थर्रा देने वाले लोग मामूली तो नहीं ही रहे होंगे।

और सचमुच वे थे भी मामूली नहीं, जैसा कि मैंने '59 से '68 के अपने कानपुर के दिनों में देखा और जाना।

'59-'60 में मैं जब त्रिवेदी जी के स्नेह-सम्पर्क में आया तो वे नयागंज में, मारवाड़ी कालेज के सामने, एक खंडहरनुमा घर में रहते थे। उन दिनों वे 'टंकार' नाम से एक हिन्दी साप्ताहिक निकाल रहे थे और प्रेस व दफ्तर की कामचलाऊ व्यवस्था भी घर पर ही कर रखी थी। इससे पहले वे 'टंकार' को दैनिक रूप में निकालने का प्रयोग भी कर चुके थे, लेकिन अपने नाम के अनुरूप ही अखबार ने असर दिखाया और पहला अंक छपने के दौरान ही प्रेस की छत भहरा गिरी—मशीन टूट-फूट गई।

अपना अखबार निकालने की बात त्रिवेदी जी के मन में स्वेच्छया ही नहीं आई थी, बल्कि 'प्रताप' से बीस-बाईस साल पुराने सम्बन्ध समाप्त होने के बाद उन्हें जबर्दस्ती यह फैसला लेना पड़ा था। दरअसल 1962 के आसपास 'प्रताप' को पूरी तरह बंद करके और हुतात्मा गणेशशंकर विद्यार्थी द्वारा अपने खून-पसीने के गारे से खड़ी की गई संस्था की एक-एक ईंट ढहा करके जिस 'महायज्ञ की पूर्णाहुति' सन् 1962 के आसपास 'प्रताप' के तत्कालीन न्यासी-प्रमुखों ने दी उसकी शुरुआत 4-5 साल पहले रामदुलारे त्रिवेदी और उनके सहायक कृष्णकुमार मिश्र के ही निष्कासन से हुई थी।

त्रिवेदी जी चौथे दशक के पूर्वार्द्ध में जेल से बाहर आये थे और, जैसी कि तब तक 'प्रताप' की परम्परा रही थी, उन्हें 'प्रताप' परिवार में शामिल कर लिया गया था। 'प्रताप' में रहते हुए जहां उन्होंने अपने कर्मठ जीवन का श्रेष्ठतम अंश अखबार के सम्पादकीय विभाग को दिया, वहीं क्रांतिकारी जीवन के अपने अनुभवों को आधार बनाकर उसी दौरान 3-4 पुस्तकें भी लिखीं। प्रस्तुत पुस्तक 'काकोरी

के दिलजले' भी उसी अवधि में, मार्च 1939 में, प्रकाशित हुई थी और तत्काल ब्रिटिश सरकार द्वारा जब्त कर ली गई थी। इसके अलावा 'शहीद सरदार भगत सिंह', 'अजेय सेनापति चंद्रशेखर आजाद' तथा 'आजादी के परवाने' नामक तीन पुस्तकें उसी दौरान उनकी और प्रकाशित हुई थीं। 1950 के आसपास, जब विद्यार्थी जी के कनिष्ठ पुत्र प्रोफेसर ओंकारशंकर विद्यार्थी, पारिवारिक मतभेदों के चलते, 'प्रताप' से अलग हुए तो साप्ताहिक 'प्रताप' का संपादन-दायित्व स्वतंत्र रूप से त्रिवेदी जी पर आ पड़ा और उस दौर के लोग इस तथ्य से भलीभांति अवगत होंगे कि अपने चार-पांच वर्षों के ही संपादन-काल में उन्होंने साप्ताहिक को गंभीर वैचारिक और रचनात्मक लेखन का प्रतिनिधि पत्र बना दिया था। कितनी ही गुमशुदा प्रतिभाओं को सहारा देकर उन्होंने खड़ा किया और 'प्रताप' के जरिये उन्हें पहचान दी। डा० राममनोहर त्रिपाठी, रमाकांत श्रीवास्तव, शैलेश मटियानी, डा० देवीशंकर अवस्थी राष्ट्रबन्धु आदि को लेखन के क्षेत्र में त्रिवेदी जी ही आगे लाए थे। शैलेश जी की प्रारम्भिक कविताओं की एक कापी तो मुझे बहुत बाद तक त्रिवेदी जी के संग्रह में दिखाई देती रही थी।

जब त्रिवेदी जी ने अपना निजी हिंदी साप्ताहिक 'टंकार' निकाला, तो बिल्कुल नयी परिस्थितियों से उनका सामना हुआ। 'टंकार' मझोले आकार का अठपेजी साप्ताहिक था। उनके पीछे न तो कोई सुनियोजित अर्थ-व्यवस्था थी, न ही छोटे मौसमी अखबारों जैसे 'लक्ष्य'। उसे तो त्रिवेदी जी ने महज अपने को व्यस्त रखने और अपनी बात कहते रहने के लिए निकाला था। उन दिनों कानपुर के काहू कोठी मुहल्ले में एक पुरानी पत्रिकाओं का गोदाम हुआ करता था, जिसमें लगभग सभी भारतीय भाषाओं की एक मास पुरानी पत्रिकाएं आधी से भी कम कीमत में मिल जाया करती थीं। त्रिवेदी जी वहां से गुजराती, मराठी की पत्रिकाएं प्रायः लाते थे और उनकी प्रासंगिक सामग्री अनुवाद करके 'टंकार' में छापते रहते थे। पाकिस्तान के उर्दू अखबारों से भी कुछ सामग्री वह जब-तब देते रहते थे। तब भी अखबार का तो अपना अर्थशास्त्र था ही! एक छोटा प्रेस था, कुछेक कर्मचारी थे, कागज-इंक आदि के खर्चे थे और थीं घर-गृहस्थी की न्यूनतम आवश्यकताएं। यानी छोटे भाई का परिवार और अपनी दो बेटियां। पत्नी का निधन बहुत पहले हो चुका था। अखबार के खर्च जो थे, वे तो थे ही, लेकिन आमदनी क्या थी? भगवान जाने! तब छोटे अखबारों को सरकारी विज्ञापन और अदालती नोटिस भी इतनी उदारता से नहीं मिलते थे। इसके बावजूद त्रिवेदी जी ने, अखबार और घर, दोनों का भलीभांति निर्वाह किया। 'टंकार' को वे अपने अन्तिम क्षण तक निकालते रहे और, उस दौर के कानपुर के लोग भलीभांति जानते हैं कि उसमें छपे एक-एक शब्द का अर्थ होता था—उसे नोटिस लिया जाता था। मुझे याद है, जुलाई '72 में जब नक्सलवादी आंदोलन के सूत्रधार चारु मजूमदार का निधन

प० बंगाल सरकार की हिरासत में हुआ, तो त्रिवेदी जी ने अपने अखबार के मुख-पृष्ठ पर 72 प्वाइंट की हेडिंग लगाकर उन्हें अन्तिम सलामी दी थी, जबकि त्रिवेदी जी स्वयं मार्क्सवादी नहीं थे। अपनी टिप्पणी में उन्होंने चारु मजूमदार को बिस्मिल, आजाद और भगतसिंह की परम्परा का अंतिम शहीद कहा था।

पूरे जीवन(उत्तरार्ध के) त्रिवेदी जी अत्यंत साधारण स्तर का जीवन जीते हुए, सभी सामाजिक जिम्मेदारियों का सामर्थ्य-भर निर्वाह करते रहे। दो बेटियों का विवाह किया, स्वाधीनता सेनानियों के कोटे से मिले प्लॉट पर, लम्बे किरायेनामे के आधार पर कर्ज लेकर घर बनाया, छोटे भाई की गृहस्थी संभाली और प्रेस व अखबार चलाते रहे। खादी के बहुत सामान्य से एक जोड़ा कुर्ता-धोती (लकदक बुर्राक नहीं) पर वह हफ्तों गुजारा कर लेते थे। एक जर्जर प्रायः साइकिल थी, जिससे शहर के चारों कोने समेटते रहते थे और एक सामान्य मजदूर के घर-जैसी खुराक पर खुश रह लेते थे। लेकिन जहां जमीर का सवाल आया, रत्ती-भर भी समर्पण या समझौता करते उन्हें नहीं देखा गया।

राजनीतिक स्तर पर उनका भावनात्मक जुड़ाव अंत तक कांग्रेस के साथ रहा, लेकिन आजादी के बाद की नव कांग्रेस संस्कृति से खुश वह कभी नहीं रहे। भावना और चारित्रिक दृढ़ता उनके संचालक-सूत्र थे और जवांमर्दी (कलम और वक्तृता—दोनों स्तर पर) स्थायी भाव।

त्रिवेदी जी मूलतः उन्नाव जिले के थे। सन् 1952 के आम चुनावों के दौरान उन्होंने अपने जिले के त्यागी और जुझारू कांग्रेसी नेता श्री विश्वम्भर दयालु त्रिपाठी की कार्यशैली की, कुछ तथ्यों के आधार पर, सैद्धांतिक आलोचना 'प्रताप' के पृष्ठों पर की थी। उसी आधार पर प्रदेश कांग्रेस के तत्कालीन वरिष्ठ नेता श्री मोहनलाल गौतम ने, कहते हैं, त्रिवेदी जी के पास एक मौखिक प्रस्ताव भिजवाया था कि अगर आप त्रिपाठी जी के खिलाफ यही आरोप लिखित रूप में दे दें तो उन पर अनुशासनिक कार्रवाई करके आपको एम०एल०सी० बनवा सकता हूं। जवाब में त्रिवेदी जी ने कहा था, "गौतम भाई, यह प्रस्ताव आप ही को मुबारक हो। त्रिपाठी जी अंततः हमारे पथबंधु हैं। आजादी के बाद भी उन्होंने अपने-आपको सत्ता से दूर रखा है। सैद्धांतिक दृष्टि से मैं उनकी कार्यशैली का आलोचक बेशक हूं, लेकिन यह भी भलीभांति जानता हूं कि इसके लिए उन्हें पार्टी नेतृत्व के रवैये ने विवश किया है।"

इसी तरह एक बार उन्होंने कानपुर कांग्रेस के बेताज बादशाह और प्रसिद्ध उद्योगपति रामरतन गुप्त को भी आड़े हाथों लिया था। बात 1964 की, पंडित नेहरू के निधन के समय की है। कानपुर के फूलबाग मैदान में शहर कांग्रेस कमेटी की ओर से एक वृहत् शोकसभा का आयोजन किया गया था। जब रामरतन गुप्त को, श्रद्धांजलि अर्पित करने के लिए मंच पर आमंत्रित किया

गया (शायद सबसे पहले उन्हीं को आमंत्रित किया गया, क्योंकि शहर कांग्रेस के अघोषित सूत्रधार तब वही हुआ करते थे और अधिकांश कांग्रेसी उनके यहां से वृत्ति पाते थे) तो रामरतन जी ने पवाड़ा शैली में 'मियां मिट्ठू वृत्तांत' शुरू कर दिया। उन्हें बोलते-बोलते जब आधा घंटे से ऊपर हो गया तो कई संवेदनशील वरिष्ठ लोगों ने शहर कांग्रेस के तत्कालीन अध्यक्ष श्री यदुनाथ सिंह से कहा कि वे गुप्त जी से अपना व्याख्यान संक्षिप्त करने को कहें। लेकिन यदुनाथ तो खुद कभी गुप्तजी के मुलाजिम र.. चुके थे। लिहाजा कई बार हिम्मत करके वह माइक के पास तक जाते और ठिठककर वापस लौट आते। त्रिवेदी जी मंच के नीचे खड़े-खड़े यह सब देख रहे थे और मन ही मन उद्विग्न थे। आखिरकार उनसे न रहा गया। तेजी से वह आगे बढ़े और गुप्त जी को सम्बोधित कर बोले, "रामरतन जी, कृपया मौके की नजाकत को तो समझ लिया करें। सभी जानते हैं कि कानपुर की कांग्रेस आप ही की दया से फलफूल रही है, लेकिन नेहरू जी की आत्मा को तो बख्श दें, कृपया !"

अब रामरतन जी की हालत देखने काबिल थी। एक ओर अगल-बगल के सभी कांग्रेसी नेता सकते की हालत में थे और दूसरी ओर रामरतन जी का अपना अधूरा वाक्य भी गले में अटककर रह गया था। जैसे-तैसे उन्होंने नेहरू जी को औपचारिक श्रद्धांजलि अर्पित की और मंच से नीचे उतर आए धीरे-धीरे !···तो ऐसे थे रामदुलारे त्रिवेदी। ताकतवर कलम और ओजस्वी वाणी के मालिक ! यह दोनों चीजें उनसे आजन्म कोई नहीं छीन पाया।

एक और मौका याद आता है सन् 1962 के आम चुनावों के दौरान का। कानपुर के छावनी इलाके के चकेरी मैदान में पंडित नेहरू की विशाल सभा का आयोजन किया गया था। मैदान हजारों-हजार श्रोताओं से खचाखच भरा था, पंडित जी के आने का समय हो चुका था, लेकिन वे अभी लखनऊ के रास्ते में ही थे। इधर श्रोताओं के धैर्य का बांध बार-बार टूट रहा था और कोलाहलपूर्ण माहौल था। श्रोताओं को ढांढस बंधाने और रोके रखने के लिए एक के बाद एक कानपुर के कई जाने-माने नेता मंच पर आये और हूट होकर शर्मसार हालत में लौट गए। आखिरश् रामदुलारे त्रिवेदी माइक पर आये और जैसे ही उनका ओजस्वी स्वर गूंजा, समूचे श्रोतावर्ग में 'पिनड्रॉप सायलेंस' छा गया। और यकीन मानिये, पंडित जी के आने तक त्रिवेदी जी ही श्रोताओं को सम्बोधित करते रहे, और कहीं कोई शोरशराबा नहीं हुआ।

यह सब कुछ दरअसल उनके तपेतपाये क्रांतिकारी व्यक्तित्व का नतीजा था। चूंकि उनके जीवन में स्वार्थ और समझौतापरस्ती की लेशमात्र भी कभी कोई जगह नहीं रही थी, इसीलिए उनमें इतना आत्मविश्वास था कि वह हैवानियत के आगे भी सीना तानने में नहीं हिचकते थे। 1971-72 के दौरान दिल्ली के

कुछ नौजवानों ने जब 'मुक्ति मंच' की स्थापना की और 'मुक्ति' पत्रिका के पहले अंक में भगतसिंह और उनके दल के दस्तावेज छापे तथा भगतसिंह के विचारों की प्रासंगिकता को रेखांकित किया, तो पहले अंक की प्रति मैंने कानपुर ले जाकर त्रिवेदी जी को भी दी थी और उन्हें बताया था कि आज के मार्क्सवादी-लेनिनवादी युवा अपनी क्रांतिकारी विरासत के बारे में क्या सोचते हैं। उस समय की उनकी हालत आज भी भुलाये नहीं भूलती है। भावावेश में, आंखों में डबडबाये आंसू रुक नहीं पा रहे थे और होंठ कुछ कह पाने की कोशिश में फड़फड़ा-फड़फड़ाकर रह जा रहे थे। काफी देर बाद वह सामान्य स्थिति में आ पाये। तब उन्होंने कहा, "इस तरह की चीजें देखता हूं, तो मन को बहुत तसल्ली मिलती है। वैसे, यह जरूर है कि, काफी अध्ययन करने के बावजूद, मार्क्सवाद से मैं कभी जुड़ नहीं पाया। गीता के कर्म-योग के जो संस्कार मिले हैं उनकी वजह से 'डाइलेक्टिकल मैटीरियलिज्म' को मैं कभी स्वीकार नहीं कर पाया। अब लगता है कि शायद वही रास्ता सही है। लेकिन अब मैं किस हालत में हूं, तुम देख ही रहे हो! 70 की उम्र हो चुकी है और अब शायद इस अखबार से आगे कुछ कर पाने की हैसियत में नहीं हूं। हां, अगर कुछ सामग्री मिलती रहे, तो अपने अखबार में छापते रहने का वचन देता हूं।" फिर कुछ रुक कर बोले, "गिरफ्तारी से पहले, एक रोज शिवकुमार मिश्र (उस समय के मशहूर नक्सलवादी नेता) ने खबर भिजवाई कि वे मुझसे मिलना चाहते हैं। वे भूमिगत थे, फिर भी बिना कोई परवाह किये मैंने उन्हें अपने यहां बुलवाया और इस बात की पूरी चौकसी बरती कि आखिरी वक्त मेरे माथे पर कोई कलंक का टीका न लगने पाए। जब तक वे मेरे साथ रहे, एक मील के इर्द-गिर्द में मैंने अपने लोगों को फैला रखा था कि अगर कोई नाजुक हालत पैदा हो, तो समय रहते सुरक्षित वैकल्पिक व्यवस्था की जा सके।" इस प्रसंग का जिक्र अभी कुछ दिनों पहले जब मैंने शिवकुमार जी से किया, तो उन्होंने बताया कि वह अकेले ही त्रिवेदी जी के यहां नहीं गए थे, बल्कि पूरी राज्य कमेटी के कामरेड साथ थे और त्रिवेदी जी के घर पर ही उन्होंने अपनी मीटिंग की थी। उन सबके लिए ढाबे से खाना बनवा कर खुद त्रिवेदी जी लाये थे।…ऐसी थी त्रिवेदी जी की क्रांतिकारी निष्ठा! बाद में जब-जब हमने खुला या भूमिगत साहित्य उनके पास भेजा, अपनी तरह से उन्होंने उसे अपने अखबार में छापा।

उनका जन्म मार्च 1902 में उन्नाव जिले के करनाईपुर गांव में हुआ था और निधन 11 मई 1975 को 73 वर्ष की आयु में हुआ। सन् 1921 से 1946 तक शायद ही कोई वर्ष ऐसा गया हो, जब उन्हें जेल के दर्शन न करने पड़े हों। शुरू में वह गांधी जी और कांग्रेस के प्रभाव से आजादी के आंदोलन की ओर आकर्षित हुए थे, लेकिन जल्दी ही उन्हें उत्तर भारत के प्रख्यात क्रांतिकारी नेता शचीन्द्र-नाथ सान्याल और सुरेशचन्द्र भट्टाचार्य का दिशा-निर्देश मिल गया और इस तरह

वे क्रांतिकारी आंदोलन के सम्पर्क में आए। काकोरी केस में उन्हें पांच वर्ष की सजा हुई थी। जब वे जेल से छूटकर बाहर आए, तो क्रांतिकारियों के सबसे बड़े सरपरस्त और 'प्रताप' के तेजस्वी सम्पादक गणेशशंकर विद्यार्थी का बलिदान हो चुका था, लेकिन क्रांतिकारियों के लिए उसके दरवाजे अभी भी पहले की भांति खुले हुए थे। अत: त्रिवेदी जी सीधे 'प्रताप' में ही गए। बाद की जेल यात्राएं उन्होंने 'प्रताप' में रहते हुए कीं।

काकोरी के शहीदों के बारे में एक पुस्तक, विद्यार्थी जी के जीवनकाल में, उन्हीं के प्रयत्नों से, प्रताप प्रेस से प्रकाशित हो चुकी थी। रामप्रसाद बिस्मिल की आत्मकथा भी पहले-पहल उसी पुस्तक में प्रकाशित हुई थी। बाद में त्रिवेदी जी ने अपने अनुभवों और जानकारियों के आधार पर 'काकोरी के दिलजले' लिखी। इसमें भी उन्होंने बिस्मिल जी की आत्मकथा को शामिल किया।

दिल्ली आने के बाद मेरे दिमाग में अक्सर यह बात आती रहती थी कि 'काकोरी के दिलजले' का नया संस्करण आना चाहिए।

···तब से अब तक काफी अर्सा हो चुका है। अब जाकर 'काकोरी के दिलजले' का नया संस्करण हो पा रहा है। जहां इस बात की खुशी है कि इसके जरिये हम अपने आदरणीय दादा रामदुलारे त्रिवेदी की स्मृति को सुरक्षित बनाये रखने के प्रयत्न में सफल हुए हैं, वहीं इस बात का अफसोस भी है कि काश इसका संशोधन उन्हीं के हाथों हो पाया होता!··· फिर भी इस बात की पूरी कोशिश की गई है कि प्रथम संस्करण का मूल पाठ (टेक्स्ट) यथावत् बना रहे। अतिरिक्त सूचनाएं या तो पाद-टिप्पणियों और कोष्ठकों के जरिये जोड़ी गई हैं, या फिर अध्यायों के अन्त में पृथक् संपादकीय टिप्पणियों के जरिये। मूल-पाठ में सिर्फ छापे की अशुद्धियों को ही सुधारा गया है और छापे की अशुद्धियां उसमें खासी थीं, क्योंकि पुस्तक का प्रकाशन ब्रिटिश भारत की समाचार प्रेस-व्यवस्था में हुआ था। 'दिलजले' के नये संस्करण को संभव बनाने में मुझे अपने आदरणीय कृष्णकुमार मिश्र 'मनीषी' से जो सहायता एवं प्रोत्साहन मिला है, उसकी भरपाई शब्दों से नहीं हो सकती। उन्हें तो बस आदर-भरा निवेदन कर सकता हूं।

···और अंत में यह उम्मीद कि 'हिन्दुस्तान समाजवादी प्रजातांत्रिक संघ एवं सेना' की पूर्ववेला से संदर्भित इस दस्तावेज को उसकी सही-सही स्पिरिट में पढ़ा-समझा जाएगा।

—सुरेश सलिल

काकोरी के दिलजले

क्रांति की ज्वाला धधकी कैसे ?

बन्धन से मुक्ति, आजादी हासिल करने की तीव्र आकांक्षा हमारे दिलों को आन्दोलित करे यह बिलकुल ही स्वाभाविक है। गुलामी के बंधनों को खंड-खंड करने के लिए मानव-समाज बराबर कोशिश करता चला आ रहा है। उसके हृदय में बंधनों के प्रति तीव्र विद्वेष-घृणा की आग धधका करती है। उसने सदैव गुलामी के खिलाफ विद्रोह किया है। खून से लिखा संसार का इतिहास इन्हीं प्रयत्नों की सिलसिलेवार लिखित एक कहानी मात्र है।

हमारी वर्तमान गुलामी के दाता साम्राज्यवादी अंग्रेज महाप्रभुओं ने अट्ठारहवीं सदी में हिन्दुस्तान पर दगा-फ़रेब, मक्कारी-दगाबाजी, और बन्दर-बांट के सहारे जब अपना कब्जा जमाया, गुलामी का फौलादी पंजा कस कर कड़ा करना शुरू किया; तो देश के रहनेवालों ने अपना कुछ खोया-सा महसूस किया। धर्म और जाति के दायरे को पीछे डाल वे एक जगह मिल कर खड़े हुए। सीना निकाल तनकर खड़े हुए वे अपने गुलाम बनाने वालों का सामना करने के लिए। इशारा हुआ, बिगुल बजा, हाथों-हाथों रोटी बंटी और आजादी के चाहने वालों ने मौजूदा गुलामी के खिलाफ पहला जंग छेड़ दिया।

आपस में गृहयुद्ध, लम्बे अर्से की गुलामी और अपने राजनैतिक अधिकारों के प्रति उदासीनता का भाव होने के कारण देश की आम जनता का एक बड़ा भाग इन होने वाले परिवर्तनों-संघर्षों से बिलकुल अलग-सा रहा। उसकी जबान पर 'कोउ नृप होय हमें का हानी' रम रहा था, जैसे शासन-शक्ति के किसी गैर के हाथों जाने से उसके स्वार्थ में कोई आघात ही न लग रहा हो। फलस्वरूप इस युद्ध मे देश के कुछ राजे-महाराजे, कुछ राजनैतिक सचेत मध्यवर्गीय लोग और देशी फौजों ने ही भाग लिया। उधर दुर्भाग्य से देश में एक दल विश्वासघाती जयचन्दों का भी था जो उस समय, जब कि एक ओर हमारे कुछ लोग देश की आजादी को हासिल करने के लिए अपनी कलाई की ताकत पर भरोसा कर, साहस संभाल युद्ध में खून से फाग खेल रहे थे, धन-वैभव, माता-बहनों की माया ममता छोड़ मौत से

मिलने को बढ़ रहे थे, ठीक उसी समय दूसरी ओर कुछ स्वार्थ के पुतले, इन कर्मवीरों की राह में रोड़े अटका रहे थे। उनके हर काम में रुकावटें पैदा कर रहे थे और साथ ही हमारी आजादी के दुश्मनों को सब तरह की पूरी मदद दे रहे थे। नतीजा साफ था। हम हार गए, हमारी कोशिश बेकार गई। हमारे घर में फूट पैदा करके, छिपकर पीछे से वार करने वाले हमारे बहादुर जीतने वालों ने हमें 'गद्दार' और 'बागी' के नाम पुकारा। हमारा आजादी का पहला युद्ध 'सिपाही विद्रोह', 'गदर' जैसे नामों से घोषित किया गया।

सफलता और कामयाबी ही बुद्धिमानी है। दुनिया का मापदंड तो आज तक ऐसा ही है। पर 'कुछ करने' की अभिलाषा रखने वाले इस पैमाने को मानने के आदी नहीं होते। इस युद्ध में बढ़ने वाले भी उन्हीं में से 'कुछ' थे। वे अच्छी तरह जानते थे कि हुकूमत की ताकत दूसरे से छीनकर अपने हाथ में लेने की कोशिश करने वालों की कामयाबी पर 'तख्त' उनके पैरों के नीचे लोटता है। लोग उसे 'विजयी वीर' के नाम से बधाई देकर उसपर फूल बरसाते हैं, पर नाकामयाब होने पर वह 'तमाम शैतानियों का करने वाला' कहा जाकर 'तख्त' पर खड़ा करके लटका दिया जाता है। बहुत थोड़ा अन्तर होता है 'तख्त' और 'तख्ते' में।

बड़े अंधकारमय, घोर निराशापूर्ण थे वे दिन ! मदमत्त विजयी विजय के नशे में चूर हमारे अत्याचारों की ख्वाबी कहानियां गढ़कर उन पर 'कलकत्ते की कालकोठरी' और 'कानपुर के कुएं' को यादगार बनाने की स्कीमें बना रहे थे और साथ ही वही दया के दूत, न्याय के नाम पर, तड़पती हुई बेबस माताओं की गोद से हमारे फूल से कोमल और चांदनी से निर्मल भोले शिशुओं को खींच, आम जनता की भीड़ के सामने गेंद की तरह ऊपर उछाल उन्हें भाले की नोक से छेद रहे थे। उनकी टांगें चीरकर उन्हें कटे पत्ते की तरह फेंक रहे थे। वे हमारी मां-बहनों पर ऐसे शैतानियत से भरे जुल्म बरपा कर रहे थे, जिन्हें देख शर्म भी, शर्म के मारे कोने में मुंह छिपा रही थी। जगह-जगह बेगुनाह निवासियों को पकड़-पकड़ कर खुले आम पेड़ों से लटकाकर फांसी दी जा रही थी। सबूत-सफाई-गवाह, किसी की जरूरत न थी। हमारे आकाओं की ज़रा नजर टेढ़ी हुई और उसी समय वह बेचारा निर्दोष मनुष्य मौत के घाट उतार दिया गया। देश की छाती पर, आने वाली खूबसूरत बला ने, प्रतिहिंसा का यह नंगा नाच मचा रखा था ! हमारा देश मरघट बना दिया गया था। उसी समय देशवासियों ने अच्छी तरह देखा कि 'मुंह में राम-बगल में छुरी' लेकर इन, भीगी बिल्ली की तरह आने वाले, गैरों में 'फूल-सी रंगत है, खसलत खार की'।

आजादी की भावना पैदा हो जाने पर संसार में कहीं भी वह दमन से नहीं मिटाई जा सकी। दुनिया के इतिहास का जिसे जरा भी पता है वह यह बात अच्छी तरह जानता है कि संसार से अत्याचार के खिलाफ विद्रोह करने की भावना का

नाश न तो आज तक किया जा सका है और न आगे ही किया जाना संभव है। यह भावना सदैव रही है और सदैव रहेगी। मौके के अनुसार कभी उसका रूप अधिक उग्र प्रकट होता है और कभी जरा कम। हिन्दुस्तान भी इसी नियम के अन्तर्गत रहा है। 1857 के बाद हमारा आन्दोलन जरा शान्त रूप से आगे बढ़ा। उसके भिन्न-भिन्न अवसरों पर भिन्न-भिन्न रूप प्रकट हुए। पर वह रुका नहीं, बढ़ता ही गया, और आगे की ओर, रुद्रता की ओर ही बढ़ता गया। अहिंसात्मक साधनों द्वारा पूर्ण स्वाधीनता प्राप्त करने के लिए लोहा लेने वाली हमारी राष्ट्रीय महासभा, उसी आन्दोलन का एक मूर्तस्वरूप है। और जहां 'वन्देमातरम्' कहने-वालों की पीठ का मांस बेंतों के सड़ाकों से उड़ाया जा रहा था, जहां आजादी का नाम लेना ही राजद्रोह था, जहां गुलामी की कड़ियां काटने का प्रयत्न करने वालों को पुलिस शिकारी कुत्ते की तरह सूंघते फिरती थी, वहां प्रस्तावों से आजादी मिलना असम्भव मान, देशी फौजों में विद्रोह भावना का प्रचार करके उसे अपने पक्ष में मिला, अन्य विदेशी राष्ट्रों से युद्धोपयोगी सामान और धन की सहायता प्राप्त कर; देश के नौजवानों का एक सैनिक गुप्त संगठन तैयार करके उन सबके सहयोग से, जिस समय यह हमारी 'रक्षक' विदेशी सरकार किसी विकट मुसीबत में फंसे उसी समय, देश में संगठित सशस्त्र क्रान्ति का आयोजन करने वाला गुप्त क्रान्तिकारी संघ उसी आन्दोलन का एक दूसरा रूप रहा है।

यह था वह सारा साज-सामान जिसे पाकर देश में धधकी आग— बन्धन की कड़ियां काटने के लिए, अपनी आजादी हासिल करने के लिए!

पहले की बात

किसी जाति या राष्ट्र में चेतना का प्रथम संचार किसी एक अस्पष्ट उद्देश्य को लेकर ही होता है। कर्मक्षेत्र में आकर उसे अनेकों संयोगों और मौकों से गुजरना पड़ता है. अनेकों उलझी हुई गुत्थियों को सुलझाना पड़ता है। उससे प्राप्त अनुभव से धीरे-धीरे उसके आदर्श और उद्देश्य में विकास होता जाता है—उद्देश्य अधिक स्पष्ट, सुन्दर और बृहत् होता जाता है। और इस विकास से वह राष्ट्र या जाति भी उतनी ही अधिक अनुप्राणित हो उठती है।

भारत के क्रांतिकारी भी इसी नियम के अन्तर्गत थे। शुरू-शुरू में हिन्दुस्तान से केवल अंग्रेजों को निकाल देना ही उनके स्वराज्य का अर्थ था। इस 'स्वराज्य'

में 'स्व' कौन और उसका 'राज्य' कैसा होगा— इसकी बारीक व्याख्या न थी। पर धीरे-धीरे इन प्रश्नों पर भी विचार हुआ और उनका स्पष्टीकरण भी होता गया। लेकिन एक बात क्रांतिकारियों ने शुरू से ही अच्छी तरह समझ ली थी, वह यह कि मरण को वरण करने से ही जीवन सजीव रहता है—जीवन को हर दशा में जकड़े रहने में नहीं। जीवन को जकड़े रहने से तो जीवन निर्जीव हो जाता है। इससे मृत्यु हो जाती है। इसीलिए पुरातन को त्याग नवीन को अपनाने, बन्धन को काट, उसे छिन्न-भिन्न कर आजादी को पाने के लिए, विघ्न-बाधाओं से लापरवाह हो जोश के साथ कदम आगे बढ़ाना पड़ता है। चाहे राह में कैसे ही तीखे कांटे चुभें, घावों की वेदना से कंपकंपी पैदा न होनी चाहिए। खून से तर उन्हीं घायल कदमों से कांटों को रौंदते-कुचलते, मीठी मुस्कुराहट के साथ अपने पथ पर तेजी और मजबूती के साथ आगे बढ़ना होता है। और इस प्रयास में कभी भी पुराने घेरों और दायरों, रूढ़ियों व नियमों की रक्षा करके नहीं बढ़ा जा सकता। उन्हें तो लांघते, काटते और ठुकराते हुए आगे बढ़ना होता है। किसी की कृपा या क्रोध पर किसी एक राष्ट्र का जीवन-मरण, उत्थान-पतन निर्भर नहीं करता। उसका आधार तो किसी और ही तत्व पर होता है, यह बात वे बहुत अच्छी तरह से जानते थे।

सन 1914 तक क्रांतिकारी कार्य बराबर चलता रहा। पर किसी उचित सुयोग के न मिलने से उसका विराट रूप में प्रदर्शन न हुआ। 1914 में महायुद्ध छिड़ गया। क्रांतिकारियों ने सुयोग पाया। वे नई आशा और उमंग, नई शक्ति के साथ कार्य में जुट पड़े। देश के तमाम प्रान्तों में जो छोटे-छोटे दल फूट-फैल अलग-अलग काम कर रहे थे उन्हें संघबद्ध करने की चेष्टा प्रारम्भ हो गई। इधर अंग्रेजी सरकार भी बेखबर न थी। उसने जहां-तहां पकड़-धकड़ शुरू कर दी। जगह-जगह गोरीला (गेरिला सं०) युद्ध के नजारे दिखाई पड़ने लगे।

उस दिन कामागाटामारू जहाज के यात्री कनाडा से लौटने पर गिरफ्तार किए जाते वक्त जूझ पड़े। पंजाब में अशांति की ज्वाला तेजी से धधक रही थी। सारे हिन्दुस्तान में क्रांति कराने की घोषणा करने की कोशिश होने लगी। विदेशों में रहने वाले क्रांतिकारी भी इस मौके के लिए सुसज्जित हो रहे थे। अंग्रेज लड़ाई में फंसे थे। अनेक झंझटों ने उन्हें चारों ओर से घेर रखा था। हिन्दुस्तान में नाम-मात्र की फौज रह गई थी। क्रान्तिकारी उनमें भी घुसकर प्रचार कर रहे थे। अनेक फौजों को उन्होंने अपने पक्ष में मिला लिया था। शत्रु राष्ट्रों से मिलकर धन और शस्त्र मंगाने की कोशिश हो रही थी। इसी काम में योग देने के लिए विदेशों से भी हजारों क्रांतिकारी भारत की ओर रवाना हो गए। प्रबन्ध हुआ कि जर्मनी के जहाज हथियार लादकर बंगाल की खाड़ी के मुहाने पर पहुंचा दें। स्व० शहीद यतीन्द्रनाथ मुखर्जी के सहयोगी नरेन्द्रनाथ भट्टाचार्य 'मार्टिन' अर्थात्

वर्तमान श्री मानवेन्द्रनाथ राय, इस काम का प्रबन्ध कर रहे थे। जहाज हथियार लाकर कहां रुकेगा इसका स्थान भी निश्चित हो गया। क्रांतिकारी नावें लेकर हथियार लेने के लिए तैयार खड़े थे। पर ठीक समय पर 'मेवरिक' जहाज न आया। जर्मन राजदूत ने खबर दी कि हथियार और रुपया दूसरे जहाज से दूसरी जगह रायमंगल की ओर आ रहे हैं। सन 1915 में जून से लेकर अगस्त महीने तक 'हेलफ्रेक' के पास से कलकत्ते के क्रांतिकारियों के पास 43 हजार रुपये के मनीआर्डर आए। पर हेरी एण्ड सन्स के हाथों 33 हजार रुपये पहुंच जाने के बाद अंग्रेज सरकार को पता चल गया और वह रास्ता बन्द हो गया।

पहले ही निश्चय हो गया था कि हथियार तीन हिस्सों में हतिया, रसन्द्वीप, बालेश्वर और कलकत्ते में लिए जाएंगे, पर प्रबन्ध असफल रहा। जुलाई 1916 में पुलिस को सब बातें पता चल गई और उसने इसकी रोकथाम का पूरा प्रबन्ध कर लिया। 'मेवरिक' जहाज से नरेन्द्र उर्फ श्री मानवेन्द्रनाथ राय अमेरिका छिटक गए। हतिया में जिस जहाज के पहुंचने की बात थी, उसके लिए भी एक आदमी की जरूरत थी। आदमी भेजा गया। बड़ी मुश्किल से वह शंघाई तक पहुंचा, पर वहीं उसे गिरफ्तार कर लिया गया। इसी षड्यंत्र के संसर्ग में गोवा में दो आदमी पकड़े गए, जिनमें से एक श्री भोलानाथ चटर्जी ने जेल के अपमान-जनक और अत्याचारपूर्ण जीवन से ऊब कर जनवरी 1916 में आत्महत्या कर ली।

क्रांतिकारियों ने अपने कार्य-संचालन की सुविधा के लिए उड़ीसा के बालेश्वर स्थान में युनिवर्सल इम्पोरियम नामक एक दुकान खोल रखी थी। पुलिस को इसका पता चल गया और सितम्बर सन् 1915 में पुलिस ने उस पर धावा किया। खास दुकान में कोई चीज हाथ न लगी। आस-पास की खोज शुरू हुई, और मयूरभंज राज्य के पास के जंगल में, बालेश्वर के मजिस्ट्रेट के नेतृत्व में खोज करने वाले पुलिस के दल से, क्रांतिकारियों का सामना हो गया। डटकर दोनों ओर से गोली चली। एक ओर सैकड़ों की संख्या में पुलिस थी, और दूसरी ओर केवल पांच क्रांतिकारी। संघर्ष में श्री चित्रप्रिय राय वहीं शहीद हो गए। घातक घाव लगने से श्री जतीन मुखर्जी की कुछ दिनों बाद मृत्यु हो गई और तीन आदमी पुलिस के हाथ लग गए।

इस घटना के बाद जहां कहीं भी अवसर आया, गिरफ्तारी के अवसर पर क्रांतिकारियों ने सशस्त्र सामना किया। कहीं तो, जब तक गोली-बारूद खत्म न हो गई, वे शहीद भले हो गए हों, पर उन्होंने अपना हाथ नहीं रोका। इन छोटी-छोटी झड़पों के देखने के बाद दिल में यह ख्याल उठता है कि अगर कहीं उस समय क्रांतिकारी दल देश भर में विराट रूप में संगठित और सरोसामान से सुसज्जित होता तो शायद अंग्रेजी सरकार बड़ी मुसीबत में फंस जाती।

देश में सशस्त्र क्रांति के लिए क्रांतिकारी दल ने खास तौर से दो कार्यक्रम अपने सामने रखे थे। एक तो प्रचार करके देशी फौज को अपनी ओर मिला लेना, और दूसरे विदेशों से लड़ाई के सामान और धन की सहायता प्राप्त करना। उत्तरी भारत में इस काम का संचालन श्री रासबिहारी बोस के नेतृत्व में होने लगा। श्रीयुत शचीन्द्रनाथ सान्याल और श्री गिरिजा बाबू इस काम में उनके प्रमुख सहायक थे।

21 फरवरी 1915 वह दिन था जिस दिन क्रांतिकारी दल सारे हिन्दुस्तान में क्रांति की ज्वाला धधकाना चाहता था। तारघर, स्टेशन, कचहरी और पुलिस चौकी, साथ ही आवागमन के तमाम साधनों पर कब्जा करके देश मे विदेशी शासन को उखाड़ फेंकने का दृढ़ निश्चय था। क्रांतिकारियों ने देश की तमाम छावनियों में जा-जा कर इसके लिए प्रचार किया था। एक प्रकार से तमाम देशी फौज इस काम में सहयोग देने के लिए तैयार हो गई थी। निश्चित तारीख को अपना-अपना पूरा फर्ज अदा करने के लिए सभी लोग जोरों की तैयारियां करने में जुटे थे। पर यकायक यह तारीख बदल दी गई। शक हुआ कि किसी के विश्वास-घात से सरकार को इस आयोजन का पता चल गया है। इसी बीच 12 नम्बर कैवेलरी, मेरठ छावनी में जाते हुए श्रीयुत बी० जी० पिंगले 10 बमों के बक्स के साथ गिरफ्तार कर लिए गए। और अन्त में खबर लगी कि पंजाब में विश्वास-घाती कृपाल सिंह ने सब चौपट कर दिया है। पुलिस को उसने सारी बातें बता दी हैं।

हिन्दुस्तान की हर छावनी में एक हलचल-सी मच गई। अनेक हिन्दुस्तानी फौजों के हथियार रखवा लिए गए। जिन फौजी सिपाही या अफसरों पर क्रांति-कारियों का साथी होने का शक हुआ, कोर्ट मार्शल करके गोली से उड़ा दिया गया। सैकड़ों बलिदान इस प्रकार माता के चरणों पर हो गए, जिनके ठीक-ठीक नाम भी आज किसी को पता नहीं हैं। पंजाब में और युक्त प्रान्त में तमाम गिरफ्तारियां हुई और लाहौर षड्यन्त्र के नाम से मुकदमे चले। अनेकों को फांसी तथा लम्बी-लम्बी सजाओं के बाद असफलता का यह अध्याय यहीं समाप्त हुआ।

देहली, चांदनी चौक में जुलूस निकालते समय उस समय के वाइसराय लार्ड हार्डिंज पर बम चला था। श्री रासबिहारी बोस को पुलिस इसका प्रमुख अपराधी बतलाती थी, पर उस समय वे उसके हाथ न लगे। पुलिस ने उन्हें फरार घोषित किया। इस मामले में भी पुलिस उनके खून की प्यासी बन कर घूम रही थी। पर इस बार भी वे पुलिस के हाथ न लगे। अपनी कोशिश से पुलिस को अंगूठा दिखा वे हिन्दुस्तान से बाहर निकल गए।

विदेश में

अब तक के वर्णन में क्रांतिकारियों के विदेशों से सहायता प्राप्त करने के बारे में कुछ नहीं आया है। इस परिच्छेद में कुछ थोड़ा-सा उसी का वर्णन होगा।

इस काम के लिए सन् 1911 के लगभग श्री सुरेन्द्रनाथ कर को अमेरिका और श्री अवनि मुखर्जी को जर्मनी रवाना किया गया। यद्यपि इनसे पहले सर्वश्री तारकनाथदास, मैडम भीकाजी कामा आदि विदेशों में प्रचार कर ही रहे थे।

श्रीयुत कर ने अमेरिका पहुंचकर वहां की गदर पार्टी में सम्मिलित हो संगठन को मजबूत बनाने की कोशिश की। अमेरिकी जनता में भारतीय क्रांति के पक्ष में प्रचार शुरू किया। गदर पार्टी ने 1915 के प्रयास को सफल बनाने के लिए लगभग 4 हजार अपने सदस्य और तीन लाख से अधिक रुपया हिन्दुस्तान भेजा था, और यदि क्रांति शुरू हो जाती तो बीस हजार से अधिक वीर भारतीय प्रवासी इसमें योगदान देने के लिए आने को तैयार बैठे थे।

श्री अवनि मुखर्जी ने जर्मनी पहुंचकर वहां के अधिकारियों से भारतीय क्रांति के लिए सहायता प्राप्त करने की कोशिश की। पर सारी साम्राज्यवादी सरकारें एक ही स्वभाव की होती हैं। इस समय तक ब्रिटेन का जर्मनी से युद्ध नहीं छिड़ा था और भारतीय क्रांतिकारी यह मदद हिन्दुस्तान को आजाद बनाने के लिए चाहते थे। वे हिन्दुस्तान को जर्मन साम्राज्य के मातहत बनाने को तैयार न थे। इसीलिए उस समय जर्मन सरकार ने इनकी मदद न की।

भारत की राजनैतिक अवस्था ने अनेक प्रसिद्ध देशभक्तों को हिन्दुस्तान से बाहर पहुंचा दिया। संसार प्रसिद्ध स्वामी विवेकानन्द के भाई डा० भूपेन्द्रनाथ दत्त, मौलवी बरकतउल्ला, श्री सरोजनी नायडू के भाई श्री वीरेन चटर्जी, लाला दयाल और डा० मंसूर आदि महायुद्ध छिड़ने पर बर्लिन में इकट्ठे हो गये। इन्होंने वहां के भारतीय विद्यार्थियों में हिन्दुस्तान की क्रांति में मदद पहुंचाने के लिए प्रचार आरम्भ किया और साथ ही उचित अवसर जान जर्मन अधिकारियों से भी बातचीत शुरू की। इस बार इस काम में सफलता मिली। अपने दुश्मन को कमजोर बनाने और मुसीबत में फंसाने के लिए जर्मन सरकार ने भारतीय क्रांतिकारियों को मदद देना स्वीकार किया। और इस काम को सुचारु रूप से चलाने के लिए उपरोक्त भारतीय नेताओं की एक कमेटी बना दी।

इस कमेटी ने प्रचार कार्य करने के लिए कुछ भारतीय विद्यार्थियों को तैयार कर संसार के भिन्न-भिन्न देशों में भेजा। साथ ही अपने सारे प्रबन्ध की खबर लेकर एक विद्यार्थी को हिन्दुस्तान के क्रांतिकारियों को खबर देने के लिए भी भेजा। उसने आकर तमाम खबरें सर्वश्री यतीन मुखर्जी, रासबिहारी आदि को दीं,

पर यह प्रयास लाहौर में कृपाल सिंह द्वारा किये गये विश्वासघात से उस समय असफल हो गया और श्री रासबिहारी जापान चले गये।

लेकिन इस असफलता से निराश हो भारतीय क्रांतिकारी हाथ पर हाथ रख कर चुप न बैठे। उन्होंने फिर से प्रयत्न प्रारम्भ किया। श्री अवनि मुखर्जी को उन्होंने श्री रासबिहारी से मिलने जापान भेजा, वहां पहुंचकर श्री अवनि मुखर्जी ने मनीला गदर पार्टी के नेता सरदार भगवानसिंह और श्री रासबिहारी वोस से मुलाकात करके संगठन को फिर से सुचारु रूप से चलाने का प्रबन्ध किया। जर्मन राजदूत से बातचीत की गई। पेकिंग के जर्मन राजदूत ने इन लोगों से मिलकर इस विषय पर बातचीत करने के लिए एक पार्टी का आयोजन किया। पर उस समय चीन में श्री रासबिहारी और श्री भगवान सिंह का जाना खतरे से खाली न था, इसलिए उन्होंने स्वयं न जाकर तीन अन्य आदमियों को वहां भेजकर प्रारम्भिक बातें तय कर लीं। फिर सर्वश्री अवनि मुखर्जी, सरदार भगवान सिंह और रासबिहारी बोस शंघाई पहुंचे तथा वहां के जर्मन राजदूत से मिलकर तमाम प्रबन्ध ठीक किए गए। निश्चय हुआ कि जर्मन सरकार अपने कुछ युद्ध-कला-विशारद और लड़ाई के सामान से भरकर तीन जहाज तथा कुछ धन हिन्दुस्तान भेजेगी। फैसले के अनुसार अमेरिका से तीन जहाज 'मेवरिक', 'हेनरी-यस' तथा एक और युद्ध सामग्री, धन तथा युद्ध-विशारद लेकर भारत रवाना हुए।

इस सफलता ने क्रांतिकारियों में जोश का अतिरेक कर दिया। वे आदमी जुटाने में गुणों की परवाह न करके संख्या के लिए अधिक प्रयत्नशील हुए। फलस्वरूप इस समय दल में बहुत-से स्वार्थी और धनलोलुपों का प्रवेश हो गया। ऐसे ही एक सज्जन बैंकाक (स्याम) के वकील श्री कुमुदनाथ मुखर्जी थे। इन्हें उपरोक्त जहाजों के पहुंचने की तारीख और स्थान की खबर लेकर हिन्दुस्तान के क्रांतिकारियों को खबर देने के लिए भेजा गया।

श्री अवनि मुखर्जी के लम्बे अर्से तक खबर न देने के कारण भारत के क्रांतिकारी बहुत चिन्तित थे। अतएव श्रीयुत जतीन मुखर्जी ने, अपने सहयोगी श्रीयुत नरेन्द्र नाथ भट्टाचार्य (आज के कामरेड एम० एन० राय) को जावा रवाना किया। यह मिस्टर मार्टिन के नाम से अपने काम पर गये। जावा पहुंच इन्होंने वहां के जर्मन दूत, जो कि उस समय के जर्मन अर्थ सचिव हैल फैरेक्स के भाई थे, से भेंट की और कुछ प्रबन्ध करके पैंसठ हजार रुपये उससे लेकर एक जहाज द्वारा हिन्दुस्तान को रवाना हुए।

श्री कुमुदनाथ मुखर्जी सीधे ही हिन्दुस्तान रवाना हुए थे। उन्होंने यह सब खबरें एक ओर क्रांतिकारी पार्टी को दीं और दूसरी ओर पुलिस से सौदा पक्का कर धन लेकर उसे सब कुछ बता दिया। परिणामस्वरूप इन सब प्रयत्नों को असफल बनाने के लिए पुलिस पहले से ही तैयार हो गई। तीन में से एक जहाज

को अंग्रेजों के क्रूजर एच० एम० एस० क्रामवेल ने अण्डमान के पास टक्कर मारकर डुबो दिया। प्रबन्ध को ठीक तरह से संचालित करने के लिए आने वाले श्री अवनि मुखर्जी अपनी प्राणघातक डायरी के साथ सिंगापुर ही में गिरफ्तार कर लिए गए, और इन तमाम बातों का आभास पा श्री नरेन्द्रनाथ बीच से ही अमेरिका की ओर चले गये तथा खासतौर से मदद देने के लिए आया जर्मनी का पनडुब्बा 'अमडन' जहाज हिन्दुस्तान के किनारों पर इधर-उधर टक्कर मार एक दिन अंग्रेजी जहाज का शिकार बन बैठा। यह बात बहुतों को मालूम है। पर दूसरे दो जहाजों का क्या हुआ यह भी जान लेना अच्छा ही होगा। 'हेनरी-यस' और 'मेवरिक' जहाज के अधिकारियों ने अपने दिल में पहले ही से कुछ और मन्सूबा कर लिया था। वे सुमात्रा, जावा आदि द्वीपों के दक्षिण-दक्षिण चले और भारत के बजाय कुछ हथियार तो उन्होंने एक मशहूर मैक्सिकन डाकू को और बाकी अमेरिकन व्यापारियों के हाथ बेच अपनी जेबें गरम कीं, और नकद 2 करोड़ रुपयों में से अधिकतर धन, जो जर्मन सरकार ने भारतीय क्रांतिकारियों की मदद के लिए दिया था, उस समय के अर्थ सचिव हेल फेरिक्स और उनके साथी रूडमीर की बेइमानियों से उन्हीं लोगों की जेब में रहा। भारतीय क्रांतिकारियों के हाथ में एक धेला भी न लगा, यद्यपि उस समय की जर्मन सरकार ने यही समझा कि सारा धन भारतीय क्रांतिकारियों को ही मिल गया है।

रही हिन्दुस्तान के भारतीय क्रांतिकारियों की बात, वह तो बालेश्वर आदि स्थानों में क्या हुआ, यह ऊपर लिखा ही जा चुका है। इसके बाद देश में दमन का खूब दौर-दौरा हुआ। भारत रक्षा कानून का वार किया गया। सैकड़ों देशभक्त नजरबन्द और कैदी बनाकर सीखचों के पीछे सड़ने के लिए ढकेल दिए गए। सारा संगठन अस्तव्यस्त-सा हो गया।

संगठन

पिछले महायुद्ध के समय हमारे बड़े-बड़े नेताओं ने विदेशी सरकार को मदद दी थी। विरोध किया था केवल स्वर्गीय लोकमान्य बाल गंगाधर तिलक ने। वे विदेशी सरकार द्वारा भारत को जिम्मेदार शासन प्रणाली दिये जाने के दिखाये जाने वाले सब्जबाग को धोखे की एक टट्टी ही समझते थे, और भारत का क्रांतिकारी दल भी उनके इन विचारों से सहमत था। पर, खुले तौर से उस वक्त भारत ने

अपने विदेशी शासकों को पूर्ण सहयोग ही दिया।

1918 में महासमर समाप्त हुआ। मित्र और शत्रु राष्ट्रों में सन्धि हुई। विजयी लुटेरों ने मनमाने ढंग से लूट के माल का बंटवारा किया, और भारत को उसकी वफादारी के बदले में जिम्मेदार शासन प्रणाली की जगह उपहार मिला रौलट एक्ट। देश में एक तहलका-सा मच गया। उसे विश्वास न था कि गुड़ दिखाकर ईंटा मारा जायेगा। देश में एक तरह की झुंझलाहट-सी पैदा हुई। वह इस अन्याय का किसी प्रभावपूर्ण ढंग से विरोध करना चाहता था, पर निःशस्त्र मुल्क विरोध करे तो किस तरह करे, यह उसकी समझ में नहीं आ रहा था। इसी समय भारतीय राजनीति में अफ्रीका के अपने पिछले सफल सत्याग्रह संग्रामों का अनुभव लेकर महात्मा गांधी ने प्रवेश किया। उन्होंने इस काले कानून के खिलाफ देश-भर में सभाएं करने, जुलूस निकालने और एक दिन सारे देश में आम हड़ताल करने का आदेश दिया। आम जनता ने विरोध प्रकट करने का एक मार्ग पाया। घायल नाग की तरह उसने फुफकारकर फन उठाया। जगह-जगह विराट जुलूस और विरोध सभायें हुई और एक दिन देश में पूर्ण हड़ताल रही। साम्राज्यवादी नौकरशाही के होश उड़ गये। वह बौखला उठी। कई जगह गोलियां चलीं। अमृतसर के जलियांवाला बाग में निहत्थी जनता को चारों ओर से घेर खूनी हत्यारों ने, जब तक उनके पास रहीं, गोलियां चलाईं। सारा बाग शहीदों का मजार बन गया। साथ ही सारे पंजाब में फौजी कानून, मार्शल लॉ जारी कर दिया गया। शान्ति और कानून के ठेकेदारों ने ऐसी-ऐसी कमीनी हरकतें वहां कीं जिनका वर्णन गवाही में सुनकर सभ्य जगत थर्रा उठा।

इस समय तक हमारी राष्ट्रीय महासभा-कांग्रेस—बड़े दिन की छुट्टियों में कुछ सुधारों की भीख मांगने के लिए प्रस्ताव पास करने वाले, चन्द पढ़े-लिखे खुशहाल, अंग्रेजी में लच्छेदार स्पीच देने वाले नेताओं का एक जमघट मात्र थी। कुछ इने-गिने महान् पुरुष इसमें अपवादस्वरूप अवश्य थे।

इस घटना के बाद कांग्रेस ने अपना स्वरूप बदला। उसके प्रस्तावों में कुछ गर्मी आई। भीख मांगने का रास्ता छोड़ उसने सीधे वार करने के तरीके को अख्त्यार किया। असहयोग की रणभेरी बजी। छोटे-मोटे सुधार नहीं, स्वराज्य हासिल करना राष्ट्र का लक्ष्य घोषित किया गया और निश्चित हुआ कि हमारा आन्दोलन अहिंसात्मक होगा। देश में एक नई उमंग, नया जोश पैदा हुआ। आम जनता में जागृति की एक हिलोर आई। असहयोग आन्दोलन तेजी के साथ आगे बढ़ा। इसी समय इस आन्दोलन को शांत करने के लिए 1927 के नये सुधारों का खिलौना भारत को दिया गया। साथ ही अपनी सहृदयता जाहिर करने के लिए नौकरशाही ने कुछ क्रान्तिकारी राजबन्दियों को भी रिहा कर दिया। कांग्रेस ने नये सुधारों का बहिष्कार किया। साथ ही देश के क्रांतिकारियों ने एक बहुत बड़े

भाग में इस असहयोग आन्दोलन में सच्चे सैनिक की तरह पूर्णरूप से हिस्सा लिया। सब लोग बारदोली की ओर टकटकी लगाये थे। इतने में चौरीचौरा में एक घटना हो गई। अत्याचार से त्रसित उत्तेजित जनता ने पुलिस थाने पर हमला करके उसे फूंक दिया। महात्मा जी ने इस घटना के कारण असहयोग आन्दोलन को स्थगित कर दिया। देश के सामने फिर वही अन्धकार, फिर वही निराशा के दिन थे।

आन्दोलन में सक्रिय रूप से हिस्सा लेने के कारण देश की पढ़ी-लिखी आम जनता और विशेषकर नवयुवकों में एक तीव्र राजनैतिक चेतना उत्पन्न हो गई थी। वे देश की गुलामी में अपना अपमान समझने लगे थे। उन्हें गुलामी से दिली नफ़रत पैदा हो गई थी। ऐसे लोगों को आन्दोलन स्थगित हो जाने के बाद निष्क्रिय हो चुपचाप हाथ पर हाथ रख बैठ रहना असम्भव-सा हो गया। गुलामी को मिटाने के लिए वे 'कुछ न कुछ करने' के लिए बेकल हो उठे।

देश में आन्दोलन स्थगित हो गया था पर नौकरशाही का दमनचक्र उसी प्रकार चल रहा था। देश में अपना आतंक जमाने के लिए वह अब भी घोर दमन का सहारा ले रही थी। जो लोग पहले से पुलिस की आंखों में कांटे की तरह खटक रहे थे, उन्हें चौरीचौरा काण्ड का अभियुक्त बना जेलों के अन्दर ठूंस दिया गया। अहिंसावादी कांग्रेस असहयोगी होने के नाते उनके मुकदमों का प्रबन्ध न कर रही थी, और भय के मारे आम जनता भी उनसे दूर रहती थी। मौके से फायदा उठा विदेशी हुकूमत ने इन बेचारे बेकसों को कसकर पीसा। दर्जनों को फांसी पर लटका दिया गया, और अनेकों को आजीवन काला पानी आदि लम्बी-लम्बी सजाएं देकर, दीवारों के पीछे घुट-घुटकर मरने के लिए बंद कर दिया गया। फांसी पर चढ़ा इन बेकसों के खून से न्याय का दामन पवित्र किया गया।

लाखों जनता की भीड़ के सामने जिन्होंने हमारी मां-बहनों की बेइज्जती की, उन्हें हर तरह से लांछित और अपमानित किया; निहत्थे बेकस किसानों पर लाठी बरसाकर उनके सर से बहते हुए खून के फव्वारों से धरती तर कर दी वे आज भी बेरोकटोक खूंखार भेड़िये की तरह खुलेआम हमारी आंखों के सामने शैतानियत का नंगा नाच करने के लिए घूम रहे थे, और जिन्होंने इनके इन पाशविक अत्याचारों से उत्तेजित हो शायद प्रतिकार करने में हिस्सा लिया था, वे लटका दिये गये फांसी पर! ठूंस दिये गये जेलों में! यह है साम्राज्यशाही न्याय का सुंदर नमूना! हमारी गुलामी का बढ़िया उपहार!! अब भी न उठे टीस हमारे दिल में इन आघातों से, व्याकुल न हों हम अपनी गुलामी की कड़ियां तोड़ने को, तो लानत हो हमारी जिन्दगी को! धिक्कार हो हमारी जवानी पर!

इन सब घटनाओं ने उन्हें बेकरार कर दिया—जो दिल में कुछ जलन रखते थे। जो गुलामी को मेटने के लिए अपनी हस्ती को फना कर देने में भी न हिचकते

थे। जो कांग्रेस कार्यक्रम से मतभेद रखते हुए 'कुछ दूसरे ढंग से' सोच रहे थे। जो जल्द-से-जल्द सक्रिय रूप में कुछ-न-कुछ करने के लिए बेचैन थे। उन्होंने फिर से गुप्त संगठन का सहारा लिया। देश के हर प्रान्त में जिले-जिले, स्थान-स्थान पर इन भावनाओं को रखने वाले लोग मौजूद थे। वे अपने छोटे-छोटे गुट बनाये संगठन का अपने तरीके का तानाबाना बिछा रहे थे। पर थे सब बिखरे हुए, अलग-अलग। वे बंधे न थे एक सूत्र में। और हिंदुस्तान की आजादी का कोई आन्दोलन, चाहे वह किसी नीति का क्यों न हो, सुनियोजित, सुसंगठित और अखिल भारतीय रूप में होने पर ही सफल हो सकता है, अन्यथा नहीं—यह बात हमारे नये संगठन-कर्त्ता भलीभांति जानते और अनुभव करते थे। इसीलिए उनका प्रयास सदैव इसको अखिल भारतीय रूप देने का ही रहा।

युक्त प्रांत में इस काम को ठीक तौर से संगठित करने का काम पुराने लाहौर षड्यन्त्र के मुक्त राजबन्दी तथा 'बन्दीजीवन' के सफल लेखक श्री शचीन्द्रनाथ जी सान्याल ने शुरू किया। उत्तरी भारत के प्रत्येक जिले में पहुंचकर हर राजनैतिक सचेत कार्यकर्त्ता का दरवाजा उन्होंने खटखटाया। उसकी सुनी और अपनी कही। उसे अपने संगठन में शामिल करने का प्रयत्न किया। और उन्हें इसमें काफी सफलता भी मिली। बनारस, इलाहाबाद, फतेहपुर, कानपुर, इटावा, अलीगढ़, मेरठ, फर्रुखाबाद, मथुरा आदि में उन्होंने अपने अच्छे सहयोगी एकत्र कर लिए। इधर बंगाल की प्रसिद्ध अनुशीलन समिति भी इस ओर कुछ प्रयत्नशील थी। उसने अपने एक कार्यकर्त्ता श्री सतीशचन्द्र सिंह को बनारस में रहकर काम करने भेज दिया था। यह भी अपने ढंग से वहां काम कर रहे थे और एक अच्छा-सा गुट नवयुवकों का अपने आसपास एकत्रित कर लिया था। कुछ समय के बाद श्री सतीशचन्द्र जी बंगाल लौट गये और उसके कुछ ही बाद श्री राय महाशय (श्री योगेश चटर्जी) उत्तरी भारत का कार्य संचालन करने के लिए यहां आये। दोनों ही व्यक्ति धुन से अपने काम में जुट गये। संगठन करते समय स्थान-स्थान पर (अनुशीलन और युगांतर—संपा०) दोनों दलों के व्यक्तियों का कुछ संघर्ष-सा कभी हो जाने लगा। यह बात आन्दोलन के लिए खतरे की थी। साथ ही इस प्रकार अलग-अलग काम करने से समय, शक्ति और धन की कुछ फिजूलखर्ची भी हो रही थी। इन सब बातों को सोच दोनों दलों ने एक नाम से, एक ही साथ इस प्रांत में काम करने का निश्चय किया। यह फैसला कब, क्यों और कैसे हुआ इसकी अधिक जानकारी तो श्री शचीन्द्रनाथ सान्याल या श्री योगेश चटर्जी ही दे सकते हैं, पर सही और साफ बात इतनी जरूर है कि इसके बाद प्रांत में एक ही क्रांतिकारी संगठन काम करने लगा। और यह दोनों महानुभाव भी उसी एक संगठन में काम करते रहे।

क्रांति की सफलता के लिए जनता में तीव्र राजनैतिक चेतना, अपनी

अधिकार-रक्षा के लिए सब कुछ होम देने की भावना, का होना निहायत जरूरी होता है। और इसके लिए जनता के सामने एक स्पष्ट आर्थिक और राजनैतिक कार्यक्रम रखकर, उसके प्रचार करने की खास जरूरत होती है। हम कैसा स्वराज्य चाहते हैं, शासन शक्ति किसके हाथों में होगी, बेकारी, भूख और गरीबी की समस्या को स्थायी रूप से हल करने के लिए क्या प्रयत्न किया जायेगा, इन बातों को अपने कार्यक्रम में स्पष्ट रूप से रख देने से जनता उस पर अधिक ध्यान देगी और अधिक जोश से उसका समर्थन करेगी, ऐसा सोचकर क्रांतिकारी संघ ने अपने कार्यक्रम का एक पर्चा प्रकाशित किया। यह पर्चा 'पीला पर्चा' के नाम से मशहूर हुआ। इसमें संघ का नाम, 'भारतीय प्रजातंत्र संघ' और उद्देश्य संगठित, सशस्त्र क्रांति द्वारा देश में संयुक्त भारत के प्रजातन्त्रात्मक संघ-शासन का कायम करना बताया गया। इस विधान का आधार आम मताधिकार और मनुष्य का मनुष्य द्वारा हर प्रकार का शोषण बन्द करना रखा गया। इसमें यह भी कहा गया था कि रेल, खान, जहाज और प्रमुख उद्योग-धन्धे राज्य के होंगे। संघ के कार्य-संचालन के लिए प्रत्येक प्रांत से चुने हुए प्रतिनिधियों से बनी हुई एक सेन्ट्रल कमेटी रखी गई और उसके तमाम फैसले एक राय से करने का निश्चय किया गया। इस कौंसिल का काम तमाम प्रांतों में संगठन को एक नीति पर संचालित करना और आंदोलन को शक्तिशाली बनाने के लिए अन्य विदेशी राष्ट्रों से संबंध स्थापित करना था। इसके मातहत प्रांतीय कौंसिलें थीं जिनमें प्रत्येक प्रांत की कौंसिल में पांच विभागों के प्रतिनिधि के रूप में पांच सदस्य होते थे, और प्रांत के कार्य-संचालन की पूरी जिम्मेदारी इसी कौंसिल पर थी। इसके सब फैसले भी एक राय से होना आवश्यक था।

संगठन में पांच विभाग थे—प्रचार, मनुष्य संग्रह, आतंकवाद और धन संग्रह, युद्धोपयोगी सामान संग्रह तथा विदेश सम्बन्ध। इसमें प्रचार करने के लिए खुले और गुप्त प्रेस, व्यक्तिगत बातचीत, आम सभा-समितियों, संगठित कथाओं तथा मैजिक लालटेन के साधन काम में लाने को कहा गया था। मनुष्य संग्रह का काम जिला संगठनकर्त्ता के अधीन दिया गया था। धन-संग्रह के लिए खुशी से दिया गया चन्दा तथा आवश्यकता पड़ने पर जबर्दस्ती एकत्रित करने का तरीका काम में लाने के लिए बताया गया था। साथ ही कठोर दमन के अवसर पर प्रति-शोध लेने के लिए हर सम्भव तरीके को काम में लाना संघ का आवश्यक कर्तव्य कहा गया था।

संघ के प्रत्येक सदस्य को सशस्त्र बनाने का निश्चय था। पर वे शस्त्र प्रांतीय कौंसिल के हुक्म के मुताबिक काम में लाने और रखने का नियम रखा गया था। जिले के अधिकारी की बिना जानकारी के यह हथियार कहीं रखे या हटाये नहीं जा सकते थे। और विदेशों के सम्बन्ध का सारा काम सेन्ट्रल कमेटी के सीधे

आदेशानुसार ही करने का आदेश था।

इस विधान के अनुसार जिला आर्गनाइजर, प्रांतीय कौंसिल के मातहत, अपने जिले का पूरा जिम्मेदार माना गया था। संघ के नये सदस्य भर्ती करना, जिले में स्थान-स्थान पर संघ की शाखायें खोलना, संघ के सदस्यों को भर्ती करने के हेतु जिले की तमाम सभा-समितियों, संस्थाओं से अपना सम्बन्ध बनाये रखना और सदस्यों को छोटे-छोटे दलों में एक-दूसरे से अलग और अपरिचित रखते हुए संगठन करने की उसकी जिम्मेदारी थी। जिला आर्गनाइजर के लिए यह आवश्यक था कि वह अपने कार्यक्रम पर पूर्णविश्वास रखने वाला हिम्मती-त्यागी, संसार की वर्तमान सामाजिक, आर्थिक, राजनैतिक समस्याओं को ठीक तरह से समझने वाला तथा विभिन्न प्रकृति और योग्यता के आदमियों से सन्तोषजनक और हंसी-खुशी से काम लेने की योग्यता रखने वाला हो। संघ का कार्यक्रम खुला और गुप्त इन दो हिस्सों में बंटा था। क्लब, सेवा समिति, पुस्तकालय, वाचनालय, व्यायाम-शाला आदि स्थापित करना, मजदूर और किसान सभाओं को संगठित करना, उनमें क्रान्तिकारी भावों का प्रचार करना तथा संघ के उद्देश्यों के प्रचार के लिए एक साप्ताहिक पत्र, समय-समय पर देश-विदेश की उन्नत विचारधारा और समस्याओं पर पुस्तिकायें प्रकाशित करना तथा कांग्रेस आदि में घुसकर उसे अपने आदर्श के प्रति प्रभावित करने की कोशिश करना खुले काम के अन्तर्गत था।

गुप्त प्रेस स्थापित कर उसके द्वारा उग्र राजनैतिक साहित्य का प्रचार करना, स्थान-स्थान पर संघ की शाखायें स्थापित करना, हर मुमकिन तरीके से धन एकत्रित करना, विदेशों में आदमी भेजकर, उन्हें फौजी और वैज्ञानिक तालीम दिलाकर, आगे के लिए तैयार करना, युद्धोपयोगी सामग्री का संग्रह करना और उसे विदेशों से गुप्त रूप से मंगाने का प्रबन्ध करना, देशी फौजों में संघ के आदर्शों का प्रचार करना तथा विदेशों में रहने वाले भारतीय क्रान्तिकारियों से सम्पर्क स्थापित कर उनके द्वारा अन्य विदेशी राष्ट्रों से अपने कार्य के लिए सहायता प्राप्त करना गुप्त कार्यों के अन्तर्गत बताया गया था।

संघ की सदस्यता के लिए अपना पूरा समय और आवश्यकता पड़ने पर अपना जीवन उत्सर्ग कर देने को तत्पर रहने की योग्यता निश्चित की गई थी। अधिकारी का हुक्म बगैर उज्र के मानना पड़ता था। बिना अधिकारी की आज्ञा के वह कहीं जा नहीं सकता था, और न वह किसी दूसरी संस्था का सदस्य ही हो सकता था। उसे यह आदेश था कि वह अपने आप को किसी भी प्रकार का राजनैतिक कार्यकर्ता होने के सन्देह से पुलिस की नजरों में चढ़ने से बचाये। साथ ही अपनी कोई भी बात जहां तक सम्भव हो अधिकारी से न छिपाये।

संघ से विश्वासघात का दण्ड, पार्टी से निकाल दिया जाना या सजाये-मौत थी। सजा देने का अधिकार पूरी तरह से प्रांतीय कमेटी के ही अधीन था।

इस विधान को देखने से पता चलता है कि उस समय के कार्यकर्ता बहुत कुछ मार्क्सवाद से प्रभावित हुए थे, पर मार्क्सवाद की पूरी कार्यप्रणाली को उन्होंने उस समय अपनाया नहीं। इसका कारण चाहे कुछ भी रहा हो, पर बात यह है सत्य।

दल के सदस्यों को आदेश दिया गया कि वे अपने राजनैतिक विकास के लिए अध्ययनशील हों, और भावी क्रांति के लिए सब प्रकार की तैयारी करने में जुट जाएं। साथ-साथ हर जिले में इन 12 बातों की पूरी जानकारी रखी जाए :

(1) जिले के राजनैतिक कार्यकर्ता के नाम मय पते और उनकी वर्तमान विचारधारा तथा कार्यप्रणाली के विवरण सहित।

(2) जिले की जनसंख्या, गांवों की तादाद, हर गांव के रहनेवालों की तादाद, उनका पेशा, आमदनी, यदि सरकारी नौकर हों तो किस विभाग में और किस जगह तैनात हैं, क्या आमदनी है? गांव के धनवानों की संख्या, हथियारों की किस्म और तादाद, गाड़ी-मोटर-साइकिल-घोड़े आदि की संख्या, मय उनके मालिकों के नाम के, तहसील, थाना, सड़कें, नदी, नाले और उनकी अवस्था, हर गांव का फौजी दृष्टि से नक्शा, रेलवे स्टेशन, रेलवे लाइन, कच्चे-पक्के पुल, अस्पताल और औषधालय। इन सब बातों को सूचित करने वाले, गांव, तहसील और जिले के अलग-अलग नक्शे तैयार करा लिए जावें।

(3) जिले के हर थाने और चौकी के पुलिस सिपाहियों की संख्या और उनके मकानों का पता, कितने सशस्त्र हैं, कितने सादे? हर थाने, चौकी, तहसील, आदि में रहने वाले हथियार और गोला-बारूद की तादाद और उसकी किस्म तथा इन चीजो के रखने की जगह।

(4) यदि जिले में कोई फौज रहती है तो हिन्दुस्तानी और गोरे सिपाहियों की किस्म और उनकी अलग-अलग संख्या। उनके मातहत रहने वाले हथियार और गोला-बारूद की संख्या और किस्म तथा उनके रखे जाने की जगह। सिपाहियों के असली निवास स्थान का पता, मय उनके और उनके बाप के नाम के।

(5) खुफिया पुलिस वाले, उनके सहायक और सरकारी खैरख्वाहों के नाम और उनका पूरा पता।

(6) जिले में हथियार रखने वालों के नाम, मय उनके पते के। उनके पास के हथियार और गोला-बारूद का विवरण। हथियारों की दुकान का पूरा विवरण, यहां तक कि जिस जगह पर है उसका पूरा नक्शा।

(7) जिले के तमाम एसोसिएशन, संघ, सभा-समिति और क्लब आदि का, उनकी अवस्था और सदस्य संख्या वगैरह का पूरा विवरण।

(8) जिले के सब प्रकार के स्कूल-कालेज, आदि का पूरा पता और विवरण। उनमें पढ़नेवालों की तादाद तथा स्कूल के वर्तमान अधिकारियों का राजनैतिक

रुझान।

(9) जिले के तमाम कल-कारखानों तथा ऊंचे उद्योग-धन्धों का, उनकी पैदावार की चीज, उनकी किस्म, लगी पूंजी, आज की अवस्था, काम करने वाले मजदूरों की संख्या और उनके साथ होने वाले व्यवहारों का ठीक और सच्चा वर्णन।

(10) जिले के तमाम डाकखाने, तारघर, बैंक और धनवानों के मकानों का पूरा नक्शा। उनके यहां काम करने वाले नौकरों की तादाद और उनका ठीक पता।

(11) जिले की तमाम मोटर, साइकिल और मोटर बोटों की तादाद, मय पूरे विवरण के, उनके मालिकों के नाम व पते सहित।

(12) सरकारी अफसरों के नाम, पते, उनका पद, वेतन और माली दशा का पूरा विवरण। सिविल अंग्रेजों की तादाद, उनके नाम व पते और पेशे का विवरण।

इस तमाम आधार पर सारे देश में संगठन हो रहा था। मद्रास, बंगाल, बिहार, आसाम, यू० पी० और कुछ-कुछ पंजाब में काम होने लगा।

पार्टी के रास्ते में बड़ी कठिनाइयां थीं ! संगठनकर्ताओं को अपना सब काम गुप्त रीति से करना पड़ता था। काम के लिए काफी तादाद में धन की जरूरत थी। आम तौर से चन्दा मांगना संभव न था। कुछ लोगों की सहायता, काम की महानता के सामने नहीं के बराबर थी। ऐसी दशा में 'डकैती' को स्वीकार किया गया।

डकैती से आया धन पार्टी के लिए शस्त्र-संग्रह और प्रचार में खर्च हो सकता था। हां, जो लोग 24 घन्टे पार्टी का काम करते थे उन्हें साधारण भरण-पोषण पर खर्च करने के लिए कुछ दे दिया जाता था। अन्य कामों में उसे किसी भी दशा में खर्च नहीं किया जा सकता था। पार्टी के हर सदस्य को कुछ मासिक चन्दा देना लाजमी था। पर एक-दो साधारण गांव की डकैतियों ने इस काम की अनुपयुक्तता सिद्ध कर दी और निश्चय हुआ कि किसी भी दशा में ग्राम में मध्यम श्रेणी या उसके नीचे की श्रेणी वालों के यहां कभी भी डकैती न डाली जाए।

नये सदस्यों की भर्ती भी परेशानी का ही विषय रहा है। दल में भरती होने के माने होते थे बिना नामवरी के चुपचाप अपना बलिदान कर देना। इसलिए दल की सदस्य-संख्या कभी भी हजारों और लाखों पर नहीं पहुंची।

लोगों को सशस्त्र बनने के लिए हथियारों की जरूरत थी। इन्हें विदेशों से मंगवाने के प्रयत्न शुरू हुए और इसमें कुछ सफलता भी मिली। इसी समय यू० पी० की प्रांतीय कमेटी की एक बैठक 3 अक्टूबर 1924 को पीली कोठी धर्मशाला कानपुर में हुई।

सर्वश्री रायमहाशय 'योगेश चटर्जी' सुरेशचन्द्र भट्टाचार्य, रामप्रसाद बिस्मिल,

विष्णुशरण दुब्लिश आदि वहां एकत्रित हुए। इसमें बताया गया कि बनारस, इलाहाबाद, प्रतापगढ़, कानपुर, लखनऊ, फतेहपुर, जौनपुर, झांसी, हमीरपुर, फर्रुखाबाद, मैनपुरी, इटावा, आगरा, अलीगढ़, मथुरा, मेरठ, एटा, दिल्ली, बुलन्दशहर, बरेली, पीलीभीत, शाहजहांपुर, मुजफ्फरनगर के जिलों में जिला आर्गनाइजर नियुक्त कर दिए गए हैं और बाकी जिले इस प्रकार डिवीजन बनाकर एक-एक संगठनकर्ता के हाथ में दे दिये गये हैं :

(1) बनारस, मिर्जापुर, गाजीपुर, बलिया, आजमगढ़, बस्ती, गोरखपुर और जौनपुर

(2) झांसी, बांदा

(3) कानपुर, रायबरेली और उन्नाव

(4) अलीगढ़, अनूपशहर

(5) मेरठ, अलमोड़ा, देहरादून, बिजनौर, बदायूं और मुरादाबाद

(6) नैनीताल, गढ़वाल, लखीमपुर, सीतापुर और हरदोई

(7) फैजाबाद, बाराबंकी, बहराइच, गोंडा और सुल्तानपुर, इस डिवीजन के लिए शीघ्र ही उपयुक्त आदमी के नियुक्त करने का निर्णय हुआ।

इस समय तक संघ के सदस्यों की संख्या प्रांत में 100 के लगभग थी। इस बैठक में प्रांत के काम को चलाने के लिए और भी कई महत्व के प्रस्ताव पास हुए।

श्री राय महाशय को इसी संगठन के लिए इसके बाद मद्रास जाना पड़ा। यह महोदय बंगाल से एकाएक गायब हो गए थे। बंगाल की सी० आई० डी० इनकी खोज में व्यस्त थी। एक दिन उसने इन्हें मद्रास से आने वाली गाड़ी में आसनसोल स्टेशन पर देखा। फिर क्या था, शिकार के पीछे शिकारी लग गया।

18 अक्टूबर 1924 को हावड़ा स्टेशन से उतरकर कलकत्ते जाते समय बंगाल पुलिस ने इन्हें हावड़ा पुल पर गिरफ्तार किया और नजरबंद बनाकर जेल भेज दिया। इनकी जेब में, कहा जाता है प्रांतीय कमेटी के बैठक की रिपोर्ट बंगाल पुलिस के हाथ लग गयी। यह खबर पाकर यू० पी० के कार्यकर्ता बड़े चिंतित हुए। श्रीशचीन्द्रनाथ सान्याल पर तो पुलिस की निगरानी बहुत ही सख्त हो गई। ऐसी दशा में उन्होंने भी घर छोड़ देना ही उचित समझा।

नयी हलचल

1924-25 का जमाना, देश में घोर अकर्मण्यता और निराशा का जमाना था। राजनैतिक वातावरण एकदम निर्जीव-सा हो रहा था। मालूम होता था देश में कोई दम, कोई जान, बाकी नहीं रह गई। बहुत से कार्यकर्ता सोचते थे अब तो दसियों साल तक मुल्क अंग्रेजी साम्राज्यशाही से मोर्चा न ले सकेगा। ऐसे ही अवसर पर 28 जनवरी 1925 को तमाम हिन्दुस्तान और बर्मा में 'भारतीय प्रजातन्त्र संघ' की ओर से 'दि रेव्युल्यूशनरी' (क्रांतिकारी) नामक एक पर्चा खूब बंटा। लोगों की राय में इसकी भाषा बहुत ही प्रवाहमयी और ओजपूर्ण थी। पर्चे का भाव कुछ इस प्रकार का था :

"यह आवश्यक है कि नवीन नक्षत्र के उदय के पूर्व अशान्ति एवं अव्यवस्था के अंधड़ उठें। प्राणियों का जन्म भी वेदना एवं पीड़ा के बीच में ही होता है। भारत भी आज नया जन्म ले रहा है, और वह उस अनिवार्य अवस्था से गुजर रहा है, जब उपद्रव और उत्पीड़न अपना निश्चित नाट्य करेंगे, जब समस्त अनुमान व्यर्थ सिद्ध होंगे, जब बुद्धिमान एवं शक्ति सम्पन्न, सरल तथा निर्बल व्यक्तियों के अद्भुत कृत्यों से आश्चर्यान्वित होंगे, जब महान साम्राज्य धराशायी होंगे और नवीन राष्ट्रों का आविर्भाव होगा तथा वे अपने ही वैभव एवं गौरव से मानवता को चकित करेंगे।

"भारतीय युवको ! अपने भ्रमजालों को काटो, मजबूत दिलों से वास्तविकताओं का मुकाबला करो, और संघर्षों, कठिनाइयों तथा उत्सर्गों से बचने का प्रयत्न न करो। जो अनिवार्य है वही अब आने वाला है। अब और अधिक पथ-भ्रष्ट न बनो। आपको शांति और व्यवस्था नहीं प्राप्त हो सकती। भारत की स्वतन्त्रता शान्त एवं वैध साधनों से कभी नहीं प्राप्त की जा सकती। महान आयरिश लेखक मि० राबर्ट्सन के निम्नलिखित स्मरणीय शब्द भारत के बुद्धिमानों को और अधिक बुद्धिमान बनाने के लिए उपयुक्त हैं : 'आन्दोलन और सुधार कार्यक्रम प्रधानतः उन आइरिश और प्रोटेस्टैण्ट नेताओं द्वारा सम्पादित हुआ था जिन्हें ब्रिटिश राजनीतिज्ञों ने यह 'घातक रहस्य' अवगत करा दिया था कि इंग्लैंड को तो ठोंकपीट कर दुरुस्त किया जा सकता है, दलीलों के बल उससे न्याय और औदार्य नहीं प्राप्त किया जा सकता।' (इंग्लैंड हनोवर राजाओं के शासन काल में, पृष्ठ संख्या 179)

"भारतीय जन-नेतागण या तो इस 'घातक रहस्य' से अब भी अपरिचित हैं, अथवा वे उसकी उपेक्षा करने की मूर्खतापूर्ण बुद्धिमानी करते हैं।

"अराजकता एवं आतंकवाद के भी सम्बन्ध में कुछ शब्द कहना उचित है।

आज भारत में ये दो शब्द बहुत ही अपकारपूर्ण कार्य कर रहे हैं। जब कभी क्रांतिकारियों के प्रति कोई निर्देश किया जाना होता है, तब उनका सदैव दुरुपयोग किया जाता है, क्योंकि इन नामों से क्रांतिकारियों की निन्दा करना अत्यंत सुविधाजनक होता है। भारतीय क्रांतिकारी न तो आतंकवादी हैं और न अराजकवादी ही। देश में अराजकता का प्रसार या प्रचार करना कभी उनका उद्देश्य नहीं रहा अतः उन्हें कभी भी उचितरूपेण अराजकतावादी नहीं कहा जा सकता। आतंकवाद भी कभी उनका उद्देश्य नहीं रहा और वे आतंकवादी भी नहीं कहे जा सकते। वे इस बात पर विश्वास नहीं करते कि अकेले आतंकवाद से ही स्वतंत्रता प्राप्त हो सकती है। वे आतंकवाद को आतंकवाद के लिए नहीं पसंद करते, यद्यपि वे प्रतिहिंसा के अत्यंत प्रभावशाली रूप में इस साधन का समय-समय पर अवलम्ब ले सकते हैं। मौजूदा सरकार का अस्तित्व पूर्णतया इसी बात के कारण है, क्योंकि विदेशियों ने सफलतापूर्वक भारतीय जनता को आतंकित कर दिया है। भारतीय जनता अपने अंग्रेज स्वामियों से प्रेम नहीं करती। वह यह नहीं चाहती कि वे यहां रहें। पर वह आंग्ल प्रभुओं की मदद इसलिए करती है, क्योंकि वह उनसे भयंकर-रूपेण त्रस्त एवं आतंकित है। यही भय उन्हें क्रांतिकारियों की सहायता करने से रोकता है, यह बात नहीं है कि वे (भारतीय) उन्हें (क्रांतिकारियों को) प्यार न करते हों।

"इस सरकारी आतंकवाद का प्रत्युत्तर आतंकवाद से ही दिया जा सकता है। हमारे समाज की प्रत्येक श्रेणी में नितान्त विवशता और लाचारी की भावना फैली हुई है। आतंकवाद समाज में उचित स्थिति और भावना को पुनः प्रस्थापित करने का प्रभावशाली साधन है। इसके अलावा आंग्ल प्रभुओं तथा उनके किराये के गुर्गों को निर्बाध तथा निरापद रूप से, जो कुछ वे चाहें नहीं करने दिया जा सकता। उनके मार्ग में प्रत्येक संभव कठिनाई और विरोध पैदा किया जाएगा। आतंकवाद का अन्तर्राष्ट्रीय प्रभाव भी है, क्योंकि आतंकवाद के कृत्यों तथा क्रांतिकारी प्रदर्शनों के द्वारा इंग्लैण्ड के दुश्मनों का ध्यान फौरन भारत की ओर आकर्षित होगा। इससे क्रांतिकारी उनके साथ सम्बन्ध स्थापित कर सकेंगे। इस प्रकार वे शीघ्र भारत की स्वतंत्रता प्राप्त कर सकेंगे। यद्यपि विदेशी सरकार के एजेण्ट हमारी माताओं और बहनों पर हमले करके बड़ी भारी उत्तेजना फैला रहे है, फिर भी इस समय यह क्रांतिकारी दल आतंकवादी आंदोलन में प्रविष्ट होने से अपने को जानबूझकर अलग रख रहा है। इसका कारण सिर्फ यह है कि यह दल आघात करने की प्रतीक्षा कर रहा है। किन्तु जब आवश्यकता की मांग होगी, यह दल बिना किसी हिचक के आतंकवाद का घनघोर आंदोलन जारी कर देगा। उस समय प्रत्येक अफसर और व्यक्ति का, जो विदेशी शासकों को किसी प्रकार भी मदद देगा, जीवन असहाय बना दिया जाएगा, फिर वह चाहे भारतीय हो, या

योरोपीय, बड़ा हो या छोटा। इतने पर भी पार्टी यह नहीं भूलेगी कि आतंकवाद उसका उद्देश्य नहीं है। वह अनवरत रूप से निस्वार्थ एवं लगन वाले कार्यकर्ताओं के दल के संगठन का प्रयत्न करेगी। यह दल अपने देश के राजनीतिक और सामाजिक फायदे के लिए अपनी सर्वोत्तम शक्तियों का उपयोग करेगा। वह हमेशा यह बात याद रखेगा कि राष्ट्रों के निर्माण के लिए ऐसे हजारों बेनामोंनिशा मिटने वाले पुरुषों तथा महिलाओं के आत्मोत्सर्ग की आवश्यकता होती है, जो अपना आराम या स्वार्थ एवं अपने और अपने प्रियजनों के जीवन की अपेक्षा देश के हित की अधिक चिन्ता करते हैं।

(हस्ताक्षर) विजयकुमार,
अध्यक्ष केन्द्रीय कौंसिल
भारतीय प्रजातंत्र संघ"

इस घटना से देश में एक हलचल-सी मच गई। लोगों ने सोचा, देश में एक ऐसी संगठित शक्ति है, जो अब भी ब्रिटिश साम्राज्यशाही से मोर्चा लेने के लिए प्रयत्नशील है और इस काम को करने की जिसमें कुछ शक्ति, कुछ दम भी है। पर दूसरी ओर देश की नौकरशाही के लिए यह घटना बहुत बेचैनी पैदा करने वाली सिद्ध हुई। उसने इस कार्य के करनेवालों की खोज प्रारम्भ कर दी।

बांकुड़ा (बंगाल) पोस्ट आफिस में एक पार्सल श्री रासबिहारी बोस, टोकियो, जापान के नाम का पुलिस ने रोककर खोला। उसके अन्दर उपरोक्त पर्चे की कुछ प्रतियां थीं। बंगाल की पुलिस इस पार्सल को भेजनेवाले की खोज में व्यस्त हुई।

कलकत्ते के एक बदनाम मुहाल में कुछ दिनों से कुछ लोग किराये पर एक मकान लेकर रहने लगे थे। दिन-रात इस मकान में अनेकों लोग आते-जाते रहते थे। कुछ लोग बगल में बोतल दबाकर भी ऊपर चढ़ते देखे गए थे। कभी-कभी गाने-बजाने की धूम भी मच जाती थी और अक्सर बड़ी रात तक हो-हल्ला मचा करता था। आसपास के लोगों का ख्याल था कोई ऐयाश छैलछबीला मौज की जिन्दगी बिताने के लिए यहां आकर डेरा जमाये हुए है। पर पुलिस को शक हुआ कि यहां कोकीन, गैर-कानूनी अफीम, चरस आदि बेचने का अड्डा है। उसने इसी शक में इस घर की तलाशी का वारण्ट निकाला। तलाशी लेने पर वहां इन बेहूदगियों की जगह हाथ लगा कुछ राजनीनिक साहित्य, और जिसकी खोज में उसने दिन-रात एक कर डाले थे वे प्रसिद्ध क्रांतिकारी नेता श्री शचीन्द्रनाथ सान्याल।

ऐसे बदनाम मुहाल में अपने परिवार को लेकर श्री शचीन्द्र जैसे आदमी के निवास करने पर उसे बड़ा आश्चर्य हुआ। कारण, इन दिनों भारत की पुलिस ने क्रांतिकारियों को पकड़ने और खोज निकालने के लिए एक बहुत सरल-सा नुस्खा

बना लिया था। वह कुछ-कुछ इस प्रकार का था :

जो नौजवान सच्चरित्र, परोपकारी, विनयी, दूसरों के दुःख से दुखी होने वाला, अध्ययनशील, सादगी पसंद, त्यागी और स्वाभिमानी प्रकृति का हो उसे 'राजनैतिक संदेहात्मक व्यक्ति' करार देकर उसकी जांच करो। 95 फीसदी ऐसे युवक क्रांतिकारी दल के सदस्य होते हैं और उसकी इस धारणा में बहुत ज्यादा सत्यता सिद्ध हुई। इस बात को श्री शचीनदा अच्छी तरह जानते थे। इसीलिए उन्होंने पुलिस की आंखों में धूल झोंकने के लिए यह रूप धारण किया था। उन्हें अपनी नेकनामी नहीं, वरन् सब कुछ होम कर भी अपने आदर्श की प्राप्ति चाहिए थी। इसीलिए 1918-19 के भारतीय जेलखानों और संसार के सजीव नर्क कालेपानी में आजीवन कैदी के रूप में कैद काटने के बाद, बिना शर्त मुक्ति पाकर छूट जाने पर भी श्री शचीनदा शान्त होकर घर न बैठे। आंखों के सामने फांसी पाने वाले साथियों के दृश्य के झूमते रहने पर भी वे स्त्री-पुत्र का मोह त्याग आग में कूद पड़े। देश के प्रति उद्दाम भावना, तीखी टीस और प्रखर जलन होने के कारण वे शान्त न रह सके। यहां गिरफ्तार होने पर उन्हें बांकुड़ा भेजा गया और श्री रासबिहारी बोस के पास क्रांतिकारी पर्चे का पार्सल भेजने के अपराध में मुकदमा चला। जिसमें उन्हें दो वर्ष की सजा दे दी गई।

इसी पर्चे को बांटने के अपराध में बनारस की पुलिस ने वहां के एक प्रसिद्ध राजनीतिक कार्यकर्ता श्री रवीन्द्र कर को गिरफ्तार किया, अदालत में पुलिस इस अभियोग को सिद्ध न कर सकी और उसने श्री कर पर दफा 109, आवारागर्दी का जुर्म लगाकर उन्हें एक वर्ष के लिए जेल में बन्द कर दिया। युक्त प्रांत में असहयोग आंदोलन के बाद क्रांतिकारी कार्यों में यह पहली गिरफ्तारी थी।

श्री रवीन्द्र कर कर्मवीरता के नमूना थे। मैली और फटी कमीज, नंगे पैर, एक पैसे के चने खाकर यह हमारा त्यागी वीर, आजादी का शैदाई, दिन-रात काम में जुटा रहता था। उसे दुनिया में किसी चीज की चिन्ता नहीं होती थी। जहां चढ़ती जवानी को पाकर हमारे मुल्क के ज्यादातर नौजवान, प्रेम और वैभव की आराधना में सब कुछ भूल, चन्द धातु के टुकड़ों को ही अपना आराध्यदेव मान, उसी पर अपनी जवानी निछावर कर देते हैं, वहां हमारे भाई श्री रवीन्द्र कर मिटा रहे थे अपना अस्तित्व, माता के गुलामी की कड़ियां काटने में। देश की गरीबी, शोषण और दासता को मिटाने में।

उस दिन, मार्च 1938 को; देहली जेल में सुना कि भाई रवीन्द्र कर अब इस संसार में नहीं रहे। तपेदिक के बीमार भाई रवीन्द्र कर बनारस जैसे शहर में बिना दवादारू, बिना पथ्य के, भूखे, नितांत एकांत एक छोटी-सी गंदी और अंधेरी कोठरी में, बिना एक छदाम के पास हुए, असहायावस्था में मौत के शिकार बन गए —उस वक्त उनकी लाश पर समवेदना के शब्द कहने वाला, लाश की ठीक ढंग

से देखरेख करने वाला कोई न था; तो न मालूम एक कैसी विकट वेदना-सी अनुभव हुई। दिल रो दिया। जीवन को हथेली पर लेकर जो कभी कुछ करने के इरादे से एक साथ कंधे से कंधा मिलाकर हमारे साथ आगे बढ़ा था, आज उसकी इस दुःखद अन्तिम अवस्था में देश का यह उपेक्षा भाव देखकर देश की राजनीतिक चेतना का वास्तविक रूप आंखों के सामने नाचने लगा।

रेल लुटी

9 अगस्त 1925, शाम का वक्त था। 8 नम्बर डाउन पेसेंजर गाड़ी काकोरी रेलवे स्टेशन से आलमबाग लखनऊ की ओर रवाना हुई। इस लाइन के हर रेलवे स्टेशन के टिकट की बिक्री का रुपया इसी गाड़ी से लखनऊ जाता था। कुछ मील चलने के बाद गाड़ी एक स्थान पर रुक गई। किसी ने जंजीर खींच ली थी। गार्ड उस डब्बे की ओर बढ़ा। गाड़ी के मुसाफिर सर निकालकर बाहर देखने लगे कि मामला क्या है। यकायक, गाड़ी के दोनों ओर से गोलियां छूटने की आवाज आने लगी। गोली चलाने वालों ने आवाज दी, "डिब्बों की खिड़कियां बन्द कर लो। कोई मुसाफिर अपने डिब्बे से नीचे न उतरे। हम रेल का खजाना लूटेंगे। किसी मुसाफिर को कोई नुकसान न पहुंचाया जाएगा।" लोगों ने खिड़कियां बंद कर लीं, बाहर किसी लोहे की चीज पर छेनी-हथौड़ा चलाने की आवाज आ रही थी। इसी बीच बगल की लाइन से लखनऊ से शाहजहांपुर जाने वाली डाकगाड़ी निकल गई। लगभग 25 मिनट वहीं रुकी रहने के बाद यह गाड़ी चली। डाकुओं ने रेल का खजाना लूट लिया था। लखनऊ पहुंचने पर गाड़ी की तलाशी हुई। कहीं कोई चीज न निकली। इस गाड़ी में अनेकों लाइसेंस की बंदूकें रखने वाले सज्जन सफर कर रहे थे। ब्रेकवान—जहां से संदूक उतारकर तोड़ा गया था—के बगल के कम्पार्टमेंट में किसी अंग्रेजी पल्टन के कुछ फौजी अफसर अपने हथियारों से लैस सफर कर रहे थे। इन तमाम बातों के बावजूद, लखनऊ से कुछ ही दूर गाड़ी को रोककर डाकू रेल का खजाना लूट ले गए। किसी ने कुछ भी चूं-चपड़ न की।

सवेरे सारे हिन्दुस्तान के अखबार इसी घटना की खबर से रंगे थे। खबर थी कि 25-30 खाकी ड्रेस और नकाब पहने डाकुओं ने एक रेलगाड़ी को खड़ा करके लूट लिया। चारों ओर जनता कहने लगी, बंगाली गदर वालों ने यह काम किया

है। देश में हलचल-सी मच गई।

दल के सदस्यों की दशा इस अवसर पर बड़ी विकट थी। सब के सब 24 घंटे दल का काम कर रहे थे। कमाई का कोई खुला जरिया न था। यह लोग क्या काम करते हैं, इसका किसी को कोई पता न था। साथी समझते थे, यह लोग आवारागर्द हो गए हैं। अनेकों साथियों को तो पेट भरने के लिए सदावर्त का सहारा लेना पड़ा। रात को सोने का स्थान सड़क की पटरी बनी। कड़ाके के जाड़े एक सलूका, एक कुर्ता और एक सूती चद्दर में कट रहे थे।

खबर आई कि विदेश से कुछ हथियार आये हैं, उनके खरीदने के लिए कुछ हजार रुपयों की जरूरत है। इन दिनों रामप्रसाद बिस्मिल फौजी विभाग के अध्यक्ष थे। कुछ लोग शाहजहांपुर बुलाये गए। 6 या 7 अगस्त को वे वहां एकत्र हुए। इन आने वालों में सर्वश्री राजेन्द्रनाथ लाहिड़ी, मन्मथनाथ गुप्त, शचीन्द्रनाथ बख्शी, मुकुन्दीलाल गुप्त, बनवारीलाल श्रीवास्तव (रायबरेली), चन्द्रशेखर आजाद, काशी विद्यापीठ के उस समय के एक छात्र, जिनकी अब मृत्यु हो चुकी है और एक अन्य महानुभाव, जो आजकल देशद्रोहिता के महान काम में लगे हुए बताये जाते हैं, एकत्र हुए। श्री रामप्रसाद जी बिस्मिल तथा श्री अशफाकउल्ला वहीं मौजूद थे। रुपया एकत्र करने के लिए कई प्रस्ताव आये, पर अन्त में निश्चय हुआ कि रेल का खजाना लूटा जाए। एक तो यह धन सरकार का है इसलिए इससे सरकार को चुनौती-सी दी जा सकेगी और दूसरे इससे जनता में क्रांतिकारी दल की शक्ति का प्रदर्शन हो जाएगा। पर श्री अशफाकउल्ला ने इसका विरोध किया। उनका कहना था कि इससे सरकार सचेत होकर हमारे संगठन को नष्ट-भ्रष्ट करने की जी-जान से चेष्टा करेगी। हमारा संगठन अभी काफी मजबूत नहीं है। वह इस धक्के को बर्दाश्त न कर सकेगा। इसलिए अभी इस समय हमें इस काम को न करना चाहिए। पर उस समय उनकी बात न चली। यद्यपि बाद के अनुभव ने साबित कर दिया कि उनका कहना ठीक ही था।

9 अगस्त की शाम को उपरोक्त दसों व्यक्ति, 8 नम्बर डाउन पेसेंजर में शाहजहांपुर से सवार होकर लखनऊ रवाना हुए। सर्वश्री शचीन्द्रनाथ बख्शी, राजेन्द्रनाथ लाहिड़ी और अशफाकउल्ला सेकेण्ड क्लास कम्पार्टमेंट में सवार हुए, बाकी लोग अन्य डब्बों में। साथ में चार माउजर पिस्तौल, कुछ दूसरे हथियार तथा संदूक तोड़ने के लिए हथौड़ा, छेनी, कुल्हाड़ी आदि सामान भी था। गाड़ी में सवार होते ही लोगों ने देखा कि इस गाड़ी में करेंसी का खजाना और उसी के साथ कुछ हथियारबंद पुलिस के सिपाही भी जा रहे हैं। कुछ चिंता हुई, फिर सोचा जो निश्चय किया गया है उसे पूरा किया जाए, फल जो भी कुछ हो।

गाड़ी के निर्दिष्ट स्थान पर पहुंचते ही दूसरे दर्जे से खतरे की जंजीर खींच दी गई। गाड़ी के रुकते ही गार्ड, मामला क्या है, जानने के लिए आगे बढ़ा। निश्चित

आदमी ने आगे बढ़कर रिवाल्वर उसके सामने तानकर पट लेट रहने का हुक्म दिया। गार्ड साहब ने आज्ञा पालन की। एक आदमी ने इंजिन पर पहुंचकर अंग्रेज ड्राइवर से अपनी जगह खाली कर देने के लिए कहा। ड्राइवर साहब भले आदमी थे। झट से अपनी बैंठने की कुर्सी के नीचे घुस रहे। दूसरे लोग इधर-उधर हो गए। दो आदमियों ने ब्रेकवान में चढ़कर लोहे की संदूक को नीचे गिरा उसे तोड़ना शुरू कर दिया। दो आदमी सशस्त्र हो उनकी रक्षा करने लगे, और चार आदमी दो-दो के दलों में गाड़ी के दोनों ओर खड़े होकर पांच-पांच मिनट के अंतर मे फायर करने लगे। दाहिने और बाएं ओर के आदमियों के फायर करने में दो मिनट का अंतर रखा गया था। इससे सुनने वालों को फायर लगातार किये जाने का आभास होने लगा।

इस सारे काम का नेतृत्व पं० रामप्रसाद जी कर रहे थे। सन्दूक की चाभी तो लखनऊ स्टेशन पर थी। इसलिए उसका खोलना संभव न था। जोरों से हथौड़ा चला। श्री मुकुन्दीलाल तथा श्री अशफाक के प्रयत्नों से थैले निकालने भर का सूराख बन गया। थैले लेकर लोग चल दिये। कुछ दूर जाकर सीटी दी गई तब गार्ड और ड्राइवर अपने-अपने स्थान से हिलकर काम पर लगे। लोग मालमत्ता लेकर पैदल ही लखनऊ की ओर चल दिए। रास्ते में थैलों की मुहर तोड़कर रुपया निकाल लिया गया और थैलों को पानी में फेंक दिया गया। रास्ते में कुछ गश्त करने वाले पुलिस के सिपाहियों से भेंट हुई, उनके साथ गप लड़ाते हुए मेडिकल कालेज तक पहुंच गए। फिर उन्हें छोड़कर सब लोग अपनी-अपनी जगह पहुंचे। शहर में गाड़ी लूटे जाने की खबर से सनसनी थी। लोग इसकी चर्चा कर रहे थे। कुछ लोगों ने स्टेशन का हाल देखना चाहा। जाकर देखा। पुलिस और रेलवे अधिकारियों में काफी हलचल थी। मुसकराते हुए वे अपने-अपने स्थान पर लौट आये। इस प्रकार यह घटना समाप्त हुई।

काकोरी एेसे मामूली से स्थान का नाम इस घटना के कारण सबकी जबान पर चढ़ गया। देश में इस घटना का महत्व बहादुराना ढंग की डकैती के कारण नहीं, वरन् उस विशाल संगठन के लिए हुआ जो उस समय देश को स्वतंत्र बनाने के लिए इस दल द्वारा किया गया और जिसका प्रत्यक्ष रूप अन्य मुकदमों, अर्थात् दक्षिणेश्वर बम केस, सोवा बाजार शस्त्र केस, देवघर षड्यन्त्र केस, रंगून में जहाज पर शस्त्र पकड़े जाने और शहीद सरदार भगतसिंह आदि के मुकदमों में प्रकट हुआ।

घटना के बाद

इस डकैती के बाद प्रांत में बड़ी हलचल मच गई। प्रांत की पुलिस बड़ी सरगर्मी से मामले की खोज में लगी। उधर दल को भी इन तमाम परिस्थितियों पर विचार करना था, अतएव प्रांतीय कमेटी की एक बैठक 13-14 सितम्बर 1925 को मेरठ में बुलाई गई।

कार्य को ठीक से संचालन करने के लिए दल का सदैव यह प्रयत्न रहा कि नये और पुराने कार्यकर्ताओं का सहयोग प्राप्त किया जाय। इसी के अनुसार श्री रामप्रसाद बिस्मिल इसमें आए थे। श्री बिस्मिल जी पहले मैनपुरी षड्यन्त्र में फरार घोषित किये गए थे और नये शासन सुधार के अवसर पर जो क्षमादान की घोषणा हुई थी उसी के अनुसार वे फिर खुलेआम काम करने लगे थे। उसी मुकदमे के एक अभियुक्त श्री शिवचरणलाल शर्मा (एटा) को मैनपुरी षड्यन्त्र में 7 वर्ष की सजा हुई थी; पर उपरोक्त घोषणा के कारण आप भी बीच में ही रिहा कर दिए गए। आपके भाई श्री रामचरन शर्मा का नाम कानपुर कम्युनिस्ट केस में आया। श्री रामचरन जी शर्मा खिसक कर किसी प्रकार पांडिचेरी चले गए : पुलिस ने एक दिन शिवचरनलाल को फिर जेल भेज दिया। उसने कहा श्री शिवचरनलाल अपने भाई श्री रामचरनलाल से षड्यन्त्र करके हिन्दुस्तान में हथियार मंगाने का प्रबन्ध कर रहे हैं। यही शिवचरनलाल बरेली जेल से छूटने वाले थे। श्री रामप्रसाद वगैरह ने उनसे बातचीत चलाई और निश्चय हुआ कि जेल से निकलकर श्री शिवचरनलाल दल में काम करेंगे। लम्बी सजा काटकर निकलने की कसौटी पर कसकर किसी को विश्वासपात्र मान लेना एक भीषण भूल है; और वही भूल हमसे भी हुई।

जो पत्र मेरठ मीटिंग में आने की सूचना देने के लिए शिवचरनलाल को लिखा गया था, उसे पुलिस ने मुकदमा चलने पर अदालत में पेश किया। मीटिंग में जो कुछ तय हुआ था पुलिस उसकी उतनी ही गवाही दिला सकी जो इन हजरत की उपस्थिति में हुआ था। कर महाशय उर्फ श्री डी०एन० चौधरी की गिरफ्तारी के समय उनके यहां से एक पत्र इन दयानिधान का भी बरामद हुआ पर पुलिस उसे दबा बैठी और वारण्ट निकल जाने के बावजूद भी ये महोदय कभी पकड़े न गए, बल्कि इनसे मुकदमा उठा लिया गया, जबकि केवल इसी मेरठ मीटिंग में भाग लेने के कारण औरों को दस-दस वर्ष की सजा भुगतनी पड़ी।

26 सितम्बर 1925 को तमाम प्रांत में गिरफ्तारियों और तलाशियों की धूम मच गई। उस दिन नीचे उल्लिखित सज्जन निम्नलिखित स्थानों से गिरफ्तार किए गए :

शाहजहांपुर :

(1) श्री रामप्रसाद बिस्मिल (2) बनारसीलाल कोकाश (3) श्री हरगोबिंद (4) श्री प्रेमकृष्ण खन्ना (5) इन्दुभूषण मित्रा (6) श्री मदनलाल (7) श्री रोशन सिंह।

बनारस :

(1) सुरेशचन्द्र भट्टाचार्य (2)श्री दामोदरस्वरूप सेठ (3) श्री रामनाथ पांडेय (4) श्री मन्मथनाथ गुप्त (5) श्री डी०डी० भट्टाचार्य (6) श्री इन्द्रविक्रम सिंह।

लखनऊ :

श्री शचीन्द्रनाथ विश्वास, श्री गोविंदचरन कर तथा कानपुर से श्री वीरभद्र तिवारी व श्री रामदुलारे त्रिवेदी, श्री शीतलासहाय इलाहाबाद से, श्री चंद्रधर जौहरी व श्री चंद्रभाल जौहरी आगरा से, श्री बाबूराम वर्मा एटा से, श्री ज्योतीशंकर दीक्षित इटावा से, श्री हरनामसुन्दर लाल लखीमपुर से, श्री मोहनलाल गौतम बटाला (पंजाब) से, श्री शरद्चन्द्र गुह और श्री कालीदास बोस बंगाल से तथा श्री भैरोंसिंह हरदोई से।

निम्नलिखित सज्जन बाद में गिरफ्तार हुए :

श्री राजकुमार सिन्हा, (कानपुर), श्री रामकृष्ण खत्री (पूना), श्री प्रणयेश चटर्जी (जबलपुर), श्री भूपेन्द्रनाथ सान्याल (इलाहाबाद), श्री मुकुन्दीलाल (बनारस), श्री बनवारीलाल (रायबरेली), शिवचरणलाल का वारण्ट निकला, पर गिरफ्तारी नहीं हुई और न मुकदमा ही कभी चला, यद्यपि वे आज एक बड़े भारी नेता बने घूम रहे हैं।

श्री राजेन्द्रनाथ लाहिड़ी 26 ता० को हाथ नहीं लगे थे। वे बंगाल में दक्षिणेश्वर में पकड़े गए और वहां से बमकेस में सजा देकर यहां लाए गए। श्री अशफ़ाक़उल्ला खां और श्री शचीन्द्रनाथ बख्शी फरारी की हालत में पकड़कर लाए गए और श्री चन्द्रशेखर आजाद बहुत दिनों तक खुले रहकर क्रांतिकारी काम करने के बाद 1931 की फरवरी में इलाहाबाद में पुलिस से सामना करते गोली से मारे गए।

मुकदमा चलने से पहले पुलिस ने इन लोगों पर से मामला हटा लिया—सर्व श्री शीतलासहाय, चन्द्रधर जौहरी, चन्द्रभाल जौहरी, मदनलाल, रामदत्त शुक्ल, मोहनलाल गौतम, बाबूराम गुप्त, हरनाम सुन्दर, देवेन्द्र भट्टाचार्य, शरदचन्द्र गुह, कालीदास बोस, भैरोंसिंह व इंद्रविक्रम सिंह।

गिरफ्तारी के बाद अभियुक्तों को अलग-अलग जेलों में बेड़ियां डालकर

तनहाई की कोठरियों में बंद कर दिया गया। उनके घर वाले या वकील किसी से उन्हें मिलने की इजाजत नहीं दी गई। खुफिया पुलिस वाले जा-जाकर उन्हें फांसी और लम्बी सजाओं का भय एक ओर तथा बड़े-बड़े लालच दूसरी ओर दिखाकर दल से विश्वासघात करने के लिए उकसाते थे। एक ओर सारे ब्रिटिश साम्राज्य की शक्ति और अनुभव था और दूसरी ओर थे कुछ दिलजले कर्मठ नौजवान।

किसी आदमी को एकाएक अपने स्वजन बांधवों से अलग ले जाकर एक कोठरी में बंद कर दिया जाए, और उसको कहीं की कोई खबर न मिले तो उसका दिमाग परेशान हो जाएगा इसमें संदेह ही क्या। पुलिस ने इस मनोदशा से फायदा उठा कर मुखबिर बनाने की कोशिश की। उसे इसमें कुछ सफलता भी मिली। इंदुभूषण और बनारसीलाल शाहजहांपुर ने कुछ उगल दिया, विश्वासघात किया।

इधर प्रांत में बड़ी हलचल मच गई। बड़े-बड़े नेताओं ने मुकदमे में दिलचस्पी प्रकट की। श्री जवाहरलाल नेहरू, श्रद्धेय गणेशशंकर विद्यार्थी, श्री चौधरी खलीकुज्जमा आदि ने जेल में अभियुक्तों से मुलाकात की। सीतापुर में प्रांतीय राजनैतिक कान्फ्रेंस ने इस मुकदमे को लड़ने के लिए एक कमेटी नियुक्त की। हमारे प्रांत के प्रमुख राष्ट्रीय पत्र 'साप्ताहिक प्रताप' ने इस पर खूब आंदोलन किया, पर नौकरशाही तो कुछ करने पर तुली हुई थी। पुलिस की अंधेर में कोई अंतर न पड़ा।

कुछ दिनों के बाद सब लोग लखनऊ जिला जेल में एकत्र किए गए। हम लोगों पर भीषण जुर्मों के करने का अभियोग था, अतः हमारी शिनाख्त कराई गई। अजीब कायदा है इस शिनाख्त-परेड का भी। जो कपड़ा आप पहनकर पकड़े गए हैं उसी में आपको खड़ा होना पड़ेगा। कद और रूप का कोई ख्याल नहीं, जिसे मन आया उसे साथ खड़ा कर दिया जाता है। हजामत तक बनाने की आज्ञा नहीं, आदि-आदि। एक-एक आदमी 2 दफ़े इस काम के लिए लाया गया और पहचान कराई गई। किसी तरह यह तमाशा भी समाप्त हुआ। इस मामले में एक ही सुविधा थी, कभी-कभी बाहर से आने वाले लोगों में जान-पहचान के लोग भी आ जाते थे और उनसे दो-चार मिनट बातचीत करने का मौका मिल जाता था।

4 जनवरी 1926 से मुकदमा शुरू हुआ। मुकदमे के लिए एक स्पेशल मजिस्ट्रेट नियुक्त हुए। आपका नाम था मिस्टर सैयद अईनुद्दीन साहब। बड़े हंसमुख, मीठे स्वभाव के। हंसते-हंसते हलाल करने में आप बड़े सिद्धहस्त साबित हुए। हम लोगों पर दफा 121 ए सरकार के खिलाफ लड़ाई छेड़ने की तैयारी, 120 व अराजनैतिक साजिश और 396 डकैती, कत्ल के साथ, करने का जुर्म लगाया गया। सरकार की ओर से श्री जगतनारायण मुल्ला अपने बैरिस्टर लड़के और श्री हरिश्चन्द्र गुप्त बैरिस्टर के सहयोग से मुकदमा लड़ने के लिए खड़े किए गए। तीनों सज्जनों को कुल मिलाकर रोजाना 750 रु० मिलते थे। अभियुक्तों की

ओर से पैरवी कर रहे थे श्री गोविन्दवल्लभ पन्त, श्री मोहनलाल सक्सेना, श्री चंद्र-भान गुप्त, श्री अजीत प्रसाद जैन आदि। कुछ दिनों के बाद कलकत्ते से श्री बी० के० चौधरी बैरिस्टर आ गए। इन सब महानुभावों ने बड़े ही त्याग व मेहनत के साथ इस मुकदमे को लड़ा। मुकदमे के शुरू होने से पहले बंगाल से श्री शचीन्द्रनाथ सान्याल और श्री योगेश चटर्जी लखनऊ ले आए गए।

पहले दिन हम लोग बिना हथकड़ी-बेड़ी अदालत ले जाए गए। एक लारी में पुलिस वाले थे और दो लारियों में हम लोग। मुकदमे से हम बेफिक्र थे। हमें यदि चिन्ता थी तो एक बात की कि हम ऐसी दशा में अपने आदर्श का प्रचार प्रभाव-पूर्ण ढंग से अधिक-से-अधिक किस प्रकार कर सकते हैं। अदालत पहुंचते ही लारी से उतरकर गाना शुरू होता था। धीरे-धीरे हम लोग बढ़ते थे, और अदालत के दरवाजे तक पहुंचते-पहुंचते अपने गाने को समाप्त कर देते थे। पुलिस ने रोकने की चेष्टा भी की, पर हमने मानने से इन्कार कर दिया।

दूसरे दिन हमसे कहा गया कि अदालत में बेड़ियां पहनकर जाना पड़ेगा। हम लोगों ने इस हुक्म को मानने से इन्कार कर दिया और जबर्दस्ती किए जाने पर सत्याग्रह कर दिया। हर आदमी को जेल वाले सात-आठ आदमी से पकड़वा कर ले आते और तब बेड़ी पहनाते, इसके बाद पुलिस वाले घसीटकर हमें मोटर में डालते और वहां पहुंचने पर उठाकर अदालत ले जाते। सारा दिन इसी झगड़े में समाप्त हो गया और मुकदमा न हो सका। पर हमारे बड़े-बुजुर्गों की राय इस मामले को लिखा-पढ़ी से सुलझाने की हुई और यह कांड यहीं समाप्त हो गया।

जेल में हम लोगों ने अखाड़ा खोद रखा था। कबड्डी खेलते थे और नियत समय पर पढ़ना होता था। सप्ताह में दो दिन वाद-विवाद के लिए भी नियुक्त थे। उसमें अनेकों विषयों पर वाद-विवाद होता था।

हमारे साथ साधारण हवालाती का-सा व्यवहार किया जाता था। हम लोगों ने इसका विरोध किया। प्रार्थना-पत्र भेजने पर कोई सुनवाई न हुई। अन्त में अनशन करना पड़ा। 20 दिन बाद समझौता हुआ। हमें प्रति मनुष्य दस आना रोज के हिसाब से खाने को दिया गया। इन अनशन के दिनों में हम लोगों के साथ काफी सख्ती का बर्ताव किया गया था। बराबर हमारे पैरों में बेड़ियां डालकर काल-कोठरी में 24 घण्टे बन्द रखा जाता था।

इसी बीच अधिकारियों द्वारा की गई बुद्धिमानी का एक नमूना पाठकों के सामने रख दें। हम लोगों की राय थी कि यदि इस मुकदमे के प्रमुख अभियुक्त सर्वश्री रामप्रसाद बिस्मिल, योगेश चटर्जी, मन्मथनाथ गुप्त आदि किसी तरह जेल से बाहर कर दिए जाएं तो इस मुकदमे का रूप हलका हो जाएगा। इसके लिए जेल से जंगला काटकर निकल जाने का प्रबन्ध किया गया। हम लोगों की मुलाकात जब घर वालों से होती थी, तब खुफिया पुलिस और जेल के अधिकारी

चारों ओर से हमें घेर लेते थे। इतने पर भी लोहा काटने की आरी और एक हथियार हम लोगों ने अन्दर मंगा लिया। पर जिस बारिक में हम सबको रखा गया था उसमें खूब रोशनी रखी जाती थी। चार आदमी बराबर घूमकर पहरा दिया करते थे। ऐसी दशा में, जंगले काटना जरा मुश्किल ही नहीं असम्भव-सा था। इन पहरेदारों को नींद के मातहत करने के लिए पुटेशियम क्लोराइड मंगाने का प्रबन्ध किया गया। जल्दी और थोड़ी-सी मेरी मूर्खता के कारण वह पत्र पुलिस के हाथ मे पड़ गया। हमारे अनशन करने पर उसी दवा का उल्लेख करके सरकार ने अपने 'कम्यूनिक' में कहा था, यह औषधि अभियुक्तों ने अपने खाने के लिए मंगाई थी, ताकि उन्हें बहुत दिनों तक भूख न लगे। धन्य है बुद्धिमत्ता की इस सूझ पर!

इन तमाम घटनाओं के हो जाने पर भी हम लोगों ने जंगले के दो सीखचे बिल्कुल काट रखे थे। पर पं० रामप्रसाद इस प्रयास में विशेष रूप से अलग-अलग से रहे। निश्चित दिवस पर तो उन्होंने एक तरह से असहयोग-सा कर दिया। इसीलिए सब कुछ रह गया और अन्त में सजा पाकर चले जाने के बाद जेल अधिकारियों ने जाना कि ये जंगले कटे पड़े हैं।

हवालात के समय में ही एक प्रयास बाहर से भाग जाने का भी किया गया था। अदालत जाते समय लखनऊ कान्यकुब्ज कालेज के पास लारियां रेलवे पुल के नीचे से गुजरती थीं। निश्चय किया गया कि पुल के नीचे दो ठेले आड़े डाल दिए जावें और कुछ लोग बम तथा हथियार लेकर एक कार के साथ तैयार रहें और जारी के रुकने पर वे इन निश्चित व्यक्तियों को लेकर चले जावें। यदि पुलिस कुछ सामना करे तो बाहर के लोग उसका मुकाबला करें। पर इसका विवरण किसी तरह से पुलिस को मिल गया। हम लोगों के आगे-पीछे पुलिस की लारियां बढ़ा दी गईं और मनसूबे दिल के दिल में ही रह गए।

कुछ दिनों बाद ताश, शतरंज, हारमोनियम और सितार हम लोगों को मिल गए थे। खूब गाना-बजाना होता था। हममें सर्वश्री राजकुमार, सुरेशदा और पं० रामप्रसाद अच्छा गाते थे।

अखाड़े के उपयोग में ठाकुर रोशनसिंह, श्री मुकुन्दीलाल और पं० रामप्रसाद अधिक व्यस्त रहते थे। कबड्डी में भाई राजकुमार के लम्बे पैर खूब काम आते और शतरंज ने दुब्लिश जी का खाना-पीना भुला दिया था।

हमारे जमाने में नारों का बड़ा अभाव था। हम लोगों ने चाहा 'भारतीय प्रजातंत्र संघ की जय', का नारा लगाया जाय। कुछ लोगों ने विरोध किया, पर हम लोगों ने यह नारा लगा ही दिया।

पुलिस वालों के लिए हमारा यह मस्ताना ढंग एक अनोखी-सी चीज थी। वे तो हवालातियों की ठुकराने की चीज जानते आए थे। वे उन्हें गाली देकर ही

बुलाते थे। साधारण हवालाती भी उनसे भय खाते थे। हम लोगों ने उनको नगण्य ही समझा। एक दिन एक अकडबेग सूबेदार साहब आए। मुकदमा समाप्त होने पर हम लोगों ने रोजाना की तरह गाते हुए धीरे-धीरे चलना शुरू किया। आपने डांटकर कहा, 'चल बे, सीधे मोटर पे चल, यह सब तमाशा नहीं होगा।' हममें से किसी ने ध्यान भी न दिया। आपने ताव में आकर, आगे-आगे श्री राजेन्द्रनाथ लाहिड़ी चल रहे थे, उनका गला पकड़ लिया। बस यही गजब हो गया। स्वाभिमानी राजेन्द्र ने घूमकर एक चांटा सूबेदार के मुंह पर जमा दिया। कुछ पुलिस वाले आगे बढ़े, तब तक सर्वश्री राजकुमार, मन्मथनाथ, शचीन विश्वास, रामनाथ आगे बढ़ गए। गोलमाल सुन मजिस्ट्रेट बाहर निकल आए और सब शान्त हो गया। पुलिस ने अदालत में मुकदमा दायर किया, पर वाद को वापस ले लिया। इस घटना के बाद कोई ऐंड़ा-बैंड़ा सूबेदार हम लोगों के साथ कभी नहीं भेजा गया।

जहां कुछ लोग साथ रहते हैं, वहां कुछ झंझट उठ खड़ा होना स्वाभाविक ही है। घास-मांस के मामले ने तूल पकड़ा, पर वह शान्त हो गया। इन साधारण मामलों को बढ़ाकर कहने वाले का मतलब कुछ और ही हो सकता है।

सेठ दामोदरस्वरूप जेल में आते ही पेट के दर्द से बीमार हो गए। बड़ी आफत, परेशानी के बाद एक वर्ष तक जेल में सड़कर जब उनका केवल ढांचा रह गया, तब उन्हें जमानत पर छोड़ा गया और अन्त में उन पर से सरकार ने मुकदमा उठा लिया।

सबको आशा थी कि सर्वश्री हरगोविन्द और शचीन्द्रनाथ विश्वास को मजिस्ट्रेट अपनी अदालत से बरी कर देगा। पर सब के सब सेशन सुपुर्द कर दिए गए। फैसला सुनकर हंसते हुए पं० रामप्रसाद बिस्मिल ने कहा :

तुझसे मिलकर ओ बुते-बेपीर यह उक़दा खुला।
भोलीभाली शक्ल वाले होते हैं जल्लाद भी।।

बाहर कौंसिलों का चुनाव चल रहा था। स्वराज्य पार्टी ने अपने उम्मीदवार खड़े किए थे। हम लोगों ने भी अपना फर्ज अदा करने की ठानी। कारखाने से रंग मंगाकर 'वोट स्वराज्य पार्टी के उम्मीदवार को दो' लिखा गया। एक राष्ट्रीय झण्डा भी तैयार कर लिया गया। मोटर चलने पर उसे दोनों ओर टांगकर हम लोग नारे लगा रहे थे। जनता आश्चर्य से इस तमाशे को देख रही थी। पुलिस की लारी स्वराज्य पार्टी के चुनाव का साधन बन गई थी। पुलिस वालों ने कुछ झंझट किया, हम लोग भी कुछ अकड़े, ऐंठे और समझौते से यह मामला निपट गया।

फांसी और लम्बी सजाएं हमारे सामने नाच रही थीं। तब फिर जितने दिन

एक साथ हैं क्यों न उत्सव का जीवन व्यतीत करें? यह थी वह भावना, जिसके अनुसार हम लोग काम कर रहे थे। महीने में दो दावतों का प्रबन्ध किया जाता था। हमारे सब वकील उसमें निमन्त्रित होते थे और दिन भर गाने, हंसी और मनोरंजन में व्यतीत होता था। इसी बीच बसन्त आया। निश्चय हुआ कि सब लोग उस दिन बसन्ती रंग की गांधी टोपी सर पर लगाएं और हाथों में बसन्ती रूमाल लेकर अदालत जाएं। यह भी निश्चय हुआ कि उस दिन के लिए कोई खास गीत हो। रात-ही-रात इस गीत की तजवीज हो गई :

मेरा रंग दे बसन्ती चोला।
इसी रंग में रंग के शिव ने मां का बन्धन खोला।
यही रंग हल्दीघाटी में खुल करके था खेला।
नव बसन्त में भारत के हित वीरों का यह मेला।
मेरा रंग दे बसन्ती चोला।

उस दिन यह गीत खूब जमा। सब लोग हृदय से इसे गा रहे थे। रात को एक नाटक खेला गया। अनेकों समझते थे उनके जीवन का यह अन्तिम बसन्त है। और यह तो सभी अनुभव कर रहे थे कि हम सब एक साथ चलने वाले, अब कभी सबके सब एक साथ फिर ऐसे उत्सव में शामिल न हो सकेंगे। नाटक अछूतोद्धार पर था। जेल अधिकारी भी देखने आए थे। खूब सफलता रही। पं० रामप्रसाद ने कल्लू चमार का पार्ट बड़ी खूबी से अदा किया था। दिन बीत रहे थे और जुदाई की घड़ियां नजदीक आ रही थीं।

फैसला

6 अप्रैल 1927 को हमारे मुकदमे का फैसला लखनऊ रिंग थियेटर में किया गया। उस दिन अदालत में खास तौर से पुलिस का प्रबन्ध था। चारों ओर घुड़सवार गश्त लगा रहे थे। फैसले के दिन के लिए हम लोगों ने खास तैयारी की थी। यह दिवस हमारे लिए विशेष महत्व का था। हम अच्छी तरह जानते थे कि हम में से कुछ इस संसार से सदा के लिए विदा होने जा रहे हैं। भोजन बना और सब ने एक थाल में बैठकर खाया। जेल में फांसी की कोठरियां धुलवाकर साफ की जा रहीं थीं। कैदियों में इस घटना से विशेष हलचल थी। खाना खाते समय

हर एक, एक-दूसरे को खिला रहा था, और प्रेमपूर्ण दृष्टि से एक-दूसरे को देख रहा था। जेल अधिकारी इस दृश्य को न देख सके। उनकी आंखों में आंसू आ गये। वे उठकर बाहर चले गये। श्री शचीन्द्र नाथ विश्वास ने हाथ में चन्दन की कटोरी ले ली। मेरे (रामदुलारे त्रिवेदी) के हाथ में इत्र था। किसी ने फूलों की मालाएं उठा लीं। किसी ने फल। सबके चन्दन इत्र लगाया गया, मालाएं पहनाई गईं और जेब में फल डाल दिए गए।

बैरक से बाहर निकलते ही पं० रामप्रसाद ने बन्देमातरम् का नाद किया, सब लोगों ने उनका साथ देकर 'भारत माता की जय' का नारा ऊंचा किया। बेड़ियों की झनकार पर पण्डित जी ने गाना शुरू किया :

अपना खूं अपने ही हाथों से बहाना है हमें।
मादरे हिन्द को सर भेंट चढ़ाना है हमें ॥

जेल के फाटक पर पहुंचने तक यही आवाज गूंजती रही। फाटक पर हमें अदालत ले जाने के लिए पुलिस लारी लिए तैयार खड़ी थी, हमें आया देख पुलिस के सिपाहियों ने श्रद्धा के साथ अभिवादन किया। अभिवादन स्वीकार करके हम लोग लारियों पर जाकर बैठ गये। रास्ते भर गाने होते रहे। सब लोग आज अपने आपे में न थे। एक नशा-सा सवार था। उनके आसपास क्या हो रहा है, इसका उन्हें भान न था। लारी रिंग थियेटर के सामने हजरतगंज में जाकर रुकी। फैसले की तारीख बहुत गुप्त रखी गई थी। फिर भी जिस किसी को मालूम हुआ वह बदहोश होकर फैसला सुनने को दौड़ पड़ा। पुलिस भीड़ को रोक रही थी। लोगों के अन्दर जाने पर आज और भी खास तौर से प्रतिबन्ध लगा दिया गया था। लारी से उतरकर पण्डित जी ने राग छेड़ा। सबने साथ दिया। स्वर हवा में गूंजने लगा। मस्तानी चाल से गाते हुए सब आगे बढ़े :

सरफरोशी की तमन्ना अब हमारे दिल में है।
देखना है जोर कितना बाजुए-क़ातिल में है ॥
रहबरे-राहे मुहब्बत रह न जाना राह में।
लज्जते-सेहराने-वर्दी दूरिए-मन्जिल में है ॥

आज मक़तल में यह क़ातिल कह रहा है बार-बार।
क्या तमन्नाये-शहादत भी किसी के दिल में है ॥
अब न अगले वलवले हैं और न अरमानों की भीड़।
सिर्फ मिट जाने की हसरत अब दिले-'बिस्मिल' में है ॥

वक्त आने पर बता देंगे तुझे ऐ आस्मां।
हम अभी से क्या बतायें क्या हमारे दिल में है ।।
ऐ शहीदे-मुल्को-मिल्लत मैं तेरे ऊपर निसार।
अब तेरी हिम्मत का चर्चा गैरकी महफिल में है ।।

गाना समाप्त हुआ। हम लोगों ने रिंग थियेटर हाल के अन्दर कदम रखा। 'भारतीय प्रजातन्त्र की जय' 'भारत माता की जय' 'बन्दे मातरम्' के नारों से हाल गूंज उठा। हम जोग सब शान्ति के साथ जाकर कठघरे में खड़े हो गए। चारों ओर सन्नाटा था। हाल में एक कर्कश गम्भीरता छाई हुई थी। सभी लोग कुछ निस्तब्ध, कुछ अनमने, कुछ बेकरार पर शान्त से खड़े थे।

हाल के बाहर जज साहब की मोटर आकर खड़ी हुई। उनका सारा सामान दोपहर को झांसी जाने वाली एक्सप्रेस पर पहुंच चुका था। वे फैसला सुना करके सीधे लखनऊ स्टेशन पर पहुंच गाड़ी पर सवार होंगे। छुट्टी लेकर आज ही विलायत चले जा रहे हैं। काले लबादे में आपने हाल के अन्दर प्रवेश किया। आकर न्यायाधीश के आसन पर बैठ गए। कुछ देर के बाद आपने फैसला सुनाया। यह फैसला काफी लम्बा था। उसके कुछ अंश सुनाने के बाद आपने निम्न रूप से सजाएं सुनाई। हम पर यह धाराएं लगाई गई थीं—121 अ, 120 ब, और 396। जिसमें श्री रामप्रसाद बिस्मिल, श्री राजेन्द्रनाथ लाहिड़ी, और श्री रोशन सिंह जी को पहली दो धाराओं के अनुसार आजन्म कालापानी और अन्तिम धारा में सजाये मौत का हुक्म दिया गया। श्री मन्मथनाथ की तीनों धाराओं में 14-14 वर्ष, श्री शचीन्द्रनाथ सान्याल को पहली दो धाराओं में आजन्म काला पानी, श्री गोविन्द चरन कर, श्री मुकुन्दीलाल गुप्त तथा श्री राजकुमार सिन्हा व रामकृष्ण खत्री को तीनों धाराओं के अन्तर्गत 10-10 वर्ष, श्री सुरेशचंद्र भट्टाचार्य व श्री विष्णुसरन दुबलिश को पहली दो धाराओं के अनुसार 7-7 वर्ष, सर्वश्री भूपेन्द्रनाथ सान्याल, प्रेमकृष्ण खन्ना, रामदुलारे त्रिवेदी, रामनाथ पाण्डेय व प्रणवेश चटर्जी (बाद में इकबाली मुल्जिम) और श्री बनवारीलाल (इकबाली मुल्जिम) को 5-5 वर्ष की सजा दी गयी।

श्री हरगोविन्द और श्री शचीन्द्रनाथ विश्वास कम प्रमाण होने के कारण छोड़ दिए गए। मुखबिर बनारसीलाल और इन्दुभूषण अपने साथियों के साथ विश्वास-घात करके 4 को फांसी और बाकी को लम्बी अवधि के लिए जेल में बन्द करवा देने के इनाम स्वरूप और न्याय के नाम पर रिहा कर दिए गए। सेठ दामोदर स्वरूप के बीमार होने की वजह से मामला स्थगित रहा जो अन्त में उठा लिया गया।

फैसला सुनकर एक बात पर हमें बड़ा ही आश्चर्य हुआ। हमारी सबकी

निगाह में श्रीयुक्त ठाकुर रोशनसिंह का मामला अत्यन्त हलका था, पर उन्हें सजा मिली प्राणदण्ड की। हम लोगों ने आश्चर्य के साथ उनके मुंह की ओर देखा। उस कर्मयोगी के चेहरे पर अटल शांति छाई हुई थी। वात्सल्य भरी दृष्टि से मुस्कराकर उन्होंने हम लोगों की ओर देखा और हंसकर जज हेमिल्टन को धन्यवाद देते हुए कहा, "मुझे पुनः जीवन देने के लिए आपको धन्यवाद हैं।"

हम सब अपने आपको भूल गये। अपनी सुध-बुध खो बैठे। उन्मत्त हो हम एक दूसरे से गले मिले। फांसी की सजा पाने वाले सदस्यों को हममें से हर एक सदस्य अपने गले से ही लगाये रहना चाहता था। इसी बीच जज साहब बाहर निकलकर मोटर पर सवार होकर स्टेशन को रवाना हो गये। पुलिस अधिकारियों ने आकर कहा कि वे पहले फांसी की सजा पाने वालों को हमसे अलग करके बाहर ले जाना चाहते हैं। हमने उन्हें अलग भेजने से इनकार कर दिया। कहा, हाल के बाहर तक साथ-साथ जाएंगे, उसके बाद आप जैसा चाहें करें। पुलिस अधिकारी मान गए। हाल से निकलकर हमने 'भारतीय प्रजातन्त्र की जय' 'भारत माता की जय' के नारे लगाये। हमारे तीनों नेता सर्वश्री रामप्रसाद, रोशनसिंह और राजेन्द्रनाथ लाहिड़ी आगे थे। श्री रामप्रसाद जी ने गाना शुरू किया :

हैफ हम जिसपे कि तैयार थे मर जाने को।
जीते जी हमसे छुड़ाया उसी काशाने को।।

हम सबने पद को दोहराया। पुलिस वालों ने आकर फिर हमसे हमारे नेताओं को अलग ले जाने का अनुरोध किया। सुनकर तीनों वीर मुस्करा दिये। पण्डित जी ने उसी लहजे में फिर गाया :

दरो-दीवार पे हसरत से नजर करते हैं।
खुश रहो अहलेवतन हम तो सफर करते हैं।।

और मुस्कराते हुए वे तीनों वीर पुलिस अधिकारियों के साथ लारी में बैठने को बढ़े। हमें ऐसा मालूम हुआ कि किसी ने जैसे कलेजा निकाल लिया हो। बड़ी बेचैनी, बड़ी बेकरारी महसूस हुई। आंखों में आंसू न थे पर दिल में कोई ऐसी चीज जिसे हम बयान नहीं कर सकते पर जिसका अनुभव हम आज भी करते हैं। जिनके साथ कन्धे-से-कन्धा मिला अंगारों का खेल समझ उन्हें कुचलते हुए हम आगे बढ़े थे, आज हमारी आंखों के सामने से हमारे वे ही साथी जबर्दस्ती सदा के लिए हमसे अलग किये जा रहे थे और हम, खड़े-खड़े देख रहे थे, बने बेबस, बेकस।

हम सब भी थोड़ी देर के बाद जेल पहुंचाये गए। जेल अधिकारियों ने हमसे अपने कपड़े त्यागकर कैदी के कपड़े पहनने को कहा। हम लोगों ने हवालात में

ही निश्चय कर लिया था कि सजा पाते ही हम एक राजनैतिक कैदी के नाते तमाम राजनैतिक कैदियों के लिए और अगर वह न दिया गया तो आमरण अनशन प्रारम्भ कर दिया जाएगा। यह बात उस समय के जेल सुपरिण्टेण्डेण्ट कैप्टेन सलामतउल्ला की पहले ही से मालूम हो चुकी थी और उन्होंने इसकी सूचना उस समय के जेलों के इन्सपेक्टर जनरल लेफ्टिनेन्ट कर्नल मिस्टर क्लीमेंट को भी दे दी थी हमारे इस प्रयास को असफल बनाने के लिए इन लोगों ने अपना पूरा कार्यक्रम भी बना लिया और आगे उसी के अनुसार काम किया।

और, कपड़े बदलने से इन्कार करने पर जेल अधिकारियों ने कहा, "हम तो आप पर सख्ती करेंगे नहीं, हम भोजन मंगाये देते हैं आप कीजिए, दूसरी जेलों में जो बीते उसे आप जानें।"

हम सबके जेल पहुंचते ही पुलिस वाले भी आ गए और सरकारी आज्ञानुसार हम सबका एक साथ फोटो लेने का प्रबन्ध किया गया। इस काम के लिए सर्वश्री रामप्रसाद बिस्मिल, रोशनसिंह, राजेन्द्रनाथ लाहिड़ी को भी फांसी की कोठरियों से निकालकर हमारे बीच लाया गया। इन्हें अपने बीच फिर एक बार पाकर हमें बड़ी खुशी हुई। हम भूल गए कि हमारा यह मिलन केवल कुछ मिनटों का मिलन है। पुलिस ने सबका एक साथ फोटो लिया और हम सब अलग-अलग कर दिए गए। हमारे तीनों साथी फांसी की कोठरियों की ओर जा रहे थे और निर्जीव मूर्ति की तरह खड़े हम उन्हें देख रहे थे। कुछ करने का हमारा कोई वश न था। उसी रात को हम लोग प्रांत की भिन्न-भिन्न जेलों को भेज दिए गए।

इस मुकदमे के दौरान में शचीन्द्रनाथ बख्शी भागलपुर, और श्री अशफाकउल्ला देहली से गिरफ्तार करके लाए गए। उन पर अलग मुकदमा चला और उपरोक्त धाराओं के अनुसार ही श्री शचीन्द्रनाथ बख्शी को आजीवन काला-पानी तथा श्री अशफाक को आजीवन कैद और फांसी की सजा दी गयी।

अनशन

हवालाती दशा में अनशन करने पर सरकार ने हम लोगों को मनुष्योचित भोजन देने का प्रबन्ध कर दिया। पर सजा के बाद किए जाने वाले व्यवहार के बारे में कहा, कि फैसला हो जाने के बाद विचार किया जाएगा। फैसले में सेशन जज ने लिखा कि, "अभियुक्तों ने तमाम काम राजनैतिक भावों से प्रेरित होकर किये हैं।

इन कामों के करने में कोई व्यक्तिगत स्वार्थ नहीं था।" फिर भी हमारे साथ मामूली कैदी का-सा व्यवहार करना ही तय किया गया।

अपने पहले के फैसले के अनुसार हम लोगों ने हर जेलों में जाकर कपड़े बदलने से इनकार कर दिया और जबरदस्ती कपड़े बदलवाये जाने पर, अनशन प्रारम्भ कर दिया। पैरों में बेड़ियां डालकर हमें अलग-अलग कोठरियों में बन्द कर दिया गया। सगे-सम्बन्धी और दोस्तों को मिलने देने से इनकार कर दिया गया। अनशन की खबर को छिपाने के घोर यत्न किए गए। जेल निरीक्षक तक को मिलने देने से मना कर दिया गया। परिणामस्वरूप एक जिले के जेल निरीक्षक महोदय ने इस व्यवहार के विरुद्ध अपने पद से त्याग पत्र तक दे दिया। प्रांत में इस अनशन से हलचल मच गई। दिन के बाद दिन और हफ्तों के बाद हफ्ते बीत रहे थे और अनशन बराबर चल ही रहा था। स्वर्गीय अमर शहीद गणेशशंकर जी विद्यार्थी ने इस विषय में उस समय के होम मेम्बर नवाब छतारी को एक लम्बा पत्र भेजकर अनुरोध किया कि वे काकोरी के बन्दियों को राजनैतिक बन्दी मानकर उनके साथ मानवोचित व्यवहार किये जाने का प्रबन्ध कर दें। नवाब छतारी साहब ने उस पत्र का कोई उत्तर तक देना उचित और आवश्यक न समझा।

नौकरशाही इस समय प्रतिहिंसा पर उतर आई थी। उसके खयाल में हम लोगों के साथ विशेष व्यवहार करने से देश के नौजवानों में क्रांति-विद्रोह की भावना के बढ़ जाने का खतरा था। अतएव वह झुकने को तैयार न थी। एक ओर हमारा अनशन चल रहा था दूसरी ओर श्री राजकुमार सिन्हा की माता जी ने बाहर अनशन कर दिया। परिस्थिति बड़ी ही भीषण हो उठी थी। अनशन में किसी-किसी का वजन तो 44 पौंड यानी 22 सेर तक घट गया। मांस सूखकर हड्डियों का ढांचा बाकी रह गया। आवाज शिथिल पड़ गयीं, आंखें गढ़े मे धंस गयीं, मुंह सूख गया, होंठों पर पपड़ियां पड़ गयीं। हमारी हर नस उस समय हर मिनट मौत से लड़ रही थी, जीवन-संग्राम विकट हो उठा, दूसरी ओर जेल अधिकारी हमारा मजाक उड़ाते-हंसते थे। ऐसे समय अमर शहीद श्रद्धेय गणेश शंकर जी विद्यार्थी ने हम लोगों से मिलकर कहा कि अनशन स्थगित कर दो हम लोग बाहर इसके लिए आन्दोलन करेंगे। यदि उसका परिणाम कुछ न हो तो फिर रास्ता तुम्हारे लिए खुला होगा। हमने उनकी बात मानकर 46 दिन के बाद अनशन समाप्त कर दिया।

इतने लम्बे अनशन के बाद जेल अधिकारियों ने हमें झलरा रोटी ही खाने को दी। साथ ही हमें दुबारा अर्थात् 'आदतन गुनहगार बनाकर पक्के चोर-डकैतों के बीच रख दिया गया।'

मुकदमे के बाद

फैसले के खिलाफ श्री शचीन्द्रनाथ सान्याल और श्री भूपेन्द्रनाथ सान्याल के अलावा सभी ने लखनऊ चीफ कोर्ट में अपील दायर की। सरकार ने भी सर्वश्री योगेश चटर्जी, गोविन्दचरण कर, मुकुन्दीलाल गुप्त, सुरेशचन्द्र भट्टाचार्य तथा विष्णुशरण दुब्लिश की सजा बढ़ाने के लिए अपील की। हम लोगों ने अच्छे वकील दिये जाने के लिए कहा पर सरकार के कान पर जूं तक न रेंगी। स्वर्गीय रामप्रसाद जी ने स्वयं अपनी पैरवी करनी चाही उसकी भी इजाजत उन्हें न दी गई अन्त में अपील के फैसले में उपरोक्त सज्जनों में से पहले तीन सज्जनों की सजा 10 वर्ष से बढ़ाकर आजीवन काले पानी तथा पिछले दो सज्जनों की 7 साल से 10 साल कर दी गई। इसी अदालत में प्रणयेश कुमार ने अपने पापों को लिखकर स्वीकार किया जिसके कारण उनकी सजा 1 वर्ष घटा दी गई। श्री रामनाथ पांडेय की सजा एक वर्ष घटा दी गई बाकी सबकी सजाएं बदस्तूर रहीं।

देश में इसके विरोध में एक तूफान उठ खड़ा हुआ। ठाकुर मनजीतसिंह जी ने कौंसिल में एक प्रस्ताव पेश करने की सूचना दी जिसमें सरकार से काकोरी के मुकदमे में फांसी की सजा पाये हुए लोगों की सजा घटाकर आजीवन कालेपानी की सजा कर देने के लिए कहा गया था। प्रान्तीय कौंसिल के मेम्बरों ने गवर्नर से इसी आशय की प्रार्थना की और गवर्नर साहब ने उसे अस्वीकार कर दिया। असेम्बली और स्टेट कौंसिल के सदस्यों के आवेदन-पत्रों का वायसराय महोदय ने भी यही उत्तर दिया। प्रीवी कौंसिल ने तो इस मामले को सुनने योग्य भी न समझा। इस प्रकार हमारे साथियों की प्राण रक्षा के सारे प्रयत्न व्यर्थ गये। सरकार ने हमारे सहयोगियों के खून से न्याय के दामन को तरने का अपना निश्चल अटल रखा।

अन्त में 19 दिसम्बर का खूनी दिवस आया। श्री राजेन्द्रनाथ लाहिड़ी 17 दिसम्बर को औरों से दो दिन पहले ही अपने प्राणदान से गोंडा जेल के फांसी के फंदे के खून की प्यास बुझाने चल दिये—19 दिसम्बर को बाकी के हमारे तीनों साथी माता के चरणों पर अपनी भेंट चढ़ा गये। उस दिन सारे देश में शोक मनाया गया, सभाएं हुईं, शहीदों को श्रद्धांजलियां अर्पित की गईं।

सरकार ने मुकदमा चलाते समय इन लोगों को जनता की निगाह में गिराने के लिए कुछ कुकृत्यों के करने का अभियोग इन पर लगाया था और सोचा था जनता की निगाहों में इन्हें गिराकर हम अपना मतलब सीधा करेंगे पर देश भर की जनता ने सरकार की इन करतूतों का शानदार जवाब दिया। इस घटना के फैसले के बाद श्रद्धेय शहीद गणेश जी ने 'प्रताप' में लिखा था :

वे

अनुत्तरदायी ? जल्दबाज ? अधीर आदर्शवादी ? लुटेरे ? डाकू ? हत्यारे ? — अरे, ओ दुनियादार, तू उन्हें किस नाम से, किस गाली से, विभूषित करना चाहता है ? वे मस्त हैं। वे दीवाने हैं। वे इस दुनिया के नहीं हैं। वे स्वप्नलोक की वीथियों में विचरण करते हैं। उनकी दुनिया में, शासन की कटुता से, मां धरित्री का दूध अपेय नहीं बनता। उनके कल्पनालोक में ऊंच-नीच का, धनी-निर्धन का, हिन्दू-मुसलमान का भेद नहीं है। इसी सम-भावना का प्रचार करने के लिए वे जीते हैं। इस दुनिया में उसी आदर्श को स्थापित करने के लिए वे मरते हैं। दुनिया के पठित मूर्खों की मण्डली उनको गालियां देती हैं ! लेकिन यदि सत्य के प्रचारक गालियों की परवाह करते तो शायद दुनिया में आज सत्य, न्याय, स्वातन्त्र्य और आदर्श के उपासकों के वंश में कोई नामलेवा और पानीदेवा भी न रह जाता। लोकरुचि अथवा लोकोक्तियों के अनुसार जो अपना जीवनयापन करते हैं वे अपने पड़ोसियों की प्रशंसा के पात्र भले ही बन जायं; पर उनका जीवन औरों के लिए नहीं होता हैं। संसार को जिन्होंने ठोकर मारकर आगे बढ़ाया, वे सभी अपने-अपने समय में लांछित हो चुके हैं। दुनिया खाने-पीने, पहनने-ओढ़ने तथा उपयोग करने की वस्तुओं का व्यापार करती है। पर, कुछ दीवाने चिल्लाते फिरते हैं "सरफरोशी की तमन्ना अब हमारे दिल में है !" ऐसे कुशल, किन्तु औघड़, व्यापारी भी कहीं देखे हैं ? अगर एक बार आप-हम उन्हें देख लें तो कृतकृत्य हो जायं। हां, दुनिया सें आजकल व्यवहारवाद की बड़ी धूम है। सब कोई अपनी डेढ़ अंगुल की व्यवहार बुद्धि को लिए उचकते फिरते हैं। व्यवहार क्या चीज है ? फूंक-फूंककर कदम रखना, खतरे से सौ कोस दूर रहना और मौका पड़ने पर चापलूसी करना दुनिया की दृष्टि में बुद्धिमत्ता हैं। इसी को लोग चतुरता कहते हैं। सारांश यह कि व्यावहारिकता का दूसरा नाम कायरता है। कुछ मतवाले ऐसे हैं जो इस दुनियादारी से घृणा करते हैं। संसार की दृष्टि में वे अधीर आदर्शवादी हैं। वे जहां जाते हैं अपमानित किये जाते हैं। उनके कार्यों में विकरालता रहती है। हम लोग कभी उन्हें ठीक-ठीक नहीं समझ पाते। कारण ? बात यह है कि कायर लोग वीरों की कद्र करना नहीं जानते। दृष्टिकोण में अन्तर होने के कारण उनके कार्यों की महत्ता हम दुनियावी लोगों की आंखों में नहीं समा सकती। भारतवर्ष के राजनीतिज्ञों की खोखली तथा शाब्दिक सहानुभूति भी उन वीरों को प्राप्त नहीं होती। गालियां उन्हें जरूर मिल जाती हैं। उनकी सेवाओं की कद्र करना तो दूर, कई धुआंधार राजनीतिज्ञों ने उल्टा उन्हें देशद्रोही कहा हैं। 'माडरेट' अखबारों ने तो बाज मौकों पर यहां तक लिख मारा है कि इन्हीं अनुत्तरदायी, जल्दबाज नौजवानों

के देशद्रोह का यह फल है कि भारतवर्ष में दमनकारी कानूनों की सृष्टि हुई है। उन कायर राजनीति पंडितों का मत है कि न इन नवयुवकों की कठोर कार्यप्रणाली का प्रदर्शन होता और न सरकार बहादुर को कड़ाई से काम लेना पड़ता। इसलिए मुल्क में सरकार आला की तरफ से जो कुछ धांधली हुई उसका मूल कारण है कुछ नौजवानों की अधीरता और अनुत्तरदायित।। मुल्क के लिए सर कटाने का प्रतिफल मिला यह कि अन्याय, अत्याचार और काले कानूनों के निर्माण कराने का पाप उन निरपराध वीरात्माओं के सर मढ़ा गया। सबसे घृणित लांछन जो इन वीरों पर लगाया गया वह यह है कि वे देशद्रोही देश के दुश्मन इसलिए हैं क्योंकि उन्होंने काले कानूनों की सृष्टि की है। नरम राजनीतिज्ञों की इस नीचातिनीच भावना को हम किन शब्दों में कोसें? भारत के विद्रोही नवयुवक समाज को काले कानूनों का विधाता कहकर उन्हें गाली देना उतना ही दौरात्म्यपूर्ण है जितना कि किसी चरित्रवती पतिव्रता स्त्री को व्यभिचारिणी कहना। राजनैतिक स्वतन्त्रता की भावना कैसे फैली? सर कटाने वालों ने उसे प्रचारित किया या 'जी हुजूर' कहने वालों ने? खाली अखबारों के कालम रंगने से ही क्या उस भाव का विस्तार हो सकता था? स्वयं सर सुरेन्द्रनाथ बनर्जी ने अपनी जीवनस्मृति में प्रकारान्तर से यह बात स्वीकार कर ली है कि भारत की राजनैतिक और शासन-व्यवस्था सम्बन्धी प्रगति का श्रेय यदि किसी को दिया जा सकता है तो वह कुछ सरफिरे युवकों को ही दिया जा सकता है। हम सशस्त्र क्रांति के उपासक नहीं हैं, हम भी उन पढ़े-लिखे मुर्खों में गिने जाते है जो व्यावहारिकता को छोड़ना नहीं चाहते। लेकिन हमारे हृदय में आदर और भक्ति है, उन आदर्श पुजारियों के प्रति जो देशकाल के बन्धनों को काटकर फेंक देते हैं। उनका काम क्या रंग लायेगा, इसकी उन्हें चिन्ता नहीं। वे विद्रोह के पुतले हैं। वे भारतवर्ष की अन्तराग्नि की चिनगारियां हैं। वे इस बात का जबर्दस्त प्रमाण हैं कि राजनैतिक असमानता के मैदान में पूर्व, पश्चिम के आगे कभी घुटने न टेकेगा। जो नौजवान मौत के सामने भी खड़े-खड़े मुस्कराते रहे हैं उनका काम है देश को अधिक उन्नत और विशाल करना। राजनैतिक दांव-पेंच में पड़कर हमें कम-से-कम इतना तो न भूलना चाहिए कि वर्तमान काल ही सब कुछ नहीं है, भूत और भविष्य काल भी कोई वस्तु है। जार्ज वाशिंगटन एक विद्रोही था, और साथ ही राष्ट्रनिर्माता भी। लेनिन साइबेरिया निर्वासित कैदी था, और राष्ट्रनिर्माता भी।

प्रथम खण्ड

निज जीवन की एक छटा

(एकादश वर्षीय क्रांतिकारी जीवन)

क्या ही लज्जत है कि रग रग से यह आती है सदा।
दम न ले तलवार जब तक जान 'बिस्मिल' में रहे॥

रामप्रसाद 'बिस्मिल'

तोमर घाट मे चम्बल नदी के किनारे पर दो ग्राम आबाद हैं जो ग्वालियर राज्य में बहुत ही प्रसिद्ध हैं क्योंकि इन ग्रामों के निवासी बड़े उद्दण्ड हैं। वे राज्य की सत्ता की कोई चिन्ता नहीं करते। जमींदारों का यह हाल है कि जिस साल उनके मन में आता है राज्य को भूमि-कर देते हैं और जिस साल उनकी इच्छा होती है माल-गुजारी देने से साफ इन्कार कर जाते हैं। यदि तहसीलदार या कोई और राज्य का अधिकारी आता है तो जमींदार बीहड़ में चले जाते हैं और महीनों बीहड़ों में ही पड़े रहते हैं। उनके पशु भी वहीं रहते है और भोजनादि भी बीहड़ों में ही होता है। घर पर कोई ऐसा मूल्यवान पदार्थ नहीं छोड़ते जिसे नीलाम करके माल-गुजारी वसूल की जा सके। एक जमींदार के सम्बन्ध में कथा प्रचलित है कि माल-गुजारी न देने के कारण ही उनको कुछ भूमि माफी में मिल गई। पहले तो कई साल तक भागे रहे। एक बार धोखे से पकड़ लिए गये तो तहसील के अधिकारियों ने उन्हें बहुत सताया। कई दिन तक बिना खाना पानी बंधा रहने दिया। अन्त में जलाने की धमकी दे पैरों पर सूखी घास डालकर आग लगवा दी। किन्तु उम जमींदार महोदय ने भूमि-कर देना स्वीकार न किया और यही उत्तर दिया कि ग्वालियर महाराज के कोष में मेरे कर न देने से ही घटी पड़ जाएगी। संसार क्या जानेगा कि अमुक व्यक्ति उद्दण्डता के कारण ही अपना समय व्यतीत करता है। राज्य को लिखा गया जिसका परिणाम यह हुआ कि उतनी भूमि उन महाशय को माफी दे दी गई। इसी प्रकार एक समय इन ग्रामों के निवासियों को एक अद्भुत खेल सूझा। उन्होंने राजा के रिसाले के सात ऊंट चुराकर बीहड़ों में छिपा दिये।

राज्य को लिखा गया जिस पर राज्य की ओर से आज्ञा हुई कि दोनों ग्राम तोप लगाकर उड़ा दिये जावें। न जाने किस प्रकार समझाने-बुझाने से ऊंट वापस किये गये और अधिकारियों को समझाया गया कि इतने बड़े राज्य में थोड़े से वीर लोगों का निवास है, इनका विध्वंस न करना ही उचित होगा तब तोपें लौटाई गईं और ग्राम उड़ाये जाने से बचे। ये लोग अब राज्य निवासियों को तो अधिक नहीं सताते किन्तु बहुधा अंग्रेजी राज्य में आकर उपद्रव कर जाते हैं और अमीरों के मकानों पर छापामार रात ही रात बीहड़ में दाखिल हो जाते हैं। बीहड़ में पहुंच जाने पर पुलिस या फौज कोई भी उनका बाल बांका नहीं कर सकती। ये दोनों ग्राम अंग्रेजी सीमा से लगभग 15 मील दूर चम्बल नदी के तट पर हैं। यहीं के प्रसिद्ध वंश में मेरे पितामह श्री नारायण लाल जी का जन्म हुआ था। वे अपने कौटुम्बिक और अपनी भाभी के असहनीय दुर्व्यवहार के कारण मजबूर हो अपनी जन्मभूमि छोड़, इधर-उधर भटकते रहे। अन्त में अपनी धर्मपत्नी और अपने दो पुत्रों के साथ वे शाहजहांपुर पहुंचे। आपके इन्हीं दो पुत्रों में ज्येष्ठ पुत्र श्री मुरलीधर जी मेरे पिता हैं। उस समय इनकी अवस्था आठ वर्ष और उनके छोटे पुत्र, मेरे चचा (श्री कल्याण मलजी) की उम्र 6 वर्ष की थी। इस समय यहां दुर्भिक्ष का भयंकर प्रकोप था।

दुर्दिन

अनेक प्रयत्न करने के पश्चात शाहजहांपुर में एक अत्तार महोदय की दुकान पर श्रीयुत नारायण लाल जी को 3 रु० मासिक वेतन की नौकरी मिली। 3 रु० मासिक में दुर्भिक्ष के समय चार प्राणियों का निर्वाह किस प्रकार हो सकता था? दादी जी ने बहुत प्रयत्न किया कि अपने आप केवल एक समय आधे पेट भोजन करके बच्चों का पेट पाला जावे किन्तु निर्वाह न हो सका। बाजरा, ककुनी, सामा, ज्वार इत्यादि खाकर दिन काटना चाहे, किन्तु फिर भी गुजारा न हुआ तब आधा बथुवा चना या कोई दूसरा साग जो सबसे सस्ता हो उसको लेकर और सबसे सस्ता अनाज उसमें आधा मिलाकर थोड़ा-सा नमक डालकर उसे स्वयं खातीं, लड़कों को चना या जौ की रोटी देतीं और इसी प्रकार दादा जी भी समय व्यतीत करते थे। बड़ी कठिनता से आधे पेट खाकर दिन तो कट जाता, किन्तु पेट में घोंटू दबाकर रात काटना कठिन हो जाता, यह तो भोजन की अवस्था थी, वस्त्र तथा रहने के स्थान का किराया कहां से आता? दादी जी ने चाहा कि भले घरों में कोई मजदूरी ही मिल जावे, किन्तु अनजान व्यक्ति का, जिसकी भाषा भी अपने देश की भाषा से न मिलती हो भले घरों में सहसा कौन विश्वास कर सकता था? कोई मजदूरी

पर अपना अनाज भी पीसने को न देता था। डर था कि दुर्भिक्ष का समय है खा लेगी। बहुत प्रयत्न करने के बाद दो एक महिलाएं अपने घर अनाज पिसवाने को राजी हुई, किन्तु पुरानी काम करने वालियों को कैसे जबाव दें? इसी प्रकार अनेकों अड़चनो के बाद पांच-सात सेर अनाज पीसने को मिल जाता जिसकी पिसाई उस समय एक पैसा फी पंसेरी थी। बड़ी कठिनता से आधे पेट एक समय भोजन करके तीन-चार घण्टों तक पीसकर एक पैसा या डेढ़ पैसा मिलता। फिर घर पर आकर बच्चों के लिए भोजन तैयार करना पड़ता। दो-तीन वर्ष तक यही अवस्था रही। बहुधा दादा जी देश को लौट चलने का विचार प्रकट करते किन्तु दादी जी का यही उत्तर होता कि जिनके कारण देश छूटा, धन सामग्री सब नष्ट हुई और ये दिन देखने पड़े अब उन्हीं के पैरों में सिर रखकर दासत्व स्वीकार करने से इसी प्रकार प्राण दे देना कहीं श्रेष्ठ है। यह दिन सदैव न रहेंगे, सब प्रकार के संकट सहे किन्तु दादी जी देश को लौट कर न गईं।

चार-पांच वर्ष में जब कुछ जन परिचित हो गये और जान लिया कि स्त्री भले घर की है, कुसमय पड़ने से हीन दशा को प्राप्त हुई, तब बहुत-सी महिलाएं विश्वास करने लगीं। दुर्भिक्ष भी दूर हो गया था। कभी-कभी किसी सज्जन के यहां से कुछ दान मिल जाया करता, कोई ब्राह्मण भोजन करा देते। इसी प्रकार समय व्यतीत होने लगा। कई महानुभावों ने जिनके कोई सन्तान न थी और धनादि पर्याप्त था, दादा जी को अनेकों प्रकार के प्रलोभन दिये कि वह अपना एक लड़का उन्हें दे दें और जितना धन मांगें उनको भेंट किया जाये। किन्तु दादी जी आदर्श माता थीं, उन्होने इस प्रकार के प्रलोभनों की किंचित मात्र भी परवाह न की, और अपने बच्चों का किसी न किसी प्रकार पालन करती रहीं।

मेहनत मजदूरी तथा ब्राह्मण वृत्ति द्वारा कुछ धन एकत्रित हुआ। कुछ महानुभावों के कहने से पिता जी के किसी पाठशाला में शिक्षा पाने का प्रबन्ध कर दिया गया। श्री दादा जी ने भी कुछ प्रयत्न किया, उनका वेतन भी बढ़ गया और वे 7 रु० मासिक पाने लगे। इसके ब द उन्होंने नौकरी छोड़, पैसे तथा दुवन्नी, चवन्नी इत्यादि बेचने की दुकान की। पांच-सात आने रोज पैदा होने लगे। जो दुर्दिन आये थे, प्रयत्न तथा साहस से दूर होने लगे। इसका सब श्रेय श्री दादी जी को है।

परमात्मा की दया से दुर्दिन समाप्त हुए। पिता जी कुछ शिक्षा पा गये और मकान भी श्री दादी जी ने खरीद लिया। दरवाजे-दरवाजे भटकने वाले कुटुम्ब को शान्तिपूर्वक बैठने का स्थान मिल गया और फिर श्री पिता जी के विवाह करने का विचार हुआ। दादी जी दादा जी तथा पिता जी के साथ अपने मायके गयीं। वहीं पिता जी का विवाह कर दिया। वहां दो-चार मास रहकर सब लोग बहू को विदा कराके साथ लिवा लाये।

गार्हस्थ्य जीवन

विवाह हो जाने के पश्चात् पिता जी म्युनिसिपेलिटी में 15 रु० मासिक वेतन पर नौकर हो गये। उन्होंने कोई बड़ी शिक्षा प्राप्त न की थी। पिता जी को यह नौकरी पसन्द न आई। उन्होंने एक-दो साल के बाद नौकरी छोड़कर स्वतन्त्र व्यवसाय आरम्भ करने का प्रयत्न किया और कचहरी में सरकारी स्टाम्प बेचने लगे। आपके जीवन का अधिक भाग इसी व्यवसाय में व्यतीत हुआ। साधारण श्रेणी का ग्रहस्थ बनकर उन्होंने इसी व्यवसाय द्वारा अपनी संतानों को शिक्षा दी, अपने कुटुम्ब का पालन किया और गण्यमान्य व्यक्तियों में गिने जाने लगे। आप रुपये का लेन-देन भी करते थे। आपने तीन बैल गाड़ियाँ भी बनाई थीं जो किराये पर चला करती थीं। पिता जी को व्यायाम से प्रेम था। आपका शरीर बड़ा सुदृढ़ और सुडौल था। आप नियमपूर्वक अखाड़े में कुश्ती लड़ा करते थे।

पिता जी के गृह में एक पुत्र उत्पन्न हुआ, किन्तु वह मर गया। उसके एक साल बाद लेखक (श्री रामप्रसाद) ने श्री पिता जी के गृह में ज्येष्ठ शुक्ल पक्ष 11 सम्वत् 1954 विक्रमी को जन्म लिया। बड़े प्रयत्नों से मानता मानकर अनेकों गंडे-तावीज तथा कवचों द्वारा श्री दादी जी ने इस शरीर की रक्षा का प्रयत्न किया।

जब मैं सात वर्ष का हुआ तो पिता जी ने स्वयं ही मुझे हिन्दी अक्षरों का बोध कराया और एक मौलवी साहब मकतब में उर्दू पढ़ने के लिए भेज दिया। मुझे भलीभांति स्मरण है कि पिता जी अखाड़े में कुश्ती लड़ने जाते थे और अपने से बलिष्ठ तथा शरीर में डेढ़ गुने पट्ठे को पटक देते थे। उसी के कुछ दिनों बाद पिता जी का एक बंगाली (श्री चटर्जी) महाशय से प्रेम हो गया। चटर्जी महाशय की अंग्रेजी दवाओं की दुकान थी। आप बड़े भारी नशेबाज थे। एक समय में आध छटांक, एक छटांक चरस की चिलम उड़ाया करते थे। उन्हीं की संगति में पिता जी ने भी चरस पीना सीख लिया, जिसके कारण उनका शरीर नितांत नष्ट हो गया। दस वर्ष में ही संपूर्ण शरीर सूखकर हड्डियां निकल आई। चटर्जी महाशय सुरापान भी करने लगे। अतएव उनका कलेजा बढ़ गया और उसीसे उनका शरीरांत हो गया। मेरे बहुत कुछ समझाने पर पिता जी ने अपनी चरस पीने की आदत को छोड़ा। किन्तु बहुत दिनों के बाद।

बाल्यकाल से ही पिता जी मेरी शिक्षा का अधिक ध्यान रखते थे और जरा-सी भूल करने पर बहुत पीटते थे। मुझे अब भी भली भांति स्मरण है कि जब मैं नागरी के अक्षर लिखना सीख रहा था तो मुझे लिखना न आया। मैंने बहुत प्रयत्न किया पर जब पिता जी कचहरी चले गये तो मैं भी खेलने चला गया। पिता जी ने कचहरी से आकर मुझसे 'उ' लिखवाया मैं न लिख सका उन्हें मालूम

हो गया कि मैं खेलने गया था, इस पर उन्होंने बन्दूक के लोहे के गज से इतना पीटा कि गज टेढ़ा पड़ गया। मैं भागकर दादा जी के पास चला गया, तब बचा। मैं छोटेपन से ही बहुत उद्दण्ड था। पिता जी के पर्याप्त शासन रखने पर भी बहुत उद्दण्डता करता था। एक समय किसी बाग में जाकर आड़ू के वृक्षों में सब आंड़ू तोड़ डाले। माली पीछे दौड़ा, किन्तु मैं उसके हाथ न आया। माली ने सब आड़ू पिता जी के सामने ला रखे। उस दिन पिता जी ने मुझे इतना पीटा कि मैं दो दिन तक उठ न सका। इसी प्रकार खूब पिटता था किन्तु उद्दण्डता अवश्य करता था। शायद उस बचपन की मार से ही यह शरीर बहुत कठोर तथा सहनशील बन गया।

मेरी कुमारावस्था

जब मैं उर्दू का चौथा दर्जा पास करके पांचवें में आया उस समय मेरी अवस्था लगभग चौदह वर्ष की होगी। इसी बीच मुझे पिता जी की सन्दूक से रुपये-पैसे चुराने की आदत पड़ गई थी। इन पैसों से उपन्यास खरीदकर खूब पढ़ता। पुस्तक विक्रेता महाशय पिता जी की जान-पहचान के थे। उन्होंने पिता जी से मेरी शिकायत की। अब मेरी कुछ जांच होने लगी। मैंने उन महाशय के यहां से किताबें खरीदना ही छोड़ दिया। मुझमें दो-एक खराब आदतें पड़ गईं। मैं सिगरेट पीने लगा। कभी-कभी भंग भी जमा लेता था। कुमारावस्था में स्वतंत्रता पूर्वक पैसे का हाथ में आ जाना और उर्दू के प्रेम रस पूर्ण उपन्यासों तथा गजलों की पुस्तकों ने आचरण पर भी अपना कुप्रभाव दिखाना प्रारम्भ कर दिया। घुन लगना प्रारम्भ ही हुआ था कि परमात्मा ने बड़ी सहायता की। मैं एक रोज भंग पीकर पिता जी की संदूकची में से रुपये निकालने लगा। नशे की हालत में होश ठीक न रहने के कारण संदूकची खटक गई। माता जी को सन्देह हुआ उन्होंने मुझे पकड़ लिया। चाभी पकड़ी गई बहुत से रुपये निकले और सारा भेद खुल गया। मेरी किताबों में अनेक उपन्यासादि पाये गए जो उसी समय फाड़ डाले गये।

मेरी माता मेरे धर्म कार्यों में तथा शिक्षादि में बड़ी सहायता करती थीं। वह प्रातःकाल चार बजे ही मुझे जगा दिया करती थीं। मैं नित्यप्रति नियमपूर्वक हवन भी किया करता था। मेरी छोटी बहन का विवाह करने के निमित्त माता जी तथा पिता जी ग्वालियर गये। मैं तथा श्री दादा जी शाहजहांपुर में ही रह गये, क्योंकि मेरी वार्षिक परीक्षा थी। परीक्षा समाप्त करके मैं भी बहन के विवाह में सम्मिलित होने को गया। बारात आ चुकी थी। मुझे ग्राम के बाहर ही मालूम हो गया कि बारात में वेश्या आई है। मैं घर न गया और न बारात में सम्मिलित हुआ। मैंने विवाह में कोई भी भाग न लिया। मैंने माता जी से थोड़े रुपये मांगे। माता जी

ने मुझे लगभग 125 रु० दिये, जिनको लेकर मैं गवालियर गया। यह अवसर रिवाल्वर खरीदने का अच्छा हाथ लगा। मैंने सुन रखा था रियासत में बड़ी आसानी से हथियार मिल जाते हैं। बड़ी खोज की। टोपीदार बन्दूक तथा पिस्तौल तो मिलते थे किन्तु कारतूसी हथियारों का पता नहीं। बड़े प्रयत्न के बाद एक महाशय ने मुझे ठग लिया और 75 रु० में टोपीदार पांच फायर करने वाला एक रिवाल्वर दिया। रियासत की बनी हुई बारूद और थोड़ी-सी टोपियां दे दीं। मैं इसी को लेकर बड़ा प्रसन्न हुआ। सीधा शाहजहांपुर पहुंचा। रिवाल्वर को भरकर चलाया तो गोली केवल पन्द्रह या बीस गज पर ही गिरी, क्योंकि बारूद अच्छी न थी। मुझे बड़ा खेद हुआ। माता जी भी जब लौटकर शाहजहांपुर आईं तो उन्होंने मुझसे पूछा कि क्या लाये? मैंने कुछ कहकर टाल दिया। रुपये सब खर्च हो गये। स्यात एक गिन्नी बची थी, सो मैंने माता जी को लौटा दी। मुझे जब किसी बात के लिए धन की आवश्यकता होती, मैं माता जी से कहता और वह मेरी मांग पूरी कर देती थीं। मेरा स्कूल घर से एक मील दूर था। मैंने माता जी से प्रार्थना की कि मुझे साइकिल ले दें। उन्होंने लगभग एक सौ रुपये दिये। मैंने साइकिल खरीद ली। उस समय मैं अंग्रेजी के नवें दर्जे में आ गया था। किसी धार्मिक या देश सम्बन्धी पुस्तक पढ़ने की इच्छा होती तो माता जी ही से दाम ले जाता। लखनऊ कांग्रेस जाने के लिए मेरी बड़ी इच्छा थी। दादी जी तथा पिता जी बहुत कुछ विरोध करते रहे किन्तु माता जी ने मुझे खर्च दे ही दिया। उसी समय शाहजहांपुर में सेवा समिति का प्रारम्भ हुआ था। मैं बड़े उत्साह के साथ सेवा समिति में सहयोग देता था। पिता जी तथा दादी को मेरे इस प्रकार के कार्य अच्छे न लगते थे, किन्तु माता जी मेरा उत्साह भंग न होने देती थीं जिसके कारण उन्हें बहुधा पिता जी का ताड़न तथा दण्ड भी सहन करना पड़ता था। वास्तव में मेरी माता जी स्वर्गीय देवी हैं। मुझमें जो कुछ जीवन तथा साहस आया, वह मेरी माता जी तथा गुरुदेव श्री सोमदेव जी की कृपाओं का ही परिणाम है। दादी जी तथा पिता जी मेरे विवाह के लिए बहुत अनुरोध करते, किन्तु माता जी यही कहतीं कि शिक्षा पा चुकने के बाद ही विवाह करना उचित होगा। माता जी के प्रोत्साहन तथा सद्व्यवहार ने मेरे जीवन में वह दृढ़ता उत्पन्न की कि किसी आपत्ति तथा संकट के आने पर भी मैंने अपने संकल्प को न त्यागा।

द्वितीय खण्ड

स्वदेश-प्रेम

जब से अंग्रेजी के नवें दर्जे में आया, कुछ स्वदेश सम्बन्धी पुस्तकों का अवलोकन आरम्भ हुआ। शाहजहांपुर में सेवा-समिति की नींव पं० श्रीराम बाजपेयी जी ने डाली, उसमें भी बड़े उत्साह से कार्य किया। दूसरों की सेवा का भाव हृदय में उदय हुआ। कुछ समझ में आने लगा कि वास्तव में देशवासी बड़े दुखी है। उसी वर्ष मेरे पड़ोसी तथा मित्र जिनसे मेरा स्नेह अधिक था, एन्ट्रेंस की परीक्षा पास करके कालेज में शिक्षा पाने को चले गये। कालेज के स्वतंत्र वायु में उनके हृदय में भी स्वदेश के भाव उत्पन्न हुए। उसी साल लखनऊ में अखिल भारत-वर्षीय कांग्रेस का उत्सव हुआ। मैं भी उसमें सम्मिलित्त हुआ, कतिपय सज्जनों से भेंट हुई। कुछ देश दशा का अनुमान हुआ, और निश्चय हुआ कि देश के लिए कुछ विशेष कार्य किया जावे। देश में जो कुछ भी हो रहा है उसकी उत्तरदायी सरकार ही है। भारतवासियों के दुःख तथा दुर्दशा की जिम्मेदारी गवर्नमेंट पर ही है, अतएव सरकार को पलटने का प्रयत्न करना चाहिए। मैंने भी इस प्रकार के विचारों में योग दिया। कांग्रेस में महात्मा तिलक के पधारने की खबर थी, इस कारण से गरम दल के अधिक व्यक्ति आये हुए थे, कांग्रेस के सभापति का स्वागत बड़ी धूम-धाम से हुआ था। उसके दूसरे दिन लोकमान्य बाल गंगाधर तिलक की स्पेशल गाड़ी आने का समाचार मिला। लखनऊ स्टेशन पर बहुत बड़ा जमाव था। स्वागतकारिणी समिति के सदस्यों से मालूम हुआ कि लोकमान्य का स्वागत केवल स्टेशन पर ही किया जावेगा, और शहर में सवारी न निकाली जावेगी। जिसका कारण यह था कि स्वागतकारिणी समिति के प्रधान पं० जगत नारायण जी थे। अन्य गण्यमान सदस्यों में पं० गोकरण नाथ जी तथा अन्य उदार दल (माडरेटों) वालों की संख्या अधिक थी। माडरेटों को भय था कि यदि लोकमान्य की सवारी शहर में निकाली गई, तो कांग्रेस के प्रधान से भी अधिक सम्मान होगा। जिसे वह उचित न समझते थे। अतः उन सबने प्रबन्ध किया कि जैसे ही लोकमान्य पधारें, उन्हें मोटर में बिठाकर शहर के बाहर-बाहर निकाल ले जावें।

इन सब बातों को सुनकर नवयुवकों को बड़ा खेद हुआ। कालेज के एक एम० ए० के विद्यार्थी ने इस प्रबन्ध का विरोध करते हुए कहा कि लोकमान्य का स्वागत अवश्य होना चाहिए। मैंने भी इस विद्यार्थी के कथन में सहयोग दिया। इसी प्रकार कई नवयुवकों ने निश्चय किया कि, जैसे ही लोकमान्य स्पेशल से उतरें उन्हें घेरकर गाड़ी में बिठा लिया जावे, और सवारी निकाली जावे। स्पेशल आने पर लोकमान्य सबसे पहले उतरे। स्वागतकारिणी के सदस्यों ने कांग्रेस के स्वयंसेवकों का घेरा बनाकर लोकमान्य को मोटर में जा बिठाया। मैं तथा एक एम० ए० का विद्यार्थी मोटर के आगे लेट गए। सब कुछ समझाया गया, मगर किसी की एक न सुनी। हम लोगों की देखा-देखी और कई नवयुवक भी मोटर के सामने आकर बैठ गये। उस समय मेरे उत्साह का यह हाल था कि मुंह से बात न निकलती थी, केवल रोता था और कहता था कि, 'मोटर मेरे ऊपर से निकाल ले जाओ।' स्वागत कारिणी के सदस्यों से कांग्रेस के प्रधान को ले जाने वाली गाड़ी मांगी, उन्होंने देना स्वीकार न किया। एक नवयुवक ने मोटर का टायर काट दिया। लोकमान्यजी बहुत कुछ समझावें किन्तु सुनता कौन? एक किराये की गाड़ी के घोड़े खोलकर लोकमान्य के पैरों पर सिर रख आपको उसमें बिठाया, और सबने मिल कर हाथों से गाड़ी खींचना शुरू की। इस प्रकार लोकमान्य का इस धूम से स्वागत हुआ कि किसी नेता की इतनी जोरों से सवारी न निकाली गई। लोगों के उत्साह का यह हाल था कि कहते थे कि एक बार गाड़ी में हाथ लगा लेने दो, जीवन सफल हो जावे। लोकमान्य पर फूलों की जो वर्षा की जाती थी, उसमें से जो फूल नीचे गिर जाते थे उसे उठाकर लोग पल्लू में बांध लेते थे। जिस स्थान पर लोकमान्य के पैर पड़ते, वहां की धूल सबके मत्थों पर दिखाई देती। कोई उस धूल को भी अपने रूमाल में बांध लेते थे। इस स्वागत से माडरेटों की बड़ी भद्द हुई।

क्रांतिकारी आंदोलन

कांग्रेस के अवसर पर लखनऊ में ही मालूम हुआ कि एक गुप्त समिति है, जिसका मुख्य उद्देश्य क्रांतिकारी आंदोलन में भाग लेना है। यहीं से क्रांतिकारी गुप्त समिति की चर्चा सुनकर थोड़े समय व्यतीत होने पर, मैं भी क्रांतिकारी समिति के कार्य में योग देने लगा। अपने एक मित्र द्वारा क्रांतिकारी समिति का सदस्य हो गया। थोड़े ही दिन में मैं कार्यकारिणी का सदस्य बना लिया गया। समिति में धन की बहुत कमी थी, उधर हथियारों की भी जरूरत थी। जब घर वापस आया, तब विचार हुआ कि एक पुस्तक प्रकाशित की जावे और उसमें जो

लाभ हो उससे हथियार खरीदे जावें। पुस्तक प्रकाशित कराने के लिए धन कहां से आवे ? विचार करते-करते मुझे एक चाल सूझी। मैंने अपनी माता जी से कहा कि मैं कुछ रोजगार करना चाहता हूं उसमें अच्छा लाभ होगा। यदि रुपये दे सकें तो बड़ा अच्छा हो। उन्होंने 200 रुपये दिए। 'अमेरिका को स्वाधीनता कैसे मिली' नामक पुस्तक लिखी जा चुकी थी। प्रकाशित होने का प्रबन्ध हो गया। थोड़े रुपये की जरूरत और पड़ी, मैंने माता जी से 200 रुपये और लिये। पुस्तक की बिक्री हो जाने पर माता जी के रुपये पहले निपटा दिए। लगभग 200 रुपये और भी बचे। पुस्तकें अभी बिकने के लिए बहुत बाकी थी। उसी समय 'देशवासियों के नाम सन्देश' नामक एक पर्चा छपवाया गया क्योंकि पं० गेंदालाल जी, ब्रह्मचारी जी के दल सहित ग्वालियर में गिरफ्तार हो गये थे। अब सब विद्यार्थियों ने अधिक उत्साह के साथ काम करने की प्रतिज्ञा की। पर्चे कई जिलों में लगाए गए, और बांटे भी गए। पर्चे तथा 'अमेरिका को स्वाधीनता कैसे मिली' दोनों संयुक्त प्रान्त की सरकार ने जब्त कर लिए।

हथियारों की खरीद

अधिकतर लोगों का विचार है कि देशी राज्यों में हथियार (रिवाल्वर, पिस्तौल तथा राइफलें इत्यादि) सब कोई रखता है, और बंदूक इत्यादि पर लाइसेंस नहीं होता। अतएव इस प्रकार के अस्त्र बड़ी सुगमता से प्राप्त हो सकते हैं। देशी राज्यों में हथियारों पर कोई लाइसेंस नहीं, यह बात बिलकुल ठीक है और हर एक को बंदूक इत्यादि रखने की आजादी है। किन्तु कारतूसी हथियार बहुत कम लोगों के पास रहते हैं, जिसका कारण यह है कि कारतूस या विलायती बारूद खरीदने पर पुलिस में सूचना देनी होती हैं। राज्य में तो कोई ऐसी दुकान नहीं होती जिस पर कारतूस या कारतूसी हथियार मिल सकें। यहां तक कि विलायती बारूद और बंदूक की टोपी भी नहीं मिलती। क्योंकि ये सब चीजें बाहर से मंगानी पड़ती हैं। जितनी चीजें इस प्रकार की बाहर से मंगाई जाती हैं, उनके लिए रेजीडेंट (गवर्नमेंट का प्रतिनिधि जो रियासतों में रहता है) की आज्ञा लेनी पड़ती हैं। बिना रेजीडेंट की मंजूरी के हथियारों सम्बन्धी कोई चीज बाहर से रियासत में नहीं आ सकती। इस कारण इस खटखट से बचने के लिए रियासत में ही टोपीदार बंदूकें बनती हैं, और देशी बारूद भी वहीं के लोग शोरा, गन्धक तथा कोयला मिलाकर बना लेते हैं। बंदूक की टोपी चुरा-छिपाकर मंगा लेते हैं। नहीं तो टोपी के स्थान पर भी मनसल और पुटाम अलग-अलग पीसकर दोनों को मिला कर उसी से काम चलाते हैं। हथियार रखने की आजादी होने पर भी

ग्रामों में किसी एक-दो धनी या जमींदार के यहां टोपीदार बंदूक या टोपीदार छोटे पिस्तौल होते हैं, जिनमें वे लोग रियासत की बनी हुई बारूद काम में लाते हैं। यह बारूद बरसात में सील खा जाती है और काम नहीं देती। एक बार मैं अकेला रिवाल्वर खरीदने गया। उस समय समझता था कि हथियारों की दुकान होगी, सीधे जाकर दाम देंगे और रिवाल्वर लेकर चले आवेंगे। प्रत्येक दुकान देखी, कहीं किसी पर बंदूक इत्यादि का विज्ञापन या कोई दूसरा निशान न पाया। फिर एक तांगा पर सवार होकर सब शहर घूमा। तांगे वाले ने पूछा कि क्या चाहिए। मैंने उससे डरते-डरते अपना उद्देश्य कहा। उसी ने दो-तीन दिन घूम-फिरकर एक टोपीदार रिवाल्वर खरीदवा दिया था और देशी बनी हुई बारूद एक दुकान से दिला दी। मैं कुछ जानता तो था नहीं, एकदम दो सेर बारूद खरीदी। जो घर पर संदूक में रखे-रखे बरसात में सील खाकर पानी हो गई। मुझे बड़ा दुःख हुआ। दूसरी बार जब मैं क्रांतिकारी समिति का सदस्य हो चुका था, तब, दूसरे सहयोगियों की सम्मति से, दो सौ रुपया लेकर हथियार खरीदने गया। इस बार मैंने बहुत प्रयत्न किया तो एक कबाड़ी की-सी दुकान पर कुछ तलवारें, खंजर, कटार तथा दो-चार टोपीदार बंदूकें रखी देखीं। मैंने बड़ा साहस करके उससे पूछा कि क्या आप ये चीजें बेचते हैं, उसने जब हां में उत्तर दिया तो मैंने दो-चार चीजें देखीं, दाम पूछे। इसी प्रकार वार्तालाप करके पूछा कि क्या आप कारतूसी हथियार नहीं बेचते या और कहीं नहीं बिकते? तब उसने सब विवरण सुनाया। उस समय उसके पास टोपीदार एकनली के छोटे-छोटे दो पिस्तौल थे। मैंने वे दोनों खरीद लिए। एक कटार भी खरीदी। उसने वादा किया कि यदि आप फिर आवें तो कुछ कारतूसी हथियार जुटाने का प्रयत्न किया जाय। लालच बुरी बला है, वाली कहावत के अनुसार तथा इसलिए भी कि हम लोगों को कोई दूसरा ऐसा जरिया भी न था, जहां से हथियार मिल सकते, मैं कुछ दिनों बाद फिर गया। इस समय उसी ने एक बड़ा सुन्दर कारतूसी रिवाल्वर दिया। कुछ पुराने कारतूस दिए। रिवाल्वर था तो पुराना किन्तु बड़ा ही उत्तम था। दाम उसके नये के बराबर देने पड़े। अब उसे विश्वास हो गया कि यह हथियारों के खरीदार हैं। उसने प्राणपण से चेष्टा की और कई रिवाल्वर तथा दो-तीन राइफलें जुटाईं। उसे भी अच्छा लाभ हो जाता था। प्रत्येक वस्तु पर वह बीस-तीस रुपये मुनाफा ले लेता था। बाज-बाज चीज पर दूना नफा खा लेता था। इसके बाद हमारी संस्था के दो-तीन सदस्य मिलकर गये। दुकानदार ने भी हमारी उत्कट इच्छा को देखकर इधर-उधर से पुराने हथियारों को खरीद करके, उनकी मरम्मत की और नया-सा करके हमारे हाथ बेचना शुरू किया। खूब ठगा। हम लोग कुछ जानते थे नहीं। इसी प्रकार अभ्यास करने से कुछ नया-पुराना समझने लगे। एक-दूसरे सिकलीगर से भेंट हुई। वह स्वयं कुछ नहीं जानता था, किन्तु उसने वचन दिया

कि वह कुछ रईसों से हमारी भेंट करा देगा। उसने एक रईस से मुलाकात कराई जिनके पास एक रिवाल्वर था। रिवाल्वर खरीदने की हमने इच्छा प्रकट की। उन महाशय ने उस रिवाल्वर के डेढ़ सौ रुपये मांगे। रिवाल्वर नया था। बड़े कहने-सुनने पर सौ कारतूस उन्होंने दिए और 155 रुपये लिए, 150 रुपये उन्होंने स्वयं लिए 5 रुपये सिकलीगर को कमीशन के तौर पर देने पड़े। रिवाल्वर चमकता हुआ नया था, समझे अधिक दामों का होगा। खरीद लिया। विचार हुआ कि इस प्रकार ठगे जाने से काम न चलेगा। किसी प्रकार कुछ जानने का प्रयत्न किया जावे। बड़ी कोशिश के बाद कलकत्ता, बम्बई से बंदूक विक्रेताओं की लिस्टें मंगाकर देखीं। देखकर आंखें खुल गईं। जितने रिवाल्वर या बंदूकें हमने खरीदी थीं दो-एक को छोड़, सबके दूने दाम दिए थे। 155 रुपये के रिवाल्वर के दाम केवल 30 रुपये ही थे और 10 रुपये के सौ कारतूस, इस प्रकार कुल सामान 40 रुपये का था, जिसके बदले 155 रुपये देने पड़े। बड़ा खेद हुआ। करें तो क्या करें और कोई दूसरा जरिया भी तो न था।

कुछ समय पश्चात् कारखानों की लिस्टें लेकर तीन-चार सदस्य मिलकर गये। खूब जांच तथा खोज की। किसी प्रकार रियासत की पुलिस को पता चल गया एक खुफिया पुलिस वाला मुझे मिला, उसने कई हथियार दिलाने का वादा किया, और वह मुझे पुलिस इंस्पेक्टर के घर ले गया। दैवात् उस समय पुलिस इंस्पेक्टर घर पर मौजूद न थे। उनके द्वार पर एक पुलिस का सिपाही बैठा था, जिसे मैं भलीभांति जानता था। मुहल्ले में खुफिया पुलिस वाले की आंख बचाकर पूछा कि अमुक घर किसका है? मालूम हुआ पुलिस इंस्पेक्टर का मैं इतस्ततः करके जैसे-तैसे निकल आया, और अति शीघ्र अपने ठहरने का स्थान बदला। उस समय हम लोगों के पास दो राइफलें, चार रिवाल्वर तथा दो पिस्तौल खरीदे हुए मौजूद थे। किसी प्रकार उस खुफिया पुलिस वाले को एक कारीगर से जहां पर कि हम लोग अपने हथियारों की मरम्मत कराते थे, मालूम हुआ कि हम में से एक व्यक्ति उसी दिन जाने वाला था। उसने चारों ओर स्टेशन पर तार दिलवाए। रेलगाड़ियों की तलाशी ली गई। पर, पुलिस की असावधानी के कारण हम बाल-बाल बच गए।

रुपये की चपत बुरी होती है। एक पुलिस सुपरिण्टेण्डेण्ट के पास एक राइफल थी। मालूम हुआ वे बेचते हैं। हम लोग पहुंचे। अपने आपको रियासत का रहने वाला बतलाया। उन्होंने निश्चय करने के लिए बहुत से प्रश्न पूछे, क्योंकि हम लोग लड़के तो थे ही। पुलिस सुपरिण्टेण्डेण्ट पेंशनयाफ्ता जाति के मुसलमान थे। हमारी बातों पर पूर्ण विश्वास न हुआ। कहा अपने थानेदार से लिखा लाओ कि वह तुम्हें जानता है। मैं गया। जिस स्थान का रहने वाला बताया था। वहां के थानेदार का नाम मालूम किया, और एक-दो जमींदारों का नाम मालूम करके एक

पत्र लिखा कि मैं उस स्थान के रहने वाले अमुक जमींदार का पुत्र हूं, और वे लोग मुझे भलीभांति जानते हैं। उसी पत्र पर जमींदारों के हिन्दी में और पुलिस के दरोगा के अंग्रेजी में हस्ताक्षर बना करके पत्र ले जाकर पुलिस कप्तान साहब को दिया। बड़े गौर से देखने के बाद वे बोले मै थाने में दरियाफ्त कर लूं। तुम्हें भी थाने चलकर इत्तिला देनी होगी कि राइफल खरीद रहे हैं। हम लोगों ने कहा कि हमने आपके इतमीनान के लिए इतनी मुसीबत झेली, दस-बारह रुपये खर्च किए, अगर अब भी इतमीनान न हो तो मजबूरी है हम पुलिस में न जावेंगे। राइफल के दाम लिस्ट में 180 रुपये लिखे थे, वह 250 रुपये मांगते थे, साथ में दो सौ कारतूस भी दे रहे थे। कारतूस भरने का सामान भी देते थे, जो लगभग 50 रुपये का होता। इस प्रकार पुरानी राइफल के नई के समान दाम मांगते थे। हम लोग भी 250 रुपये देते थे। पुलिस कप्तान ने भी विचारा पूरे दाम मिल रहे हैं। स्वयं वृद्ध हो चुके थे। कोई पुत्र भी न था। अतएब 250 रुपये लेकर राइफल दे दी ! पुलिस में कुछ पूछने न गये। उन्हीं दिनों राज्य के एक उच्च पदाधिकारी के नौकर को मिलाकर उनके यहां से रिवाल्वर चोरी कराया। जिसके दाम लिस्ट में 75 रुपये थे, उसे 100 रुपये में खरीदा। एक माउजर पिस्तौल भी चोरी कराया जिसके दाम लिस्ट में उस समय 200 रुपये दिए थे। हमें माउजर पिस्तौल की प्राप्ति की बड़ी उत्कट इच्छा थी। बड़े भारी प्रयत्न के बाद यह माउजर पिस्तौल मिला, जिसका मूल्य 300 रुपये देना पड़ा। कारतूस एक भी नहीं मिला। हमारे पुराने मित्र कबाड़ी महोदय के पास माउजर पिस्तौल के पचास कारतूस पड़े थे। उन्होंने बड़ा काम दिया। हम में से किसी ने भी पहले माउजर पिस्तौल देखा भी न था। कुछ न समझ सके कैसे प्रयोग किया जाता है। बड़े कठिन परिश्रम से उसका प्रयोग समझ में आया।

हमने तीन राइफलें, एक बारह बोर की दोनाली कारतूसी बंदूक, दो टोपीदार बंदूकें, तीन टोपीदार रिवाल्वर और पांच कारतूसी रिवाल्वर खरीदे। प्रत्येक हथियार के साथ पचास या सौ कारतूस भी ले लिए। इन सबमें लगभग चार हजार रुपये व्यय हुए। कुछ कटार तथा तलवारें इत्यादि भी खरीदे थे।

मैनपुरी षड्यंत्र

इधर तो हम लोग अपने कार्य में व्यस्त थे, उधर मैनपुरी के एक सदस्य पर लीडरी का भूत सवार हुआ। उन्होंने अपना पृथक् संगठन किया। कुछ अस्त्र-शस्त्र भी एकत्रित किये। धन की कमी की पूर्ति के लिए एक सदस्य से कहा कि अपने किसी कुटुम्बी के यहां डाका डलवाओ। उस सदस्य ने कोई उत्तर न दिया।

उसे आज्ञापत्र दिया गया और मार देने की धमकी दी गई। वह पुलिस के पास गया, मामला खुला। मैनपुरी में धड़-पकड़ शुरू हो गई। हम लोगों को भी समाचार मिला। देहली में कांग्रेस होने वाली थी। विचार किया गया कि 'अमेरिका को स्वाधीनता कैसे मिली' नामक पुस्तक, जो यू० पी० सरकार ने जब्त कर ली थी, कांग्रेस के अवसर पर बेच दी जावे। कांग्रेस के उत्सव पर मैं शाहजहांपुर की सेवा समिति के साथ अपनी ऐंबुलेंस की टोली लेकर गया था। ऐंबुलेंस वालों को प्रत्येक स्थान पर बिना रोक जाने की आज्ञा थी। कांग्रेस-पण्डाल के बाहर खुले रूप में नवयुवक यह कहकर पुस्तक बेच रहे थे 'यू० पी० में जब्त किताव-अमेरिका को स्वाधीनता कैसे मिली' खुफिया पुलिस वालों ने कांग्रेस का कैम्प घेर लिया। सामने ही आर्यसमाज का कैम्प था। वहां पर पुस्तक विक्रेताओं की पुलिस ने तलाशी लेना आरम्भ कर दी। मैंने कांग्रेस कैम्प पर अपने स्वयंसेवक इसलिए छोड़ दिए कि वे बिना स्वागतकारिणी समिति के मंत्री या प्रधान की आज्ञा पाए किसी पुलिस वाले को कैम्प में न घुसने दें। आर्य समाज के कैम्प में गया। सब पुस्तकें एक टेंट में जमा थीं। मैंने अपने ओवर कोट में सब पुस्तकें लपेटीं। जो लगभग दो सौ के होंगी, और उसे कंधे पर डाल कर पुलिस वालों के सामने से निकला। मैं वर्दी पहने था, टोप लगाए हुए था। ऐंबुलेंस का बड़ा-सा लाल बिल्ला मेरे हाथ पर लगा हुआ था, किसी ने कोई संदेह भी न किया और पुस्तकें बच गईं।

देहली कांग्रेस से लौटकर शाहजहांपुर आये। वहां भी धड़-पकड़ शुरू हुई। हम लोग वहां से चलकर दूसरे शहर के एक मकान में ठहरे हुए थे। रात्रि के समय मकान मालिक ने बाहर से मकान में ताला डाल दिया। ग्यारह बजे के लगभग हमारा एक साथी बाहर ले आया। उसने बाहर से ताला पड़ा देख पुकारा। हम लोगों को भी संदेह हुआ। सब-के-सब दीवार पर से उतर कर मकान छोड़कर चल दिए। अंधेरी रात थी। थोड़ी दूर गए थे कि हठात् आवाज आई 'खड़े हो जाओ ! कौन जाता है ?' हम लोग सात-आठ आदमी थे। समझे कि घिर गए। कदम उठाना ही चाहते थे कि फिर आवाज आई 'खड़े हो जाओ नहीं तो गोली मारते हैं।' हम लोग खड़े हो गए। थोड़ी देर में एक पुलिस के दरोगा बंदूक हमारी तरफ किए हुए रिवाल्वर कांधे में लटकाए कई सिपाहियों को लिए हुए आ पहुंचे। पूछा, 'कौन हो ? कहां जाते हो ?' हम लोगों ने कहा, 'विद्यार्थी हैं, स्टेशन जा रहे हैं।' 'कहां जाओगे ?' 'लखनऊ।' उस समय दो बजे थे। लखनऊ की गाड़ी पांच बजे जाती थी। दरोगा जी को शक हुआ। लालटेन आई। हम लोगों के चेहरे रोशनी में देखकर शक जाता रहा। कहने लगे, "रात के समय लालटेन लेकर चला कीजिए। गलती हुई मुआफ कीजिए।" हम लोग भी सलाम झाड़कर चलते बने। एक बाग में फूंस की मड़ैया पड़ी थी। उसमें जा बैठे। पानी बरसने लगा। मूसलाधार पानी गिरा। सब कपड़े भीग गए। जमीन पर भी पानी भर गया।

जनवरी का महीना था। खूब जाड़ा पड़ रहा था। रात भर भीगते और ठिठुरते रहे। बड़ा कष्ट हुआ। प्रातःकाल धर्मशाला में जाकर कपड़ा सुखाए। दूसरे दिन शाहजहांपुर आकर बंदूकें जमीन में गाड़कर, प्रयाग पहुंचे।

विश्वासघात

प्रयाग की एक धर्मशाला में दो-तीन दिन निवास करके विचार किया गया कि एक व्यक्ति बहुत दुर्बलात्मा है यदि वह पकड़ा गया तो सब भेद खुल जावेगा। अतः उसे मार दिया जावे। मैंने कहा मनुष्य हत्या ठीक नहीं। पर अन्त में निश्चय हुआ कि कल चला जावे और उसकी हत्या कर दी जावे। मैं चुप हो गया। हम लोग चार सदस्य साथ थे। हम चारों तीसरे पहर झूंसी का किला देखने गये। जब लौटे तब संध्या हो चुकी थी। उसी समय गंगा पार करके यमुना तट पर गये। शौचादि से निवृत्त होकर मैं संध्या समय उपासना करने के लिये रेती पर बैठ गया। एक महाशय ने कहा, 'यमुना के निकट बैठो।' मैं तट से दूर एक ऊंचे स्थान पर बैठा था। मैं वहीं बैठा रहा। वे तीनों भी मेरे पास ही आकर बैठ गये। मैं आंखें बन्द किये ध्यान कर रहा था। थोड़ी देर में खट से आवाज हुई। समझा कि साथियों में से कोई कुछ कर रहा होगा। तुरन्त ही एक फायर हुआ। गोली सन से मेरे कान के पास से निकल गई। मैं समझ गया कि मेरे ही ऊपर फायर हो रहे हैं। मैंने भी रिवाल्वर निकाला तब तक दूसरा फायर हुआ। मैं रिवाल्वर निकालता हुआ आगे को बढ़ा, पीछे फिर कर देखा। वह महाशय माउजर हाथ में लिये मेरे ऊपर गोली चला रहे हैं। कुछ दिन पहले मुझसे उनका कुछ झगड़ा हो चुका था, किन्तु बाद में समझौता हो गया था। फिर भी उन्होंने यह कार्य किया। मैं भी सामना करने को प्रस्तुत हुआ। तीसरा फायर करके वह भाग खड़े हुए। उनके साथ प्रयाग में ठहरे हुए दो सदस्य और भी थे। वे तीनों भाग गये। मुझे देर इसलिए हुई कि मेरा रिवाल्वर चमड़े के खोल में रखा था। यदि आधा मिनट और उनमें कोई भी खड़ा रह जाता तो मेरी गोली का निशाना बन जाता। जब सब भाग गये, तब मैं गोली चलाना व्यर्थ जान वहां से चला आया, मैं बाल-बाल बच गया। मुझसे दो गज के फासले पर से माउजर पिस्तौल से गोलियां चलाई गयीं और उस अवस्था में जब कि मैं बैठा हुआ था। मेरी समझ में नहीं आया कि मैं बच कैसे गया? पहला कारतूस फूटा नहीं। तीन फायर हुए। मैं गद्‌गद होकर परमात्मा का स्मरण करने लगा। आनन्दोल्लास में मुझे मूर्च्छा आ गई। मेरे हाथ से रिवाल्वर तथा खोल दोनों गिर गये। यदि उस समय कोई निकट होता तो मुझे भली-भांति मार सकता था। मेरी यह अवस्था लगभग एक मिनट तक रही होगी कि मुझसे किसी ने कहा

'उठ' ! मैं उठा। रिवाल्वर उठा लिया। खोल उठाने का स्मरण ही न रहा। 22 जनवरी की घटना है। मैं केवल एक कोट और एक तहमत पहने था। बाल बढ़ रहे थे। नंगे सिर, पैर में जूता भी नहीं। ऐसी हालत में कहां जाऊं ? अनेकों विचार उठ रहे थे।

इन्हीं विचारों में निमग्न यमुना तट पर बड़ी देर तक घूमता रहा। ध्यान आया कि धर्मशाला चलकर ताला तोड़ सामान निकालूं। फिर विचारा धर्मशाला जाने पर गोली चलेगी व्यर्थ में खून होगा। अभी ठीक नहीं। अकेले बदला लेना ठीक नहीं। और कुछ साथियों को लेकर फिर बदला लिया जावेगा। मेरे एक साधारण मित्र प्रयाग में रहते थे। उनके पास जाकर बड़ी मुश्किल से एक चादर ली, और रेल से लखनऊ आया। लखनऊ आकर बाल बनवाये, धोती-जूता खरीदे, क्योंकि रुपये मेरे पास थे। रुपये न भी होते तो मैं सदैव जो चालीस-पचास रुपये की सोने की अंगूठी पहने रहता था उसे काम में ला सकता। यहां से आकर अन्य सदस्यों से मिलकर सब विवरण कह सुनाया। कुछ दिन जंगल में रहा। इच्छा थी कि संन्यासी हो जाऊं, संसार कुछ नहीं। बाद को फिर माता जी के पास गया। उनसे सब कह सुनाया। उन्होंने मुझे ग्वालियर जाने का आदेश किया। थोड़े दिनों में माता-पिता सभी दादा जी के भाई के यहां आ गये। मैं भी वहीं आ गया।

मैं प्रत्येक समय यही विचार किया करता कि मुझे बदला अवश्य लेना चाहिए, एक दिन प्रतिज्ञा करके रिवाल्वर लेकर शत्रु की हत्या करने की इच्छा से मैं गया भी किंतु सफलता न मिली। इसी प्रकार की उधेड़-बुन मे मुझे ज्वर आने लगा। कई महीने तक बीमार रहा। माता जी मेरे विचारों को समझ गई। माता जी ने बड़ी सान्त्वना दी। कहने लगीं कि प्रतिज्ञा करो कि तुम अपनी हत्या की चेष्टा करने वालों को जान से न मारोगे। मैंने प्रतिज्ञा करने में इस्ततत: किया, तो वे कहने लगीं कि मैं मातऋण के बदले में प्रतिज्ञा चाहती हूं, क्या उत्तर है ? मैंने कहा, "मैं उनसे बदला लेने की प्रतिज्ञा कर चुका हूं।" माता जी ने मुझे बाध्य कर मेरी प्रतिज्ञा भंग कराई। अपनी बात श्रेष्ठ रखी। मुझे भी सिर नीचा करना पड़ा। उस दिन से मेरा ज्वर कम होने लगा और मैं अच्छा हो गया।

पलायनावस्था

मैं ग्राम में ग्रामवासियों की भांति उसी प्रकार के वस्त्र पहनकर निवास करने लगा। खेती भी करने लगा। देखने वाले अधिक से अधिक इतना समझ सकते थे कि मैं शहर में रहा हूं, सम्भव है कुछ पढ़ा भी होऊं। खेती के कामों में मैंने विशेष ध्यान दिया। शरीर तो हृष्ट-पुष्ट था ही, थोड़े ही दिनों में अच्छा-खासा

किसान बन गया। उस कठोर भूमि में खेती करना कोई सरल कार्य नहीं। बबूल, नीम के अतिरिक्त कोई एक-दो आम के वृक्ष कहीं भले ही दिखलाई दे जावें बाकी वह नितान्त मरुभूमि है। खेत में जाता था। थोड़ी देर में ही झरबेरी के कांटों से पैर भर जाते। पहले-पहल बड़ा कष्ट प्रतीत हुआ। कुछ समय पश्चात् अभ्यास हो गया। जितना खेत उस देश का एक बलिष्ट पुरुष दिन भर में जोत सकता था, उतना मैं भी जोत लेता था। मेरा चेहरा बिल्कुल काला पड़ गया। थोड़े दिनों के लिए मैं शाहजहांपुर की ओर घूमने आया तो कुछ लोग मुझे पहचान न सके। मैं रात को शाहजहांपुर पहुंचा। गाड़ी छूट गई। दिन के समय पैदल जा रहा था, एक पुलिस वाले ने पहचान लिया। वह और पुलिस वालों को लेने के लिए गया। मैं भागा, पहले दिन का हारा-थका हुआ था। लगभग बीस मील पहले दिन पैदल चला था। उस दिन भी 35 मील पैदल चलना पड़ा।

मेरे माता-पिता ने सहायता की। मेरा समय अच्छी प्रकार व्यतीत हो गया। माता जी की पूंजी तो मैंने नष्ट कर दी। पिता जी से, सरकार की ओर से कहा गया कि,लड़के की गिरफ्तारी के वारण्ट की पूर्ति के लिए लड़के का हिस्सा, जो उसके दादा की जायदाद होगी; नीलाम किया जावेगा। पिता जी घबराकर दो हजार रुपये का मकान आठ सौ में तथा और दूसरी चीजें भी थोड़े दामों में बेचकर शाहजहांपुर छोड़ कर भाग गये। दो बहनों का विवाह हुआ, जो कुछ रहा बचा था, वह भी व्यय हो गया। माता-पिता की हालत फिर निर्धनों की-सी हो गई। समिति के जो दूसरे सदस्य भागे हुए थे, उनकी बहुत बुरी दशा हुई। महीनों चनों पर ही समय काटना पड़ा। दो-चार रुपये जो मित्रों तथा सहायकों से मिल जाते थे, उन्हीं पर गुजर होता था। पहनने को कपड़े तक न थे। विवश हो रिवाल्वर तथा बन्दूकें बेचीं, तब दिन कटे। किसी से कुछ कह भी न सकते थे, गिरफ्तारी के भय के कारण कोई व्यवसाय या नौकरी भी न कर सकते थे।

जब राजकीय घोषणा हुई और राजनैतिक कैदी छोड़े गये तब शाहजहांपुर आकर कोई व्यवसाय करने का विचार हुआ, ताकि माता-पिता की कुछ सेवा हो सके। विचार किया करता था कि इस जीवन में अब फिर कभी आजादी से शाहजहांपुर में विचरण न कर सकूंगा। पर परमात्मा की लीला अपार है। वे दिन आये। मैं पुनः शाहजहांपुर का निवासी हुआ।

पण्डित गेंदालाल दीक्षित

आपका जन्म यमुना तट पर बटेश्वर के निकट 'मई' ग्राम में हुआ था। आपने मैंट्रिक्यूलेशन (दसवां) दर्जा अंग्रेजी का पास किया था। आप जब औरैया जिला

इटावा में डी० ए० वी० स्कूल में टीचर थे, तब आपने शिवाजी समिति की स्थापना की थी। जिसका उद्देश्य था शिवाजी की भांति दल बनाकर उससे लूट-मार करबाना। उसमें से चौथ लेकर हथियार खरीदना और उस दल में बांटना। इसी की सफलता के लिए आप रियासत से हथियार ला रहे थे, जो कुछ नवयुवकों की असावधानी के कारण आगरा में स्टेशन के निकट पकड़ लिये गये थे। आप बड़े वीर तथा उत्साही थे। शांत बैठना जानते ही न थे। नवयुवकों को सदैव कुछ न कुछ उपदेश करते रहते थे। एक-एक सप्ताह तक बूट तथा वर्दी न उतारते थे। जब आप ब्रह्मचारी जी के पास सहायता लेने गये, तो दुर्भाग्यवश गिरफ्तार कर लिये गये। ब्रह्मचारी के दल ने अंग्रेजी राज्य में कई डाके डाले थे। डाके डालकर ये लोग चम्बल के बीहड़ों में छिप जाते थे। सरकारी राज्य की ओर से ग्वालियर महाराज को लिखा गया। इस दल के पकड़ने का प्रबन्ध किया गया। सरकार ने तो हिंदुस्तानी फौज भी भेजी थी, जो आगरा जिले में चम्बल के किनारे बहुत दिनों तक पड़ी रही। पुलिस सवार तैनात किये, किंतु ये लोग भयभीत न हुए। विश्वास-घात से पकड़े गये। इन्हीं में का एक आदमी पुलिस ने मिला लिया। डाका डालने के लिये दूर स्थान निश्चय किया गया। जहां जाने के लिए एक पड़ाव देना पड़ता था। चलते-चलते सब थक गये। पड़ाव दिया गया। जो आदमी पुलिस से मिला हुआ था, उसने भोजन लाने को कहा, क्योंकि उसके किसी सम्बन्धी का मकान निकट था। वह पूड़ी खाने लग गये। ब्रह्मचारी जी जो सदैव अपने हाथ से बना कर भोजन करते थे या आलू अथवा घुइयां भूनकर खा लेते थे, उन्होंने भी उस दिन पूड़ी खाना स्वीकार किया। सब भूखे तो थे ही, खाने लगे। ब्रह्मचारी जी ने भी एक पूड़ी खाई। उनकी जबान ऐंठने लगी और जो अधिक खा गये थे, वे गिर गये थे, पूड़ी लाने वाला पानी लेने के बहाने चल दिया। पूड़ियों में विष मिला हुआ था। ब्रह्मचारी जी ने बन्दूक उठाकर पूड़ी लाने वाले पर गोली चलाई, दूसरी ओर से भी गोली चलने लगी। पुलिस छिपी हुई थी। गोली चलने से ब्रह्मचारी जी के कई गोलियां लगीं। तमाम शरीर घायल हो गया। पं० गेंदालाल जी की आंख में एक छर्रा लगा। बायीं आंख जाती रही। कुछ आदमी जहर के कारण मरे, कुछ गोली से मारे गए। इस प्रकार अस्सी आदमियों में से पच्चीस-तीस जान सें मारे गए। सब पकड़ करके ग्वालियर के किले में बंद कर दिए गए। किले में हम लोग जब पण्डित जी से मिले, तब चिट्ठी भेजकर उन्होंने हम को सब हाल बताया। एक दिन हम लोगों पर भी किले मे सन्देह हो गया था बड़ी कठिनता से एक अधिकारी की सहायता से लोग निकल सके।

जब मैंनपुरी षड्यन्त्र का अभियोग चला, पंडित गेंदालाल जी को सरकार ने ग्वालियर राज्य से मंगाया। ग्वालियर के किले का जलवायु बड़ा ही हानिकारक था। पंडित जी को क्षय रोग हो गया था। मैंनपुरी स्टेशन से जेल जाते समय ग्यारह

बार रास्ते में बैठ-बैठकर जेल पहुंचे। पुलिस ने जब हाल पूछा तो उन्होंने कहा, बालकों को क्यों गिरफ्तार किया है ? मैं हाल बताऊंगा। पुलिस को विश्वास हो गया। आपको जेल से निकालकर दूसरे सरकारी गवाहों के निकट रख दिया। वहां पर सब विवरण जान रात्रि के समय एक और सरकारी गवाह को लेकर पण्डित जी भाग खड़े हुए। भागकर एक गांव में एक कोठरी में ठहरे। साथी कुछ काम के लिए बाजार गया और फिर लौटकर न आया। बाहर से कोठरी की जंजीर बन्द कर गया था। पण्डित जी उसी कोठरी में तीन दिन बिना अन्न जल बन्द रहे। समझे कि साथी किसी आपत्ति में फंस गया होगा, अन्त में किसी प्रकार जंजीर खुलवाई। रुपये वह सब साथ ही ले गया था। पास एक पैसा भी न था। कोटा से पैदल आगरा आये। किसी प्रकार अपने घर पहुंचे। बहुत रुग्ण हो रहे थे। पिता ने यह समझकर कि घर वालों पर आपत्ति न आवे पुलिस को सूचना देनी चाही। पण्डित जी ने पिता से बड़ी विनय प्रार्थना की और दो-तीन दिन में घर छोड़ दिया। हम लोगों की बहुत खोज की। किसी का कुछ अनुसंधान न पा देहली में एक प्याऊ पर पानी पिलाने की नौकरी कर ली। अवस्था दिनों-दिन बिगड़ रही थी। रोग भीषण रूप धारण कर रहा था। छोटे भाई तथा पत्नी को बुलाया। भाई किंकर्तव्यविमूढ़ ! क्या कर सकता था ? सरकारी अस्पताल में भर्ती कराने ले गया। पण्डित जी की धर्मपत्नी को दूसरे स्थान में भेजकर जब वह अस्पताल आया, तो, जो देखा उसे लिखते हुए लेखनी कम्पायमान होती है ! पण्डित जी शरीर त्याग चुके थे ! केवल उनका मृत शरीर मात्र ही पड़ा हुआ था। स्वदेश की कार्य-सिद्धि में पं० गेंदालाल दीक्षित ने जिस निःसहाय अवस्था में अन्तिम बलिदान दिया, उसकी स्वप्न में भी आशा न थी। पण्डित जी की प्रबल इच्छा थी कि उनकी गोली लगकर मृत्यु हो। भारतवर्ष की एक महान आत्मा विलीन हो गई और देश में किसी ने जाना भी नहीं। मैनपुरी षड्यन्त्र के मुख्य नेता आप ही समझे गये थे। इस षड्यन्त्र में विशेषताएं ये हुई कि नेताओं में से केवल दो व्यक्ति पुलिस के हाथ आये जिनमें पण्डित गेंदालाल दीक्षित एक सरकारी गवाह को लेकर भाग गये तथा श्रीयुत शिवकृष्ण जेल से भाग गये और फिर हाथ न आये। छः मास पश्चात् जिन्हें सजा हुई थी वे भी राजकीय घोषणा से मुक्त कर दिये गये। खुफिया पुलिस विभाग का क्रोध पूर्णतया शान्त न हो सका और उनकी बदनामी भी इस केस में बहुत हुई।

तृतीय खण्ड

स्वतंत्र जीवन

राजकीय घोषणा के पश्चात् जब मैं शाहजहांपुर आया तो शहर की अद्भुत दशा देखी। कोई पास तक खड़े होने का साहस न करता था। जिसके पास मैं जाकर खड़ा हो जाता था, वह नमस्ते कर चल देता था। पुलिस वालों का बड़ा प्रकोप था प्रत्येक समय छाया की भांति पीछे-पीछे फिरा करती थी। इस प्रकार का जीवन कब तक व्यतीत किया जावे ? मैंने कपड़ा बुनने का काम सीखना आरम्भ किया। जुलाहे बड़ा कष्ट देते थे। कोई काम सिखाना न चाहता था। बड़ी कठिनता से मैंने कुछ काम सीखा। उसी समय एक कारखाने में मैनेजरी का स्थान खाली हुआ। मैंने उस स्थान के लिए प्रयत्न किया। मुझसे पांच सौ रुपये की जमानत मांगी गई। मेरी बड़ी शोचनीय दशा थी। तीन-तीन दिवस तक भोजन प्राप्त नहीं होता था। क्योंकि मैंने प्रतिज्ञा की थी कि किसी से कुछ सहायता न लूंगा। पिता जी से बिना कुछ कहे मैं चला आया था, पांच सौ रुपये कहां से लाता ? मैंने दो-एक मित्रों से केवल दो सौ रुपये की जमानत देने की प्रार्थना की। उन्होंने साफ इन्कार कर दिया। मेरे हृदय पर वज्रपात हुआ। संसार अन्धकारमय दिखाई देता था ! पर बाद को एक मित्र की कृपा से नौकरी मिल गई। अब अवस्था कुछ सुधरी। मैं भी सभ्य पुरुषों की भांति समय व्यतीत करने लगा। मेरे पास भी चार पैसे हो गये। वे ही मित्र जिनसे मैंने दो सौ रुपये की जमानत देने की प्रार्थना की थी, अब मेरे पास अपने चार-चार हजार रुपयों की थैली, अपनी बंदूक, लाइसेंस इत्यादि सब डाल जाते थे कि मेरे यहां उनकी वस्तुएं सुरक्षित रहेंगी। समय के इस हेर-फेर को देखकर मुझको हंसी आती थी।

पुनर्संगठन

जिन महानुभावों को मैं पूजनीय दृष्टि से देखता था, उन्होंने अपनी इच्छा प्रकट की कि मैं क्रान्तिकारी दल का पुनर्संगठन करूं। गत जीवन के अनुभव से मेरा हृदय अत्यन्त दुखित था। मेरा साहस न देखकर, इन लोगों ने बहुत उत्साहित किया और कहा कि हम आपको केवल निरीक्षण का कार्य देंगे बाकी सब कार्य स्वयं ही करेंगे। कुछ मनुष्य हमने पहले जुटा लिए हैं; धन की कमी न होगी, आदि। मान्य पुरुषों की प्रवृत्ति देख मैंने भी स्वीकृति दे दी। मेरे पास जो अस्त्र-शस्त्र थे मैंने दिये। जो दल उन्होंने एकत्रित किया था, उसके नेता से मुझे मिलाया। उसकी वीरता की बड़ी प्रशंसा की। वह एक अशिक्षित ग्रामीण पुरुष था। मेरी समझ में आ गया कि यह बदमाशों का या स्वार्थी जनों का कोई संगठन है, मुझसे उस दल के नेता ने दल का कार्य निरीक्षण करने की प्रार्थना की। दल में कई फौज से आये हुए लड़ाई पर से वापस किये गये व्यक्ति भी थे। मुझे इस प्रकार के व्यक्तियों से कभी कोई काम न पड़ा था। मैं दो एक महानुभावों की साथ ले इन लोगों का कार्य देखने गया।

थोड़े दिनों बाद इस दल के नेता महाशय एक वेश्या को भी लाये। उसे रिवाल्वर दिखाया कि यदि कहीं गई तो गोली से मारी जाएगी। यह समाचार सुन उसी दल के दूसरे सदस्य ने बड़ा क्रोध प्रकाशित किया और मेरे पास खबर भेजने का प्रबन्ध किया। उसी समय एक दूसरा आदमी पकड़ा गया, जो नेता महाशय को जानता था। नेता महाशय रिवाल्वर तथा कुछ सोने के आभूषणों सहित गिरफ्तार हो गये। उनकी वीरता की बड़ी प्रशंसा सुनी थी, जो इस प्रकार प्रकट हुई कि इन्होंने कई आदमियों के नाम पुलिस को बताये और इकबाल कर दिया। लगभग तीस-चालीस आदमी पकड़े गये।

एक दूसरा व्यक्ति था जो वीर था। पुलिस उसके पीछे पड़ी हुई थी। एक दिन पुलिस कप्तान ने सवार तथा तीस-चालीस बन्दूक वाले सिपाही लेकर उसके घर में उसे घेर लिया। उसने छत पर चढ़कर दो नाली कारतूसी बन्दूक से लगभग तीन सौ फायर किये बन्दूक गरम होकर गल गई। पुलिस वाले समझे कि घर में कई आदमी हैं। सब पुलिस वाले छिपकर आड़ में से सुबह होने की प्रतीक्षा करने लगे। उसने मौका पाया। मकान के पीछे से कूद पड़ा, एक सिपाही ने देख लिया। उसने सिपाही की नाक पर रिवाल्वर का कुन्दा मारा, सिपाही चिल्लाया। सिपाही के चिल्लाते ही मकान में से एक फायर हुआ। पुलिस वाले समझे वह मकान ही में हैं। सिपाही को धोखा हुआ होगा। बस, वह जंगल में निकल गया। अपनी स्त्री को एक टोपीदार बन्दूक दे आया था कि यदि चिल्लाहट हो तो फायर कर देना।

ऐसा ही हुआ और वह निकल गया। जंगल में जाकर एक-दूसरे दल से मिला। जंगल में भी एक समय पुलिस कप्तान से सामना हो गया। गोली चली। उसके भी पैर में छर्रे लगे। अब यह बड़े साहसी हो गये। समझ गये कि पुलिस वाले किस प्रकार समय पर आड़ में छिप जाते हैं। इन लोगों का दल छिन्न-भिन्न हो गया था। अतः उन्होंने मेरे पास आश्रय लेना चाहा। मैंने बड़ी कठिनता से अपना पीछा छुड़ाया। तत्पश्चात् जंगल में जाकर ये दूसरे दल से मिल गये। वहां पर दुराचार के कारण जंगल के दल के नेता ने इन्हें गोली से मार दिया। उस नेता को भी समय पाकर उसके साथी ने गोली से मार दिया। इस प्रकार सब दल छिन्न-भिन्न हो गया। जो पकड़े गये उन पर कई डकैतियां चलीं; किसी को तीस साल, किसी को पचास साल, किसी को बीस साल की सजायें हुई। एक बेचारा जिसका किसी डकैती से सम्बन्ध न था, केवल शत्रुता के कारण फंसा दिया गया। उसे फांसी हो गई। और जो सब प्रकार डकैतियों में सम्मिलित था जिसके पास डकैती का माल तथा कुछ हथियार पाये गये, पुलिस से गोली भी चली उसे पहले फांसी की सजा की आज्ञा हुई, पर पैरवी अच्छी हुई, अतएव हाईकोर्ट से फांसी की सजा माफ हो गई, केवल पांच वर्ष की सजा रह गई। जेल वालों से मिलकर उसने डकैतियों में शिनाख्त न होने दी थी। इस प्रकार इस दल की समाप्ति हुई। दैवयोग से हमारे अस्त्र बच गये। केवल एक ही रिवाल्वर पकड़ा गया।

नोट बनाना

इसी बीच मेरे एक मित्र की एक नोट बनाने वाले महाशय से भेंट हुई। उन्होंने बड़ी-बड़ी आशाएं बांधीं। बड़ी लम्बी-लम्बी स्कीम बांधने के पश्चात् मुझसे कहा कि एक नोट बनाने वाले से भेंट हुई है। बड़ा दक्ष-पुरुष है। मुझे भी बना हुआ नोट देखने की बड़ी उत्कट इच्छा थी। मैने उन सज्जन के दर्शन की इच्छा प्रकट की। जब उक्त नोट बनाने वाले महाशय मुझे मिले तो बड़ी कौतूहलोत्पादक बातें की। मैंने कहा कि मैं स्थान तथा आर्थिक सहायता दूंगा नोट बनाओ। जिस प्रकार उन्होंने मुझसे कहा, मैंने सब प्रबन्ध कर दिया, किन्तु मैंने कह दिया था कि नोट बनाते समय मैं वहां उपस्थित रहूंगा। मुझे बताना कुछ मत, पर मैं नोट बनाने की रीति अवश्य देखना चाहता हूं। पहले पहल उन्होंने दस रुपये का नोट बनाने का निश्चय किया। मुझसे एक दस रुपये का नया साफ नोट मंगाया। नौ रुपये दवा खरीदने के बहाने से ले गये। रात्रि में नोट बनाने का प्रबन्ध हुआ। दो शीशे लाये। कुछ कागज भी लाये। दो-तीन शीशियों में कुछ दवाई थीं। दवाइयों को मिला एक प्लेट में सादे कागज पानी में भिगोये। मैं जो साफ, नोट लाया था उस पर

एक सादा कागज लगाकर दोनों को दूसरी दवा डालकर धोया। फिर सादे कागजों में लपेट एक पुड़िया-सी बनाई और अपने एक साथी को दी कि उसे आग पर गरम कर लावे। आग वहां से कुछ दूर पर जलती थी। कुछ समय तक वह आग पर गरम करता रहा और पुड़िया खोलकर दोनों शीशों में दवा में धोया और फीते से शीशों को बांधकर रख दिया और कहा कि दो घण्टे में नोट बन जावेगा। शीशे रख दिये। बात-चीत होने लगी। कहने लगा इस प्रयोग में बड़ा व्यय होता है। छोटे-छोटे नोट बनाने से कोई लाभ नहीं। बड़े नोट बनाना चाहिए। जिसमें पर्याप्त धन की प्राप्ति हो। इस प्रकार मुझे भी सिखा देने का वचन दिया। मुझे कुछ कार्य था। मैं जाने लगा तो वह भी चला गया। दो घण्टे बाद आने का निश्चय हुआ।

मैं विचारने लगा कि किस प्रकार एक नोट के ऊपर दूसरा सादा कागज रखने से नोट बन जावेगा। मैंने प्रेस का काम सीखा था। थोड़ी-बहुत फोटोग्राफी भी जानता था। साइंस (विज्ञान) का भी अध्ययन किया था। कुछ समझ में न आया कि नोट सीधा कैसे छपेगा। सबसे बड़ी बात यह थी कि नम्बर कैसे छपेंगे। मुझे बड़ा भारी सन्देह हुआ। दो घण्टे बाद मैं जब गया तो रिवाल्वर भर कर जेब में डालते गया। यथा समय वह महाशय आये। उन्होंने शीशे खोल वह कागज निकालकर उन्हें फिर एक दवा में धोया। अब दोनों कागज खोले। एक मेरा लाया हुआ नोट और दूसरा और एक दस रुपये का साफ नोट उसी के ऊपर से उतार कर सुखाया। कहा कितना साफ नोट है। मैंने हाथ में लेकर देखा। दोनों नोटों के नम्बर मिलाये। नम्बर नितान्त भिन्न थे। मैंने जेब से रिवाल्वर निकाल नोट बनाने वाले महाशय की छाती पर रखकर कहा 'बदमाश ! इस तरह ठगता फिरता है ?' वह कांप कर गिर पड़ा। मैंने उसको उसकी मूर्खता समझाई कि यह ढोंग ग्रामवासियों के सामने चल सकता है, अनजान पढ़े-लिखे भी धोखे में आ सकते हैं। किन्तु तू मुझे धोखा देने आया है ? अन्त में मैंने उससे प्रतिज्ञा-पत्र लिखाकर, उस पर उसके हाथ की दसों अंगुलियों के निशान लगवाये कि वह ऐसा काम फिर न करेगा। दसों अंगुलियों के निशान देने से उसने कुछ ढील की। मैंने रिवाल्वर उठाया कि गोली चलती है, उसने तुरन्त दसों अंगुलियों के निशान बना दिये। बुरी तरह कांप रहा था। मेरे उन्नीस रुपये खर्च हो चुके थे। मैंने दोनों नोट रख लिये और शीशे, दवायें इत्यादि सब छीन लीं कि मित्रों को तमाशा दिखाऊंगा। तत्पश्चात् उन महाशय को विदा किया। उसने किया यह था कि जब अपने साथी को आग पर गरम करने के लिए कागज की पुड़िया दी थी, उसी समय वह साथी सादे कागज की पुड़िया बदल कर दूसरी पुड़िया ले आया जिसमें दोनों नोट थे। इस प्रकार नोट बन गया। इस प्रकार का एक बड़ा भारी दल है जो सारे भारतवर्ष में ठगी का काम करके हजारों रुपये पैदा करता है। मैं एक सज्जन को जानता हूं

जिन्होंने इसी प्रकार पचास हजार से अधिक रुपये पैदा कर लिए हैं। होता यह है कि ये लोग अपने एजेण्ट रखते हैं। वे एजेण्ट साधारण पुरुषों के पास जाकर नोट बनाने की कथा कहते हैं। आता धन किसे बुरा लगता है। वे नोट बनवाते हैं। इस प्रकार पहले दस का नोट बनाकर दे दिया, वह बाजार में बेच आये। सौ रुपये का बनाकर दिया वह भी बाजार में चलाया, और चल क्यों न जावे ? इस प्रकार के सब नोट असली होते हैं। वे तो केवल चाल से रख दिये जाते हैं। इसके बाद कहा कि हजार या पांच सौ का नोट लाओ, जो कुछ भी धन मिले। जैसे-तैसे करके बेचारा एक हजार का नोट लाया। सादा कागज रखकर शीशे में बांध दिया। हजार का नोट जेब में रखा और अपना रास्ता लिया। नोट के मालिक रास्ता देखते हैं वहां नोट बनाने वालों का पता नहीं। अन्त में विवश हो शीशों को खोला जाता हैं तो दो सादे कागज के अलावा कुछ नहीं मिलता। वे अपने सिर पर हाथ मारकर रह जाते हैं। इस डर से कि यदि पुलिस को मालूम हो गया तो और लेने के देने पड़ जायेंगे, किसी से कुछ कहा भी नहीं जा सकता। कलेजा मसोस कर रह जाते हैं। पुलिस ने इस प्रकार के कुछ अभियुक्तों को गिरफ्तार भी किया, किन्तु ये लोग पुलिस को नियमपूर्वक चौथ देते हैं, और इस कारण बचे रहते हैं।

चालबाजी

कई महानुभावों ने गुप्त समिति के नियमादि बनाकर मुझे दिखाए। उनमें एक नियम यह भी था कि जो व्यक्ति समिति का कार्य करें, उन्हें समिति की ओर से कुछ मासिक दिया जावे, मैंने इस नियम को अनिवार्य रूप से मानना अस्वीकार किया। मैं यहां तक सहमत था कि जो व्यक्ति सर्व प्रकारेण समिति के कार्य में अपना समय व्यतीत करें, उनको केवल गुजारा मात्र समिति की ओर से दिया जा सकता है। जो लोग किसी व्यवसाय को करते हैं, उन्हें किसी प्रकार का मासिक देना उचित न होगा। जिन्हें समिति के कोष में से कुछ दिया जावे, उनको भी कुछ व्यवसाय करने का प्रबन्ध करना उचित है। ताकि वे लोग सर्वथा समिति की सहायता पर निर्भर रहकर निरे भाड़े के टट्टू न बन जावें। भाड़े के टट्टुओं से समिति का कार्य लेना जिसमें कतिपय मनुष्यों के प्राणों का उत्तरदायित्व हो और थोड़ा-सा भेद खुलने से ही बड़ा भयंकर परिणाम हो सकता हो उचित नहीं हैं। तत्पश्चात् उन महानुभावों की सम्मति हुई कि एक तिश्चित कोष समिति के सदस्यों के देने के निमित्त स्थापित किया जाए। जिसका और ब्योरा इस प्रकार हो कि डकैतियों से जितना धन प्राप्त हो उसका आधा समिति के कार्यों में व्यय किया जावे। इस प्रकार के परामर्श से मैं सहमत न हीं सका। और मैंने इस प्रकार

की गुप्त समिति में योग देने ये इन्कार कर दिया। जब मेरी इस प्रकार की दृष्टि देखी तो उन महानुभावों ने आपस में षड्यंत्र रचा।

जब मैंने उन महानुभावों के परामर्श तथा नियमादि को स्वीकार न किया तो वे चुपचाप हो गए। मैं भी कुछ समझ न सका कि जो लोग मुझमें इतनी श्रद्धा रखते थे, जिन्होंने कई प्रकार की आशाएं बांधकर मुझसे क्रांतिकारी दल का पुनर्संगठन करने की प्रार्थनाएं की थीं, सब कार्य स्वयं करने के वचन दिए थे, वे लोग ही मुझ पर इस प्रकार के नियम बनाने की सम्मति मांगने लगे। मुझे बड़ा आश्चर्य हुआ।

प्रथम प्रयत्न में जिस समय मैं मैनपुरी के षड्यंत्र के सदस्यों के सहित कार्य करता था, उस समय हम में से कोई भी अपने व्यक्तिगत प्राइवेट खर्च में समिति का धन व्यय करना पूर्ण पाप समझता था। जहां तक हो सकता अपने खर्च में से माता-पिता से कुछ लाकर प्रत्येक सदस्य समिति के कार्यों में धन व्यय करता था, इस कारण मेरा साहस इस प्रकार के नियमों में सहमत न होने का न हो सका। मैंने विचार किया कि यदि समय आया और किसी प्रकार अधिक धन प्राप्त हुआ तो कुछ ऐसे स्वार्थी सदस्य हो सकते हैं, जो अधिक धन लेने की इच्छा करें और आपस में वैमनस्य बढ़े। परिणाम बड़े भयंकर हो सकते हैं। अतः इस प्रकार के कार्य में योग देना उचित न समझा।

मेरी यह अवस्था देखकर इन लोगों ने आपस में षड्यंत्र रचा कि जिस प्रकार मैं कहूं वे नियम स्वीकार कर लें, और विश्वास दिलाकर जितने अस्त्र-शस्त्र मेरे पास थे, उनको मुझसे लेकर सब पर अपना आधिपत्य जमा लें। यदि मैं अस्त्र मांगू तो मुझसे युद्ध किया जावे, और आ पड़े तो मुझे कहीं ले जाकर जान से मार दिया जावे। तीन सज्जनों ने इस प्रकार का षड्यंत्र रचा और मुझसे चालबाजी करनी चाही। दैवात् उनमें से एक सदस्य के मन में कुछ दया आई। उसने आकर मुझसे सब भेद कह दिया। मुझे सुनकर बड़ा खेद हुआ कि जिन व्यक्तियों को मैं पिता के तुल्य मानकर श्रद्धा करता हूं, वही मेरे नाश करने का इस प्रकार नीचता का कार्य करने को उद्यत हैं। मैं संभल गया। मैं उन लोगों से सतर्क रहने लगा कि पुनः प्रयाग की सी घटना न घटे। जिन महाशय ने मुझसे कहा था, उनकी उत्कट इच्छा थी कि वे एक रिवाल्वर रखें। और इस इच्छा पूर्ति के लिए, उन्होंने विश्वासपात्र बनने के कारण मुझसे भेद कहा। मुझसे एक रिवाल्वर मांगा कि मैं उन्हें कुछ समय के लिए रिवाल्वर दे दूं। यदि मैं उन्हें रिवाल्वर दे दूं तो वह उसे हजम कर जावें। मैं कर ही क्या सकता था और अब रिवाल्वर इत्यादि पाना कोई सरल काम न था। बाद में बड़ी कठिनता से इन चालबाजियों से अपना पीछा छुड़ाया।

अब सब ओर से चित्त को हटाकर बड़े मनोयोग से नौकरी में समय

व्यतीत करने लगा। कुछ रुपया इकट्ठा करने के विचार से कुछ कमीशन इत्यादि का प्रबन्ध कर लेता था। इस प्रकार थोड़ा-सा पिता जी का भार बटाया। सबसे छोटी बहन का विवाह नहीं हुआ था। पिता जी के सामर्थ्य के बाहर था कि उस बहन का विवाह किसी भले घर में कर सकते। मैंने रुपया जमा करके बहन का विवाह एक अच्छे जमींदार के यहां कर दिया। पिता जी का भार उतर गया। अब केवल माता-पिता दादी तथा छोटे भाई थे जिनके भोजनों का प्रबन्ध होना अधिक कठिन व्यापार न था। अब माता की उत्कट इच्छा हुई कि मैं भी विवाह कर लूं। कई अच्छे-अच्छे विवाह सम्बन्ध के सुयोग एकत्रित हुए; किन्तु मैं विचारता था कि जब तक धन प्राप्त न हो, विवाह बन्धन में बंधना ठीक नहीं। मैंने स्वतंत्र कार्य आरम्भ किया, नौकरी छोड़ दी। एक मित्र ने सहायता दी। मैंने एक निजी रेशमी कपड़ा बुनने का कारखाना खोल दिया। बड़े मनोयोग तथा परिश्रम से कार्य किया। परमात्मा की दया से अच्छी सफलता हुई। एक-डेढ़ साल में ही कारखाना चमक गया। तीन चार हजार की पूंजी से कार्य आरम्भ किया था। एक साल बाद सब खर्च निकालकर लगभग दो हजार रुपये लाभ हुआ। मेरा उत्साह और भी बढ़ा। मैंने एक दो व्यवसाय और आरम्भ किए। उसी समय मालूम हुआ कि संयुक्त प्रांत के क्रांतिकारी दल का पुनर्संगठन हो रहा है। कार्य आरम्भ हो गया है। मैंने भी योग देने का वचन दिया। किन्तु उस समय मैं अपने व्यवसाय में बुरी तरह फंसा हुआ था। मैंने छः मास का समय लिय. कि छः मास में मैं अपने व्यवसाय को अपने साझी को सौंप दूंगा और अपने आपको उसमें से निकाल लूंगा, तब स्वतन्त्रतापूर्वक क्रान्तिकारी कार्य में योग दे सकूंगा। छः मास तक मैंने अपने कारखाने का सब काम अपने साझी को समझा दिया। तत्पश्चात् अपने वचनानुसार कार्य में योग देने का उद्योग किया।

चतुर्थ खण्ड

बृहत् संगठन

यद्यपि मैं अपना निश्चय कर चुका था, कि अब इस प्रकार के कार्यों में कोई भाग न लूंगा किंतु मुझे पुनः क्रांतिकारी आंदोलन में हाथ डालना पड़ा। जिसका कारण यह था कि मेरी तृष्णा न बुझी थी, मेरे दिल के अरमान न निकले थे। असहयोग आंदोलन शिथिल हो चुका था। पूर्ण आशा थी कि जितने देश के नवयुवक उस आंदोलन में भाग लेते थे, उनमें से अधिकतर क्रांतिकारी आंदोलन में सहायता देंगे। पूर्ण प्रीति से कार्य आरम्भ हो गया और असहयोगियों को टटोला तो वे आंदोलन से कहीं अधिक शिक्षित हो चुके थे। उनकी आशाओं पर पानी फिर चुका था। घर की पूंजी समाप्त हो चुकी थी। घर में क्षत हो रहे थे। आगे को भी कोई आशा न थी। कांग्रेस में भी स्वराज्य दल का जोर हो गया था। जिनके पास कुछ धन तथा इष्ट मित्रों का संगठन था, वे कौंसिल तथा असेम्बली के सदस्य बन गये थे। ऐसी अवस्था में यदि क्रांतिकारी संगठन कर्त्ताओं के पास पर्याप्त धन होता तो वे असहयोगियों को हाथ में लेकर उनसे काम ले सकते थे। कितना भी सच्चा काम करने वाला हो, किन्तु पेट तो सबके हैं। दिन भर में थोड़ा-सा अन्न क्षुधा-निवृत्ति के लिए मिलना परमावश्यक है। फिर शरीर ढंकने की भी आवश्यकता होती है। अतएव कुछ प्रबंध ही ऐसा होना चाहिए जो नित्य की आवश्यकताएं पूरी हो जावें। जितने धनी मानी स्वदेश प्रेमी थे उन्होंने असहयोग आंदोलन में पूर्ण सहायता दी थी। फिर भी कुछ ऐसे कृपालु सज्जन थे जो थोड़ी बहुत आर्थिक सहायता हमें देते; किंतु प्रांत भर के प्रत्येक जिले में संगठन करने का विचार था। पुलिस की दृष्टि बचाने के लिए भी पूर्ण प्रयत्न करना पड़ता था। ऐसी परिस्थिति में साधारण नियमों को काम में लाते हुए, कार्य करना बड़ा कठिन था। अनेकों उद्योग के पश्चात् कुछ सफलता न होती थी। दो बार जिलों में संगठनकर्त्ता नियुक्त किये गये थे, जिनको कुछ मासिक गुजारा दिया जाता था। पांच दस मास तक तो इस प्रकार कार्य चलता रहा। बाद को जो सहायक कुछ आर्थिक सहायता देते थे, उन्होंने हाथ खींच लिया।

अब हम लोगों की अवस्था बहुत खराब हो गई। सब कार्यभार मेरे ऊपर ही आ चुका था। कोई भी किसी प्रकार की सहायता देता न था। जहां-तहां से पृथक्-पृथक् जिलों में कार्य करने वाले मासिक व्यय की मांग कर रहे थे। कई मेरे पास आये। मैंने कुछ रुपया कर्ज लेकर उन लोगों को एक मास का खर्च दिया। कुछ पर कर्ज भी हो चुका था। मैं कर्ज न निपटा सका। एक केन्द्र के कार्यकर्त्ता को जब पर्याप्त धन न मिल सका, तो वे धैर्य छोड़कर चले गये। मेरे पास क्या प्रबंध था, जो मैं सबकी उदरपूर्ति कर सकता? अद्भुत समस्या थी। किसी तरह उन लोगों को समझाया।

थोड़े दिनों में क्रांतिकारी पर्चे आये। सारे देश में निश्चित तिथि पर पर्चे बांटे गये। रंगून, बम्बई, लाहौर, अमृतसर, कलकत्ता तथा बंगाल के मुख्य-मुख्य शहरों और युक्त प्रान्त के सभी मुख्य-मुख्य जिलों में पर्याप्त संख्या में पर्चों का वितरण हुआ। भारत सरकार बड़ी सशंक हुई कि इतनी बड़ी सुसंगठित समिति है जो एक ही दिन सकल भारतवर्ष में पर्चे बांटे गए। उसी के बाद मैंने कार्यकारिणी की एक बैठक करके जो केन्द्र खाली हो गया था, उसके लिए एक महाशय को नियुक्त किया। केन्द्रों में कुछ परिवर्तन भी हुआ, क्योंकि सरकार के पास संयुक्त प्रांत के सम्बन्ध में बहुत-सी सूचनाएं पहुंच गई थीं। भविष्य की कार्य प्रणाली का निर्णय किया गया।

कार्यकर्ताओं की दुर्दशा

इस समय समिति के सदस्यों की बड़ी दुर्दशा थी। चने मिलना भी कठिन था। सब पर कुछ न कुछ कर्ज हो गया था। किसी के पास साबित कपड़े तक न थे। कुछ विद्यार्थी बनकर धर्मक्षेत्रों तक में भोजन कर आते थे। चार पांच ने अपने-अपने केन्द्र त्याग दिये थे। पांच सौ से अधिक रुपये मैं कर्ज लेकर व्यय कर चुका था। यह दुर्दशा देख मुझे बड़ा कष्ट होने लगा। मुझसे भी भरपेट भोजन नहीं किया जाता था। सहायता के लिए कुछ सहानुभूति रखने वालों का द्वार खटखटाया, किन्तु कोरा उत्तर मिला। किंकर्तव्यविमूढ़ कुछ समझ में न आता था। कोमल हृदय नवयुवक मेरे चारों ओर बैठ कर कहा करते :

पण्डित जी अब क्या करें? मैं उनके सूखे-सूखे मुख देखकर बहुधा रो पड़ता कि स्वदेश सेवा व्रत लेने के कारण इनकी फकीरों से भी बुरी दशा हो रही है। एक-एक कुर्त्ता तथा धोती भी ऐसी न थी जो साबित होती। लंगोट पहनकर दिन व्यतीत करते थे। अंगोछे पहन कर नहाते, एक समय क्षेत्र में भोजन करते थे, एक समय दो-दो पैसे के सत्तू खाते थे? मैं पन्द्रह वर्ष से एक समय दूध पीता था। इन

लोगों की दशा देखकर मुझे दूध पीने का साहस न होता था। मैं भी सबके साथ बैठकर सत्तू खा लेता था। मैंने विचार किया कि इतने नवयुवकों के जीवन को नष्ट करके उन्हें कहां भेजा जावे। जब समिति के सदस्य बनाया था, तो लोगों को बड़ी-बड़ी आशाएं बंधाई थीं। कुछ को पढ़ना लिखना छुड़ाकर काम में लगा दिया था। पहले से मुझे यह हालत मालूम होती तो मैं कदापि इस प्रकार की समिति में योग न देता। बुरा फंसा। क्या करूं कुछ समझ में ही न आता था। अन्त में धैर्य धारण कर दृढ़तापूर्वक कार्य करने का निश्चय किया।

इसी बीच बंगाल आर्डीनेन्स निकला और गिरफ्तारियां हुई। इनकी गिरफ्तारियों ने यहां तक असर डाला कि कार्यकर्ताओं में निष्क्रियता के भाव आ गये। क्या प्रबंध किया जाये कुछ निर्णय न कर सके। मैंने प्रयत्न किया कि कहीं से 100 रुपये महीने का प्रबंध किया जाय। बहुत कोशिश की, सबसे कहा-सुना पर कुछ न हुआ। अन्त में आर्थिक कठिनाइयों से हमारे काम में बड़ी रुकावट पड़ी, पर किया ही क्या जा सकता था। उसी हालत में काम चलाते रहे।

अशांत युवक दल

स्वभावानुसार कुछ महानुभाव, शान जमाना या अपने आपको बड़ा जताना कर्तव्य समझते हैं। यह बड़ा नुकसानकारक है। सीधे लोग ऐसे आदमियों को, असीम साहसी, योग्य और कार्य-कुशल मान कर श्रद्धा करते हैं। पर समय आने पर ऐसे लोग बिल्कुल बेकार हो जाते हैं और उन पर श्रद्धा रखने वालों के दिल में गहरी चोट लगती है। उनमें आदर्श प्राप्ति के प्रति भी कुछ अविश्वास-सा पैदा हो जाता है।

उपरोक्त प्रकृति और स्वभाव के लोग यदि अवसर वश कहीं किसी बड़े काम में हिस्सा लेकर सफल हो जाते हैं तब तो वे अपने आपको संसार में अद्वितीय होने की घोषणा करने लगतें हैं, और अनुभवहीन नवयुवक समाज बड़ी आसानी से इन के जाल में फंस जाता है। ऐसे ही लोग अपनी नेतागीरी के धुन में अपनी डेढ़ चावल की खिचड़ी अलग पकाना शुरू कर देते हैं। ऐसे ही लोग अलग-अलग दल बनाते हैं, हर समाज, जाति, दल या संस्था में आप ऐसे महानुभाव पायेंगे। क्रान्तिकारी दल पर भी इनकी कृपा थी।

नवयुवक स्वभाव से ही कुछ चंचल होते हैं। शान्त रह कर चुपचाप संगठन करना उनके लिए कुछ मुश्किल-सा होता है। दिल में उत्साह और उमंग होती है। सोचते हैं कुछ हथियार हाथ लग जायें बस फिर क्या! ब्रिटिश साम्राज्य का तख्ता उलट देंगे। जब पहले क्रांतिकारी भावना दिल में जगी थी तब मैं भी सोचता

था, एक रिवाल्वर हाथ लग जाय तो दस-बीस अंग्रेजों को उड़ा दूं। ऐसे भी भाव मैंने कई नवयुवकों में देखे। उनकी बड़ी इच्छा थी कि किसी प्रकार एक रिवाल्वर या पिस्तौल उन्हें मिल जाय तो वे उसे अपने पास रखें। पूछा भाई इससे क्या फायदा होगा ? कोई सन्तोषजनक उत्तर न दे सके। अनेकों युवकों ने अपने इस शौक को पूरा करने में सैंकड़ों रुपये फूंक दिये। किसी क्रान्तिकारी दल के सदस्य नहीं। कोई खास काम नहीं। घोड़े पर हाथ रखते उंगली और दिल दोनों दहल जाते हैं, पर शौकिया 70-75 रुपये में नया खरीद में आने वाला रिवाल्वर पुरानी हालत में 125-150 रुपये में खरीदकर पास रख रहे हैं। कुछ लोगों ने ऐसे नवजवानों के स्वभाव से फायदा उठाकर अपनी तिजारत शुरू कर दी। वे पुराना-धुराना कोई अस्त्र जिसकी कीमत मुश्किल से 40-50 रुपये होगी, ऐसे नवयुवकों के हाथ 150-175 रुपये में बेचते थे। उससे कहते यह चीज जब कुछ खराब हो या कारतूस न रहें तो हमें देना हम इसे ठीक कराके दे देंगे। और जहां उस बेचारे ने चीज इनके हाथ रख दी फिर कभी न तो उसे हथियार ही मिलता और न रुपये ही।

एक दूसरे प्रकार के धोखेबाज भी होते हैं। ये महानुभाव कुछ सिद्ध-साधकों का-सा एक गुट बना लेते हैं और भोले नवयुवकों के पास पहुंचकर कहते हैं, तुम क्रांतिकारी दल के सदस्य हो गये। संघ को एक हथियार तुम्हें खरीदकर देना होगा, पर हथियार दल की सम्पत्ति रहेगा तुम्हारी नहीं। विश्वास मानने वाला युवक किसी न किसी प्रकार रुपये लाकर देता है, उसे दस-पन्द्रह दिन के लिए रखने को एक पिस्तौल या रिवाल्वर मिलती है और फिर सब कुछ गायब। गुप्त संस्था में आपको न तो हिसाब मांगने का अधिकार होता है और न किसी चीज को जानने के लिए कुछ पूछने का। इस बात से, फायदा उठा कर बहुत से लोगों ने क्रांतिकारी दल के संगठन का नाम देकर अपना व्यापार जगह-जगह खोल दिया, और भविष्य में भी यह सब होता रहेगा इसलिए युवकों को बहुत ही सावधानी और बुद्धिमानी से चीजों को समझ कर कदम उठाना चाहिए।

एक बड़े ही सच्चे, सच्चरित्र और स्वदेशाभिमानी सज्जन ने कुछ नवयुवकों का एक छोटा-सा दल संगठित कर रखा था। इस दल ने विदेश से हथियार मंगाने का एक अच्छा जरिया पैदा कर लिया था; इस जरिये से मनचाही तादाद और ढंग के हथियार साधारण दामों पर और वह भी एकदम नये हमें मिल जाने लगे। तय हुआ कि ठीक समय पर हम कीमत चुका देंगे तो हमें जितनी तादाद और जिस किस्म के हथियारों की जरूरत होगी हमें उधार मिल जाया करेंगे।

संघ की आर्थिक हालत इस समय बहुत ही खराब थी। हम हाथ आई इस सुविधा से फायदा उठाना चाहते थे पर रुपये का इन्तजाम करना जरूरी था। दान और कर्ज हमें कोई देता न था, डकैती ही एक रास्ता रह गया। पर व्यक्तिगत

सम्पत्ति लूटना उचित न जंचा। सोचा सरकारी रुपया क्यों न लूटा जाय ? एक दिन आठ नम्बर पेसेंजर द्वारा शाहजहांपुर से लखनऊ जा रहा था। मैं गार्ड के बगल के डिब्बे सें बैठा था। गाड़ी एक स्टेशन पर रुकी। स्टेशन मास्टर एक थैली लाया और गार्ड के डिब्बे में डालकर चला गया। कुछ खटपट की आवाज हुई। अगले स्टेशन पर गाड़ी से उतर कर मैं गार्ड के डिब्बे के सामने खड़ा हो गया। यहां भी स्टेशन मास्टर आये, गार्ड को थैली दी। देखा गार्ड ने उस थैली को पास में रखे हुए एक लोहे के सन्दूक में डाल दिया। लखनऊ पहुंचने पर कुलियों ने इस सन्दूक को गाड़ी से उतारा, उस वक्त मालूम हुआ कि सन्दूक जंजीर वगैरह से बंधा नहीं रहता। उसी वक्त दिल में आया कि रुपये की समस्या हल करने के लिए क्यों न इसी रुपये पर हाथ साफ किया जाए।

रेल डकैती

इसी समय में एक धुन-सी सवार हो गई। कुछ लोगों को बुलाकर सलाह की। टाइम टेबिल से समय ठीक किया। सोचा गाड़ी सहारनपुर से लखनऊ तक की सारी आदमनी लाती है, 10 हजार रुपये से क्या कम आते होंगे !

दस नवयुवकों को लेकर विचार किया कि जब गाड़ी किसी छोटे स्टेशन पर खड़ी हो तो स्टेशन के तार घर पर कब्जा करके, गाड़ी पर हमला कर सन्दूक उतार कर तोड़ डाला जाय और जो कुछ हाथ लगे उसे लेकर हम लोग चल दें। ढंग कुछ जंचा नहीं, ज्यादा आदमियों की इसमें जरूरत थी। तय हुआ एक खास जगह पर जंजीर खींच कर गाड़ी को खड़ी करके लूट लिया जाए। जंजीर दूसरे दर्जे से खींची जाए क्योंकि तीसरे दर्जे में बड़ी भीड़ होती है और जंजीर खींचने में कुछ असुविधा हो सकती है।

जो गाड़ी लूटी गई, हम सब उसी पर सवार थे। गाड़ी खड़ी होने पर सब लोग उतर कर पहले से निश्चित अपने-अपने काम पर पहुंच गये। कुछ लोगों ने जाकर ब्रेकवान से लोहे के सन्दूक को उतार कर छेनियों से काटना चाहा, छेनियों ने काम न दिया, तब कुल्हाड़ा चला।

मुसाफिरों से कह दिया गया सब लोग गाड़ी में चढ़ खिड़कियां बन्द कर लें। गार्ड को जमीन पर लेटे रहने का हुक्म दिया। दो-दो आदमियों को नियुक्त किया कि वे लाइन की पगडंडी को छोड़कर घास पर खड़े हो, गाड़ी से हटे हुए गोली चलाते रहें। हमारे एक साथी गार्ड के डिब्बे से उतरे, हाथ में एक माउजर पिस्तौल था। उन्होंने सोचा, न जाने कब फिर ऐसा मौका हाथ लगे। माउजर पिस्तौल कब चलाने को मिलेगा ? उमंग जो आई लगे सीधा करके दागने। मैंने जो देखा तो

डांटा। उनका काम गोली चलाने का न था और अगर कुतूहल वश कोई मुसाफिर खिड़की से सर निकाल बाहर झांक रहा हो तो इस तरह से चलाई गई गोली के उसे लग जाने का खतरा था। हुआ भी कुछ ऐसा ही मालूम होता है कि जो व्यक्ति रेल से उतर कर अपनी स्त्री के पास जा रहे थे, मेरी राय में वे इसी गोली के शिकार हो गये। कारण जिस समय इन महाशय ने सन्दूक को ढकेलने के बाद नीचे उतर कर गोली चलाई थी। उससे पहले जिनकी ड्यूटी गोली चलाने की थी उन्होंने केवल दो या तीन फायर किये थे। रेल के तमाम उतरे हुए मुसाफिर इस समय तक अपने-अपने डिब्बों में घुस गए थे। अनुमान होता है ऐसे ही समय स्त्री ने कुछ कोलाहल किया होगा। जिसे सुनकर मरने वाले साहब अपनी स्त्री को सांत्वना देने अपने डिब्बे से उतर कर स्त्री की ओर जाने लगे और अभाग्य वश इन महाशय की उमंग की शिकार बन बैठे।

मैंने प्रबन्ध किया था कि जब तक कोई हथियारों से हमारा सामना न करे उस समय तक किसी आदमी पर भी गोली न चलाई जाए। नर हत्या करके मैं इस घटना को और भीषण नहीं बनाना चाहता था और आज्ञा न मानकर गोली चलाने का ही यह भीषण परिणाम हुआ। जिनकी ड्यूटी गोली चलाने की थी वे दक्ष और अनुभवी थे। उनसे भूल होना असम्भव है। मैंने देखा कि वे अपनी जगह से हर पांच मिनट बाद निश्चित ढंग से ही फायर करते रहे यही मेरा आदेश था।

सन्दूक से निकालकर तीन गठरियों में थैलियां बांधीं। सबसे कई बार कहा, "देखो कोई सामान रह न जाय।" इस पर भी एक महाशय अपनी चद्दर डाल ही आए। रास्ते में थैलियों से रुपया निकालकर गठरी बांधी और सीधे लखनऊ जा पहुंचे। किसी ने न पूछा कि कौन हो? कहां से आए हो? दस आदमियों ने एक ऐसी गाड़ी को रोक कर लूट लिया जिसमें 14 आदमियों के पास बंदूक और राइफलें थीं और दो सशस्त्र अंग्रेज फौजी अफसर भी सवार थे। घटना के समय गाड़ी के इंजीनियर और ड्राइवर, दोनों अंग्रेज महाशयों का बुरा हाल था। ड्राइवर महोदय बेंच के नीचे जा घुसे और इंजीनियर साहब पाखाने में। हमने पहले ही कह दिया था, मुसाफिरों से कुछ न बोलेंगे, शायद इसी से सब मुसाफिर अपनी जगह चुपचाप बैठे रहे। केवल दस आदमियों ने इतनी बड़ी घटना को कर डाला। साधारणतया इस बात पर विश्वास करने में बहुत से लोग झिझकेंगे, पर सही बात इतनी ही थी। और इन दस युवकों में ज्यादातर तो ऐसे थे जिनकी उम्र 22 वर्ष से नीचे और शरीर भी कुछ हृष्ट पुष्ट न थे। इस सफलता से हमारा साहस बढ़ गया। मेरा अनुमान सही निकला। पुलिस वालों की वीरता का पता चल गया। भविष्य के लिए आशा बंधी, नवयुवकों को अपने ऊपर भरोसा हुआ।

घटना के बाद संघ का सारा कर्जा चुका दिया गया। लगभग एक हजार रुपया हथियारों की खरीद के लिए भेज दिया गया। सब सेन्टर के आदमियों को

ठीक तौर से भेजने के बाद निश्चय हुआ कि जिस सूबे में संघ का कोई संगठन नहीं है वहां संगठन को कायम करने की कोशिश की जाय। एक युवक दल ने बम बनाने का प्रबंध किया, मुझसे सहायता चाही, मैंने सहायता देना स्वीकार कर लिया। पर कुछ गलतियों से सारा दल ही अस्त-व्यस्त हो गया।

गिरफ्तारी

काकोरी डकैती के बाद से ही पुलिस बहुत सचेत हो गई। जोरों से जांच होने लगी। शाहजहांपुर में कुछ नई सूरतें नजर आईं। चारों ओर शहर में रेल डकैती करने वालों की चर्चा हो रही थी। इन्हीं दिनों शाहजहांपुर में डकैती के दो एक नोट निकल आये। पुलिस ने अपनी खोज और सख्ती से करना शुरू की। कुछ मित्रों ने मुझसे सतर्क रहने को कहा। दो एक ने तो कहा कि इस मामले में तुम्हारी गिरफ्तारी जरूर ही होगी। मेरी समझ में न आया। मैंने सोचा गिरफ्तार करने पर भी पुलिस को मेरे खिलाफ कोई सबूत न मिल सकेगा। जरूरत से ज्यादा मैंने अपनी बुद्धिमानी पर विश्वास किया। मैंने किसी के कहने की कोई चिन्ता न की।

25 सितम्बर की रात को लगभग 11 बजे एक मित्र के यहां से मैं अपने घर लौटा। रास्ते में खुफिया पुलिस के सिपाही कुछ दूर से निगरानी रखते हुए मुझे नजर आये। मैंने फिर भी कोई चिन्ता न की। घर पहुंचकर बेफिक्री से सो गया। सवेरे चार बजे उठकर प्रातः क्रिया से निपट मेहनत करने जा रहा था कि बाहर दरवाजे पर बन्दूक के कुन्दों का शब्द सुनाई दिया। समझ गया कि पुलिस आ गई हैं। जाकर दरवाजा खोल दिया, फौरन एक पुलिस अफसर ने बढ़कर मेरा हाथ पकड़ लिया। मैं गिरफ्तार हो गया। इस समय मैं केवल एक अंगोछा पहने हुए था। इसलिए पुलिस वालों को मुझसे कोई भय न हुआ। अफसर ने कहा यदि घर में कोई अस्त्र हो तो दे दो मैंने कहा घर में कोई आपत्तिजनक चीज नहीं है। उन्होंने बड़ी सज्जनता का बर्ताव किया। मेरे हाथों में हथकड़ी, रस्सी कुछ न लगाईं। तलाशी लेते समय पुलिस को एक पत्र मेरी जेब से हाथ लगा। कुछ होनहार ही था कल मैंने दोपहर में चार पत्र लिखे थे। डालने गया तो डाक निकल चुकी थी। सोचा सवेरे डाल दूंगा। जैसे बम्बे में पड़े रहेंगे वैसे मेरी जेब में पड़े हैं। उन पत्रों को वापस घर ले आया। उन्हीं में एक पत्र आपत्तिजनक था, जो पुलिस के हाथ लग गया। गिरफ्तार होकर पुलिस कोतवाली पहुंचा। वहां पर एक खुफिया पुलिस के अफसर से भेंट हुई। उस समय उन्होंने कुछ ऐसी बातें कीं जिन्हें मैं या एक व्यक्ति और जानता था। कोई तीसरा व्यक्ति इस प्रकार से

ब्योरावार नहीं जान सकता था। मुझे बड़ा आश्चर्य हुआ। किन्तु संदेह इस कारण न हो सका कि मैं दूसरे व्यक्ति के कार्यों पर अपने शरीर के समान ही विश्वास रखता था। शाहजहांपुर में जिन-जिन व्यक्तियों की गिरफ्तारी हुई, वह भी बड़ी आश्चर्यजनक प्रतीत होती थी, जिन पर कोई सन्देह भी न करता था, पुलिस उन्हें कैसे जान गई ? दूसरे स्थानों पर क्या हुआ, कुछ भी न मालूम हो सका। जेल पहुंच जाने पर मैं थोड़ा बहुत अनुमान कर सका, कि सम्भवतः दूसरे स्थानों सें भी गिरफ्तारियां हुई होंगी। गिरफ्तारियों के समाचार सुन शहर के सभी मित्र भयभीत हो गये। किसी से इतना भी न हो सका कि जेल में हम लोगों के पास समाचार भेजने का प्रबन्ध कर देता।

जेल

जेल में पहुंचते ही खुफिया पुलिस वालों ने प्रबन्ध कराया कि हम सब एक दूसरे से अलग रखे गये, किन्तु फिर भी एक दूसरे से बातचीत हो जाती थी। यदि साधारण कैदियों के साथ रखते तब तो बातचीत का पूर्ण प्रबन्ध हो जाता, इस कारण से सबको अलग-अलग तनहाई की कोठरियों में बन्द किया। यही प्रबन्ध दूसरे जिले की जेलों में भी किया गया था जहां-जहां पर इस सम्बन्ध में गिरफ्तारियां हुई थीं। अलग-अलग रखने से पुलिस को यह सुविधा होती है कि प्रत्येक से पृथक-पृथक मिलकर बातचीत करते हैं। कुछ भय दिखाते हैं, कुछ इधर-उधर की बातें करके भेद जानने का प्रयत्न करते हैं। अनुभवी लोग तो पुलिस वालों से मिलने से इन्कार ही कर देते हैं क्योंकि उनसे मिलकर हानि के अतिरिक्त लाभ कुछ नहीं होता। कुछ व्यक्ति ऐसे होते हैं जो समाचार जानने के लिए कुछ बातचीत करते हैं। पुलिस वालों से मिलना ही क्या है वे तो चालबाजी से बात निकालने की रोटी ही खाते हैं। उनका जीवन इसी प्रकार की बातों में व्यतीत होता है। नवयुवक दुनियादारी क्या जानें, न वे इस प्रकार की बातें बना सकते हैं।

जब किसी प्रकार कुछ समाचार ही न मिलते तब तो बहुत जी घबराता। यही पता नहीं चलता कि पुलिस क्या कर रही है, भाग्य का क्या निर्णय होगा। जितना समय व्यतीत होता जाता था उतनी ही चिन्ता बढ़ती जाती थी। जेल अधिकारियों से मिलकर पुलिस यह भी प्रबन्ध करा देती है कि मुलाकात करने वालों से घर के सम्बन्ध में बातचीत करें, मुकदमे के सम्बन्ध में कोई बातचीत न करें। सुविधा के लिए सबसे प्रथम यह परमावश्यक है कि एक विश्वासपात्र वकील किया जावे जो यथासमय आकर बातचीत कर सके। वकील के लिए किसी प्रकार की रुकावट नहीं हो सकती। वकील के साथ जो अभियुक्त की बातें होती

हैं, उनको कोई दूसरा नहीं सुन सकता। क्योंकि इस प्रकार का कानून है। इस प्रकार का अनुभव बाद में हुआ, गिरफ्तारी के बाद शाहजहांपुर के वकीलों से मिलना भी चाहा, किन्तु शाहजहांपुर में ऐसे दब्बू वकील रहते हैं जो सरकार के विरुद्ध मुकदमे में सहायता देने में हिचकते हैं।

मुझसे खुफिया पुलिस के कप्तान साहब मिले। थोड़ी-सी बातें करके अपनी इच्छा प्रकट की कि मुझे सरकारी गवाह बनाने की इच्छा रखते हैं। थोड़े दिनों में एक मित्र ने भयभीत होकर, कि कहीं वह भी न पकड़ा जावे, बनारसीलाल से भेंट की और समझा बुझाकर उसे सरकारी गवाह बना दिया। बनारसीलाल बहुत घबराता था कि कौन सहायता देगा, सजा जरूर हो जावेगी। यदि किसी वकील से मिल गया होता तो उसका धैर्य न टूटता। पं० हरकरणनाथ शाहजहांपुर आये, जिस समय वह अभियुक्त श्रीयुत प्रेमकृष्ण खन्ना से मिले, उस समय अभियुक्त ने पं० हरकरणनाथ से बहुत कुछ कहा कि वे दूसरे अभियुक्तों से मिल लें। यदि वह कहा मान जाते और मिल लेते तो बनारसीलाल को साहस हो जाता और वह डटा रहता। उसी रात्रि को पहले एक इन्स्पेक्टर पुलिस बनारसीलाल से मिले। फिर जब मैं सो गया तब बनारसीलाल को निकालकर ले गये। प्रातःकाल पांच बजे के करीब जब बनारसीलाल की कोठरी में से कुछ शब्द न सुनाई दिया, तो बनारसीलाल को पुकारा। पहरे पर जो कैदी था, उससे मालूम हुआ, बनारसीलाल बयान दे चुके। बनारसीलाल के सम्बन्ध में सब मित्रों ने कहा था कि इससे अवश्य धोखा होगा, पर मेरी बुद्धि में कुछ न समाया था। प्रत्येक जानकार ने बनारसीलाल के सम्बन्ध में यही भविष्यवाणी की थी कि वह आपत्ति पड़ने पर अटल न रह सकेगा। इस कारण सबने उसे किसी प्रकार के गुप्त कार्य में लेने की मनाही की थी। अब तो जो होना था सो हो ही गया।

थोड़े दिनों बाद जिला कलेक्टर मिले। कहने लगे फांसी हो जावेगी। बचना हो तो बयान दे दो। मैंने कुछ उत्तर न दिया। तत्पश्चात खुफिया पुलिस के कप्तान साहब मिले, बहुत-सी बातें कीं। कई कागज दिखलाये। मैंने कुछ-कुछ अन्दाजा लगाया कि कितनी दूर तक ये लोग पहुंच गये हैं। मैंने कुछ बातें बनाई ताकि पुलिस का ध्यान दूसरी ओर चला जावे, परन्तु उन्हें तो विश्वसनीय सूत्र हाथ लग चुका था, वे बनावटी बात पर क्यों विश्वास करते? अन्त में उन्होंने अपनी यह इच्छा प्रकट की कि यदि मैं बंगाल का सम्बन्ध बताकर कुछ संबध के विषय में अपना बयान दे दूं, तो वह मुझे थोड़ी-सी सजा करा देंगे। और सजा के थोड़े दिनों बाद ही जेल से निकाल कर इंगलैंड भेज देंगे। और पन्द्रह हजार रुपये पारितोषिक सरकार से दिला देंगे। मैं मन ही मन बहुत हंसता था। अन्त में एक दिन फिर मुझसे जेल में मिलने को गुप्तचर विभाग के कप्तान साहब आये। मैंने अपनी कोठरी में से निकलने से ही इन्कार कर दिया। वह कोठरी पर जाकर

बहुत-सी बातें करते रहे, अन्त में परेशान होकर चले गये।

शिनाख्तें कराई गई। पुलिस को जितने आदमी मिल सके उतने आदमी लेकर शिनाख्त कराई। भाग्यवश श्री अईनुद्दीन साहब मुकदमे के मजिस्ट्रेट मुकर्रर हुए, उन्होंने जी भर के पुलिस की मदद की। शिनाख्तों में अभियुक्तों को साधारण सुविधाएं न भी दीं। दिखाने के लिए कागजी कार्रवाई खूब साफ रखी। जबान के बड़े मीठे थे। प्रत्येक अभियुक्त से बड़े तपाक से मिलते थे। बड़ी मीठी-मीठी बातें करते थे। सब समझते कि हम से सहानुभूति रखते हैं। कोई न समझ सका कि अन्दर ही अन्दर घाव कर रहे हैं। इतना चालाक अफसर शायद ही कोई दूसरा हो। जब तक मुकदमा उनकी अदालत में रहा किसी को कोई शिकायत का मौका ही न दिया। अगर कभी कोई बात भी हो जाती तो ऐसे ढंग से उसे टालने की कोशिश करता कि किसी को बुरा ही न लगता। बहुधा ऐसा भी हुआ कि खुली अदालत में अभियुक्तों से क्षमा तक मांगने में संकोच न किया। किन्तु कागजी कार्रवाई में इतना होशियार था कि जो कुछ लिखा सदैव अभियुक्तों के विरुद्ध। जब मामला सेशन सुपुर्द किया और आज्ञापत्र में युक्तियां दीं, तब सबकी आंखें खुलीं कि कितना गहरा घाव मार दिया।

मुकदमा अदालत में न आया था, उसी समय रायबरेली में बनवारी लाल की गिरफ्तारी हुई। मुझे हाल मालूम हुआ। मैंने पं० हरकरणनाथ से कहा कि सब काम छोड़कर सीधे रायबरेली जावें और बनवारी लाल से मिलें, किन्तु उन्होंने मेरी बातों पर कुछ भी ध्यान न दिया। मुझे बनवारी लाल पर पहले से ही संदेह था, क्योंकि उसका रहन-सहन इस प्रकार का था कि जो ठीक न था। जब दूसरे सदस्यों के साथ रहता, तब उनसे कहा करता कि मैं जिला संगठनकर्ता हूं। मेरी गणना अधिकारियों में है। मेरी आज्ञा पालन किया करो। मेरे जूठे बर्तन मला करो। कुछ विलासिता प्रिय भी था। प्रत्येक समय शीशा कंघा तथा साबुन साथ रखता था। मुझे इससे भय था किन्तु हमारे दल के एक खास आदमी का वह विश्वासपात्र रह चुका था। उन्होंने सैकड़ों रुपये देकर उसकी सहायता की थी इसी कारण हम लोग भी अंत तक उसे मासिक सहायता देते रहे थे। मैंने बहुत कुछ हाथ पैर मारे। पर कुछ भी न चली और जिसका मैं भय करता था वही हुआ। भाड़े का टट्टू अधिक बोझ न संभाल सका, उसने बयान दे दिये। जब तक यह गिरफ्तार न हुआ था कुछ सदस्यों ने इसके पास जो अस्त्र थे वे मांगे। पर इसने न दिये। जिला अफसर की शान में रहा। गिरफ्तार होते ही सब शान मिट्टी में मिल गई। बनवारी लाल के बयान दे देने से पुलिस का मुकदमा मजबूती पकड़ गया। यदि वह अपना बयान न देता तो मुकदमा बहुत कमजोर था। सब लोग चारों ओर से एकत्रित करके लखनऊ जिला जेल में रखे गये। थोड़े समय तक

अलग-अलग रहे, किन्तु अदालत में मुकदमा आने से पहले ही एकत्रित कर दिये गये।

मुकदमे में रुपये की जरूरत थी। अभियुक्तों के पास क्या था ? उनके लिए धन संग्रह करना कितना दुस्तर था। जाने किस प्रकार निर्वाह करते थे। अधिकतर अभियुक्तों का कोई सम्बन्धी पैरवी भी न कर सकता था। जिस किसी के कोई था सो वह बाल बच्चों तथा घर को संभालता या इतने समय तक घरबार छोड़ कर मुकदमा करता। यदि चार अच्छे पैरवी करने वाले होते तो पुलिस का तीन चौथाई मुकदमा टूट जाता। लखनऊ ऐसे जनाने शहर में मुकदमा हुआ, जहां अदालत में कोई भी शहर का आदमी न आता था। इतना भी तो न हुआ कि अच्छा प्रेस रिपोर्टर ही रहता, जो मुकदमे की सारी कार्यवाही को, जो कुछ अदालत में होता था प्रेस में भेजता रहता। हां ! इण्डियन डेली टेलीग्राफ वालों ने कृपा की थी। यदि कभी कोई अच्छा रिपोर्टर आ भी गया और जो कुछ अदालत की कार्यवाही प्रकाशित हुई तो पुलिस वालों ने जजसाहब से मिलकर तुरन्त उस रिपोर्टर को निकलवा दिया। जनता की कोई सहानुभूति न थी। पुलिस के जो जी में आया करती रही। इन सारी बातों को देखकर जज का साहस बढ़ गया। उसने जैसा चाहा सब कुछ किया। अभियुक्त चिल्लाये, हाय ! हाय ! पर कुछ भी सुनवाई न हुई। और बातें तो दूर श्रीयुत दामोदरस्वरूप सेठ को पुलिस ने जेल में सड़ा डाला। लगभग एक वर्ष तक आप जेल में तड़पते रहे। एक सौ पौंड से केवल 66 पौंड वजन रह गया। कई बार जेल में मरणासन्न हो गये। नित्य बेहोशी आ जाती थी। लगभग दस मास तक कुछ भी भोजन न कर सके। जो कुछ छटांक दो छटांक दूध किसी प्रकार पेट में पहुंच जाता था, उससे इस प्रकार की विकट वेदना होती थी कि आपके पास खड़े होकर उस छटपटाने के दृश्य को देख न सकता था। एक मेडिकल बोर्ड बनाया गया, जिसमें तीन डाक्टर थे। उनकी कुछ समझ में न आया, तो कह दिया गया कि सेठजी को कोई बीमारी ही नहीं है।

एक बार विचार हुआ कि सरकार से समझौता कर लिया जावे। बैरिस्टर साहब ने खुफिया पुलिस के कप्तान से परामर्श आरम्भ किया। किन्तु यह सोचकर कि इससे क्रांतिकारी दल की निष्ठा न मिट जावे, यह विचार छोड़ दिया गया। युवक वृन्द की सम्मति हुई कि अनशन व्रत करके सरकार से हवालाती की हालत में ही मांगें पूरी करा ली जावें क्योंकि लम्बी-लम्बी सजाएं होंगी। संयुक्त प्रान्त के जेलों में साधारण कैदियों का भोजन खाते हुए सजा काट कर जेल से जिन्दा निकलना कोई सरल कार्य नहीं। जितने राजनैतिक कैदी षड्यन्त्रों के संबंध में सजा पाकर इस प्रान्त के जेलों में रखे गये उनमें से छः महात्माओं ने इस प्रान्त के जेलों के व्यवहार के कारण हीं जेलों में प्राण त्याग किये।

इस विचार के अनुसार काकोरी के लगभग सब हवालातियों ने अनशन व्रत आरम्भ कर दिया। दूसरे ही दिन सब पृथक् कर दिए गए। कुछ व्यक्ति डिस्ट्रिक्ट जेल में रखे गए, कुछ सेंट्रल जेल भेजे गए। अनशन करते पन्द्रह दिवस व्यतीत हो गए, सरकार के कान पर भी जूं न रेंगी। उधर सरकार का काफी नुकसान हो रहा था। जज साहब तथा दूसरे कचहरी के कार्यकर्ताओं को घर बैठे का वेतन देना पड़ता था। सरकार को स्वयं चिन्ता थी कि किसी प्रकार अनशन छूटे। जेल अधिकारियों ने पहले आठ आने रोज तय किए। मैंने उस समझौते को अस्वीकार कर दिया और बड़ी कठिनता से दस आने रोज पर ले आया। उस अनशन व्रत में पन्द्रह दिवस तक मैंने जल पीकर निर्वाह किया था। सोलहवें दिन नाक से दूध पिलाया गया था। श्रीयुत रोशनसिंह जी ने इसी प्रकार मेरा साथ दिया था। वे पन्द्रह दिन तक बराबर चलते-फिरते रहे थे। स्नानादि करके अपने नैमित्तिक कर्म भी कर लिया करते थे। दस दिन तक तो मेरे मुख को देखकर अनजान पुरुष यह अनुमान भी नहीं कर सकता था कि मैं अन्न नहीं खाता।

समझौते के जिन खुफिया पुलिस के अधिकारियों से मुख्य नेता महोदय का वार्तालाप बहुधा एकान्त में हुआ करता था, समझौते की बात खतम हो जाने पर भी आप उन लोगों से मिलते रहे। मैंने कुछ विशेष ध्यान न दिया। यदा-कदा दो एक बात से पता चलता कि समझौते के अतिरिक्त कुछ दूसरी भी बातें होती हैं। मैंने इच्छा प्रकट की कि मैं भी एक समय सी० आई० डी० के कप्तान से मिलूं, क्योंकि मुझसे पुलिस बहुत असन्तुष्ट थी। मुझे पुलिस से न मिलने दिया गया। परिणामस्वरूप सी० आई० डी० वाले मेरे पूरे दुश्मन हो गए। सब मेरे व्यवहार की ही शिकायत किया करते। पुलिस अधिकारियों से बातचीत करके मुख्य नेता महाशय को कुछ आशा बंध गई। आपका जेल से निकलने का उत्साह जाता रहा। जेल से निकलने के उद्योग में जो उत्साह था, वह बहुत ढीला ही गया। नवयुवकों की श्रद्धा को मुझसे हटाने के लिए अनेकों प्रकार की बातें की जाने लगीं। मुख्य नेता महोदय ने स्वयं कुछ कार्यकर्ताओं से मेरे सम्बन्ध में कहा कि ये कुछ रुपये खा गए। मैंने एक-एक पैसे का हिसाब रखा था। जैसे ही मैंने इस प्रकार की बातें सुनीं, मैंने कार्यकारिणी के सदस्यों के सामने रखकर हिसाब देना चाहा, और अपने विरुद्ध आक्षेप करने वाले को दण्ड देने का प्रस्ताव उपस्थित किया। अब तो बंगालियों का साहस न हुआ कि मुझसे हिसाब समझें। मेरे आचरण पर भी आक्षेप किए गए।

जिस दिन सफाई की बहस मैंने समाप्त की, सरकारी वकील ने उठकर मुक्त कण्ठ से मेरी बहस की प्रशंसा की कि सैकड़ों वकीलों से अच्छी बहस की। मैंने नमस्कार कर उत्तर दिया कि आपके -चरणों की कृपा है, क्योंकि इस मुकदमे के पहले मैंने किसी अदालत में समय न व्यतीत किया था, सरकारी तथा सफाई के

वकीलों की जिरह को सुनकर मैंने भी साहस किया था। इसके बाद सबसे पहले मुख्य नेता महाशय के विषय में सरकारी वकील ने बहस करना शुरू की। खूब ही आड़े हाथों लिया। अब तो मुख्य नेता महाशय का बुरा हाल था। क्योंकि उन्हें आशा थी कि सम्भव है सबूत की कमी से छूट जावें या अधिक-से-अधिक पांच या दस वर्ष की सजा हो जावे। आखिर चैन न पड़ी। सी० आई० डी० अफसरों को बुलाकर जेल में उनसे एकान्त में डेढ़ घण्टे तक बातें हुई। युवक मण्डल को इसका पता चला। सब मिलकर मेरे पास आए। कहने लगे, इस समय सी० आई० डी० अफसर से क्यों मुलाकात की जा रही है? मेरी जिज्ञासा पर उत्तर मिला कि सजा होने के बाद जेल में क्या व्यवहार होगा, इस सम्बन्ध में बातचीत कर रहे हैं। मुझे सन्तोष न हुआ। दो या तीन दिन बाद मुख्य नेता महाशय एकान्त में बैठकर कई घण्टा तक कुछ लिखते रहे। लिखकर कागज जेब में रख भोजन करने गए। मेरी अन्तरात्मा ने कहा 'उठ देख तो क्या हो रहा है?' मैंने जेब से कागज निकालकर पढ़े। पढ़कर शोक तथा आश्चर्य की सीमा न रही। पुलिस द्वारा सरकार को क्षमा-प्रार्थना भेजी जा रही थी। भविष्य के लिए किसी प्रकार के हिंसातमक आन्दोलन या कार्य में भाग लेने की प्रतिज्ञा की गई थी। (Undertaking) दी गई थी। मैंने मुख्य कार्यकर्ताओं से सब विवरण कहकर इस सबका कारण पूछा, कि क्या हम लोग इस योग्य भी नहीं रहे, जो हमसे किसी प्रकार का परामर्श किया जावे? तब तक उत्तर मिला कि व्यक्तिगत बात थी। मैंने बड़े जोर के साथ विरोध किया कि कदापि व्यक्तिगत बात नहीं हो सकती। खूब फटकार बतलाई। मेरी बातों को सुन चारों ओर खलबली पड़ी। मुझे बड़ा क्रोध आया कि कितनी धूर्तता से काम लिया गया। मुझे चारों ओर से चढ़ाकर लड़ने के लिए प्रस्तुत किया गया। मेरे विरुद्ध षड्यंत्र रचे गए। मेरे ऊपर अनुचित आक्षेप किए, नवयुवकों के जीवनों का भार लेकर लीडरी की शान झाड़ी गई, और थोड़ी-सी आपत्ति पड़ने पर इस प्रकार बीस वर्ष के युवकों को बड़ी-बड़ी सजाएं दिला, जेल में सड़ने को डालकर स्वयं बंधेज दे निकल जाने का प्रयत्न किया गया। धिक्कार है ऐसे जीवन को, किन्तु सोच-समझ कर चुप रहा।

अभियोग

काकोरी में रेलवे ट्रेन लुट जाने के बाद ही, पुलिस का विशेष विभाग उक्त घटना का पता लगाने के लिए तैनात किया गया। एक विशेष व्यक्ति मि० हार्टन इस विभाग के निरीक्षक थे। उन्होंने घटनास्थल तथा रेलवे पुलिस की रिपोर्टों को देखकर अनुमान किया कि सम्भव है कि यह कार्य क्रांतिकारियों का हो। प्रान्त के

क्रांतिकारियों की जांच शुरू हुई। उसी समय शाहजहांपुर में रेलवे डकैती के तीन नोट मिले। चोरी गए नोटों की संख्या सौ से अधिक थी जिनका मूल्य लगभग एक हजार रुपये के होगा। इनमें से लगभग सात सौ या आठ सौ रुपये के मूल्य के नोट सीधे सरकार के खजाने में पहुंच गए। अतः सरकार नोटों के मामले को चुपचाप पी गई। ये नोट लिस्ट प्रकाशित होने से पूर्व ही सरकारी खजाने में पहुंच चुके थे। पुलिस की लिस्ट प्रकाशित करना व्यर्थ हुआ। सरकारी खजाने में से ही जनता के पास कुछ नोट लिस्ट प्रकाशित होने के पूर्व ही पहुंच गए थे, इस कारण वे जनता के पास निकल आए।

उन्हीं दिनों में जिला खुफिया पुलिस को मालूम हुआ कि मैं 8, 9 तथा 10 अगस्त सन् 1925 ई० को शाहजहांपुर में नहीं था। मेरी अधिक जांच होने लगी। इसी जांच-पड़ताल में पुलिस को मालूम हुआ कि गवर्नमेंट स्कूल शाहजहांपुर के इन्दुभूषण मित्र मामी एक विद्यार्थी के पास मेरे क्रांतिकारी दल सम्बन्धी पत्र आते हैं, जो वह मुझे दे आता है। स्कूल के हेडमास्टर द्वारा इन्दुभूषण के पास आए हुए पत्रों की नकल कराके हार्टन साहब के पास भेजी जाती रही। इन्हीं पत्रों से हार्टन साहब को मालूम हुआ कि मेरठ में प्रान्त की क्रान्तिकारी समिति की बैठक होनी वाली है। उन्होंने एक सब-इन्स्पेक्टर को मेरठ अनाथालय में जहां पर मीटिंग होने का पता चला था, भेजा। उन्हीं दिनों हार्टन साहब को किसी विशेष सूत्र द्वारा मालूम हुआ कि शीघ्र ही कनखल में डाका डालने का प्रबन्ध क्रान्तिकारी समिति के सदस्य कर रहे हैं, और सम्भव है कि किसी बड़े शहर में डाकखाने की आमदनी भी लूटी जावे। हार्टन साहब को एक सूत्र से एक पत्र मिला जो मेरे हाथ का लिखा हुआ था। इस पत्र में सितम्बर में होने वाले श्राद्ध का जिक्र था जिसकी 13 तारीख निश्चित की गई थी। पत्र में था कि दादा का श्राद्ध नं० 1 पर 13 सितम्बर को होगा, अवश्य पधारिए। मैं अनाथालय में मिलूंगा। पत्र पर 'रुद्र' के हस्ताक्षर थे।

आगामी डकैतियों को रोकने के लिए हार्टन साहब ने प्रान्त भर में 26 सितम्बर सन् 1925 ई० को लगभग तीस मनुष्यों को गिरफ्तार किया। उन्हीं दिनों में इन्दुभूषण के पास आए हुए पत्र से उन्हें पता लगा कि कुछ वस्तुएं बनारस में किसी विद्यार्थी की कोठरी में बंद हैं। अनुमान किया गया कि सम्भव है कि वे हथियार हों। अनुसंधान करने से हिंदू विश्वविद्यालय के एक विद्यार्थी की कोठरी से दो राइफलें निकलीं। उस विद्यार्थी को कानपुर में गिरफ्तार किया गया। इन्दुभूषण ने मेरी गिरफ्तारी की सूचना एक पत्र द्वारा बनारस को भेजी। जिसके पास पत्र भेजा था, उसे पुलिस गिरफ्तार कर चुकी थी, क्योंकि उसी श्री रामनाथ पांडेय के पते का पत्र मेरी गिरफ्तारी के समय मेरे मकान से पाया गया था। रामनाथ पांडेय के पत्र पुलिस के पास पहुंचे अतः इन्दुभूषण का पत्र देख, उसने

इन्दुभूषण को गिरफ्तार किया। इन्दुभूषण ने दूसरे दिन बयान दे दिया। गिरफ्तार किए हुए व्यक्तियों में से कुछ से मिला-मिलाकर बनारसीलाल ने भी जो शाहजहांपुर के जेल में था, अपना बयान दे दिया और वह सरकारी गवाह बना लिया गया। यह कुछ अधिक जानता था। इसके बयान से 'क्रान्तिकारी' पर्चे के पार्सलों का पता चला। बनारस के डाकखाने से जिन-जिनके पास पार्सल भेजे गए थे उनको पुलिस ने गिरफ्तार किया। कानपुर में गोपीनाथ ने जिसके पास पार्सल गया था गिरफ्तार होते ही पुलिस को बयान दे दिया और सरकारी गवाह बना लिया गया। इसी प्रकार रायबरेली में स्कूल के विद्यार्थी कुंवर बहादुर के पास पार्सल आया था, उसने भी गिरफ्तार होते ही बयान दे दिया और सरकारी गवाह बना लिया गया। इसके पास मनीआर्डर भी आया करते थे, क्योंकि यह बनवारी लाल का पोस्ट बक्स (डाक पाने वाला) था। इसने बनवारीलाल के एक रिश्तेदार का पता बताया, जहां पर तलाशी लेने से बनवारीलाल का एक ट्रंक मिला। इस ट्रंक में एक कारतूसी पिस्तौल, एक कारतूसी फौजी रिवाल्वर तथा कुछ कारतूस पुलिस के हाथ लगे। श्री बनवारीलाल की खोज हुई। बनवारीलाल भी पकड़ लिए गए। गिरफ्तारी के थोड़े दिनों बाद ही पुलिस वाले मिले, उल्टा-सीधा सुझाया और बनवारीलाल ने भी अपना बयान दे दिया तथा वह इकबाली मुलजिम बनाए गए। श्रीयुत बनवारीलाल ने काकोरी डकैती में अपना सम्मिलित होना बताया था। उधर कलकत्ते में दक्षिणेश्वर में एक मकान में बम बनाने का सामान, एक बना हुआ बम, 7 रिवाल्वर, पिस्तौल तथा कुछ राजद्रोही साहित्य पकड़े गए। इसी मकान में श्रीयुत राजेन्द्रनाथ लाहिड़ी बी० ए० जो इस मुकदमे में फरार थे गिरफ्तार हुए।

इन्दुभूषण के गिरफ्तार हो जाने के बाद उसके हेडमास्टर को एक पत्र मध्य प्रान्त से मिला, जिसे उसने हार्टन साहब के पास वैसा ही भेज दिया। इस पत्र से एक व्यक्ति 'मोहनलाल खत्री' का चांदा में पता चला। वहां से पुलिस ने खोज लगाकर पूना में श्रीयुत रामकृष्ण खत्री को गिरफ्तार करके लखनऊ भेजा। बनारस से भेजे हुए पार्सलों के सम्बन्ध में से जबलपुर में श्रीयुत प्रणवेशकुमार चटर्जी को गिरफ्तार करके लखनऊ भेजा गया। कलकत्ता से श्रीयुत शचीन्द्रनाथ सान्याल जिन्हें बनारस षड्यन्त्र में आजन्म कालेपानी की सजा हुई थी और जिन्हें बांकुरा में 'क्रान्तिकारी' पर्चे बांटने के कारण दो वर्ष की सजा हुई थी, इस मुकदमे में लखनऊ भेजे गए। श्रीयुत योगेशचन्द्र चटर्जी बंगाल आर्डीनेंस के कैदी हजारी बाग जेल से भेजे गए। आप अक्टूबर सन् 1924 ई० में कलकत्ता में गिरफ्तार हुए थे। आपके पास दो कागज पाए गए थे। जिसमें संयुक्त प्रान्त के सब जिलों का नाम था, और लिखा था कि बाईस जिलों में समिति का कार्य हो रहा है। ये कागज इस षड्यन्त्र के सम्बन्ध के समझे गए। श्रीयुत राजेन्द्रनाथ लाहिड़ी

दक्षिणेश्वर बम केस में दस वर्ष के दीपान्तर की सजा पाने के बाद, इस मुकदमे में लखनऊ भेजे गये। अब लगभग छत्तीस मनुष्य गिरफ्तार हुए थे। अट्ठाईस पर मजिस्ट्रेट की अदालत में मुकदमा चला। तीन व्यक्ति श्रीयुत शचीन्द्रनाथ बख्शी, श्रीयुत चन्द्रशेखर आजाद और श्रीयुत अशफाकउल्ला खां फरार रहे। कुछ लोग मुकदमे के अदालत में आने से पहले ही छोड़ दिए गए। अट्ठाईस में से दो पर से मजिस्ट्रेट की अदालत में मुकदमा उठा लिया गया। दो सरकारी गवाह बनाकर उन्हें माफी दी गई। अन्त में मजिस्ट्रेट ने इक्कीस व्यक्तियों को सेशन सुपुर्द किया। सेशन में मुकदमा आने पर श्रीयुत दामोदरस्वरूप सेठ बहुत बीमार हो गए। बीस में से दो व्यक्ति श्रीयुत शचीन्द्रनाथ विश्वास तथा श्रीयुत हरिगोविन्द सेशन की अदालत से मुक्त हुए। बाकी अट्ठारह को सजाएं हुई।

श्री बनवारीलाल इकबाली मुलजिम हो गए। वे रायबरेली जिला कांग्रेस कमेटी के मंत्री भी रह चुके हैं। उन्होंने असहयोग आंदोलन में छः मास का कारावास भी भोगा था। इस पर भी पुलिस की धमकी से प्राण संकट में पड़ गए। आप ही हमारी समिति के ऐसे सदस्य थे कि जिन पर सबसे अधिक समिति का धन व्यय किया गया था। प्रत्येक मास आपको पर्याप्त धन भेजा जाता था। मर्यादा की रक्षा के लिए हम लोग यथाशक्ति बनवारीलाल को मासिक शुल्क दिया करते थे। अपना पेट काटकर इनको मासिक व्यय दिया गया। फिर भी इन्होंने अपने सहायकों की गर्दन पर छुरी चलाई। अधिक-से-अधिक इन्हें दस वर्ष की सजा हो जाती। जिस प्रकार का सबूत इनके विरुद्ध था, वैसा ही, कुछ दूसरे अभियुक्तों पर था, जिन्हें दस-दस वर्ष की सजा हुई।

लोगों को इस बात की बड़ी उत्कण्ठा होगी कि क्या यह पुलिस का भाग्य ही न था, जो सब बना-बनाया मामला हाथ आ गया ! क्या पुलिस वाले परोक्ष ज्ञानी होते हैं ? कैसे गुप्त बातों का पता चला लेते हैं ? कहना पड़ता है कि यह इस देश का दुर्भाग्य या सरकार का सौभाग्य ! बंगाल पुलिस के सम्बन्ध में तो अधिक नहीं कहा जा सकता, क्योंकि मेरा कुछ विशेषानुभव नहीं पर इस प्रांत की खुफिया पुलिस वाले तो महान भोंदू होते हैं जिन्हें साधारण ज्ञान भी नहीं होता। साधारण पुलिस से खुफिया में आते हैं। साधारण पुलिस की दारोगाई करते हैं, मजे में लम्बी-लम्बी घूस खाकर बड़े पेट करके आराम करते हैं। उनकी बला तकलीफ उठावे। यदि कोई एक-दो चालाक भी होते हैं तो थोड़े दिन बड़े ओहदे की फिराक में काम दिखलाया, दौड़-धूप की, कुछ पद वृद्धि हो गई और सब काम बन्द। इस प्रांत में कोई बाकायदा पुलिस का गुप्तचर विभाग नहीं, जिसको नियमित रूप से शिक्षा दी जाती हो। फिर काम करते-करते अनुभव हो ही जाता है। मैनपुरी षड्यन्त्र तथा इस षड्यन्त्र से इसका पूरा पता लग गया कि थोड़ी-सी कुशलता से कार्य करने पर पुलिस के लिए पता पाना बड़ा कठिन है। वास्तव

में उनके कुछ भाग्य ही अच्छे होते हैं। जबसे इस मुकदमे की जांच शुरू हुई, पुलिस ने इस प्रांत के संदिग्ध क्रांतिकारी व्यक्तियों पर दृष्टि डाली, उनसे मिली, बातचीत की। एक-दो को कुछ धमकी दी। 'चोर की दाढ़ी में तिनका', वाली कहावत के अनुसार एक महाशय से पुलिस को सारा भेद मालूम हो गया। हम सबके सब बड़े चक्कर में थे कि इतनी जल्दी पुलिस ने मामले का पता कैसे लगा लिया! उक्त महाशय की ओर तो ध्यान भी न जा सकता था। पर गिरफ्तारी के समय मेरी पुलिस अफसर से जो बातें हुईं, उनमें पुलिस अफसर ने ये सब बातें मुझसे कहीं जिनको मेरे तथा उक्त महाशय के अतिरिक्त कोई भी दूसरा जान ही न सकता था। और भी बड़े पक्के तथा बुद्धिगम्य प्रमाण मिल गए कि जिन बातों को उक्त महाशय जान सके थे, वे ही पुलिस जान सकी। जो बातें आपको मालूम न थीं, वे पुलिस को किसी प्रकार न मालूम हो सकीं। उन बातों से यह निश्चय हो गया कि यह काम उन्हीं महाशय का है।

मैंने इस अभियोग में जो भाग लिया अथवा जिनकी जिंदगी की जिम्मेदारी मेरे सिर पर थी, उनमें से सबसे ज्यादा हिस्सा श्रीयुत अशफाकउल्ला खां बारसी का है। मैं अपनी कलम से उनके लिए भी अन्तिम समय में दो शब्द लिख देना अपना कर्तव्य समझता हूं।

अशफाक

मुझे भलीभांति याद है, जबकि मैं बादशाही ऐलान के बाद शाहजहांपुर आया था तो तुमसे स्कूल में भेंट हुई थी। तुम्हारी मुझसे मिलने की बड़ी हार्दिक इच्छा थी। तुमने मुझसे मैनपुरी षड्यन्त्र के सम्बन्ध में कुछ बातचीत करना चाही थी। मैंने यह समझकर कि एक स्कूल का मुसलमान विद्यार्थी मुझसे इस प्रकार की बातचीत क्यों करता है, तुम्हारी बातों का उत्तर उपेक्षा की दृष्टि से दिया था। तुम्हें उस समय बड़ा खेद हुआ था। तुम्हारे मुंह से हार्दिक भावों का प्रकाश हो रहा था। तुमने अपने इरादे को यों ही नहीं छोड़ दिया, अपने इरादे पर डटे रहे। जिस प्रकार हो सका कांग्रेस में बातचीत की। अपने इष्ट मित्रों द्वारा इस बात का विश्वास दिलाने की कोशिश की कि तुम बनावटी आदमी नहीं, तुम्हारे दिल में मुल्क की खिदमत करने की ख्वाहिश थी। अन्त में तुम्हारी विजय हुई। तुम्हारी कोशिशों ने मेरे दिल में जगह पैदा कर ली। तुम्हारे बड़े भाई मेरे उर्दू मिडिल के सहपाठी तथा मित्र थे। यह जानकर मुझे बड़ी प्रसन्नता हुई। थोड़े दिनों में ही तुम मेरे छोटे भाई के समान हो गए थे, किंतु छोटे भाई बन कर ही तुम्हें सन्तोष न हुआ। तुम समानता के अधिकार चाहते थे। तुम मित्र की श्रेणी में अपनी गणना चाहते

थे। वही हुआ। तुम मेरे सच्चे मित्र थे। सबको आश्चर्य था कि एक कट्टर आर्यसमाजी और मुसलमान का मेल कैसा? मैं मुसलमानों की शुद्धि करता था। आर्य समाज मन्दिर में मेरा निवास था, किंतु तुम इन बातों की किंचितमात्र चिंता न करते थे। मेरे कुछ साथी तुम्हें मुसलमान होने के कारण कुछ घृणा की दृष्टि से देखते थे, किंतु तुम अपने निश्चय में दृढ़ थे। मेरे पास आर्य समाज मन्दिर में आते-जाते थे। हिंदू-मुसलिम झगड़ा होने पर तुम्हारे मुहल्ले के सब कोई तुम्हें खुल्लमखुल्ला गालियां देते थे। काफिर के नाम से पुकारते थे, पर तुम कभी भी उनके विचारों से सहमत न हुए। सदैव हिंदू-मुसलिम ऐक्य के पक्षपाती रहे। तुम एक सच्चे मुसलमान तथा सच्चे स्वदेश-भक्त थे। तुम्हें यदि जीवन में कोई विचार था, तो यही कि मुसलमानों को खुदा अक्ल देता, ताकि वे हिंदुओं के साथ मेल करके हिन्दोस्तान की भलाई करते। जब मैं हिन्दी में कोई लेख या पुस्तक लिखता तो तुम सदैव यह अनुरोध करते कि उर्दू में क्यों नहीं लिखते, जो मुसलमान भी पढ़ सकें? तुमने स्वदेश-भक्ति के भावों को भलीभांति समझने के लिए ही हिन्दी का अच्छा अध्ययन किया। अपने घर पर जब माता जी तथा भाई से बातचीत करते थे, तो तुम्हारे मुंह से हिन्दी शब्द निकल जाते थे, जिससे सबको बड़ा आश्चर्य होता था।

तुम्हारी इस प्रकार की प्रवृत्ति देखकर बहुतों को संदेह होता था कि तुम कहीं इस्लाम-धर्म त्याग कर शुद्धि न करा लो। पर तुम्हारा हृदय तो किसी प्रकार अशुद्ध न था, फिर तुम शुद्धि किस वस्तु की कराते? तुम्हारी इस प्रकार की प्रगति ने मेरे हृदय पर पूर्ण विजय पा ली। बहुधा मित्र मण्डली में बात छिड़ती कि कहीं मुसलमान पर विश्वास करके धोखा न खाना, तुम्हारी जीत हुई, मुझमें तुममें कोई भेद न था। बहुधा मैंने-तुमने एक थाली में भोजन किये। मेरे हृदय से यह विचार ही जाता रहा कि हिंदू-मुसलमान में कोई भेद है। तुम मुझ पर अटल विश्वास तथा अगाध प्रीति रखते थे। हां, तुम मेरा नाम लेकर नहीं पुकार सकते थे। तुम तो मुझे सदैव 'राम' कहा करते थे। एक समय जब तुम्हें हृदय-कंपन (Pulpitation of heart) का दौरा हुआ, तुम अचेत थे, तुम्हारे मुंह से बार-बार 'राम' 'हाय राम'! शब्द निकल रहे थे। पास खड़े हुओं को आश्चर्य था कि यह 'राम' 'राम' क्यों कहता है। वे कहते थे कि 'अल्लाह' कहो 'अल्लाह' कहो, पर तुम्हारी 'राम-राम' की रट थी उसी समय किसी मित्र का आगमन हुआ, जो 'राम' के रहस्य को जानते थे। तुरन्त मैं बुलाया गया। मुझसे मिलने पर तुम्हें शान्ति हुई। तब सब लोग 'राम! राम!' के भेद को समझे।

अन्त में इस प्रेम, प्रीति तथा मित्रता का परिणाम क्या हुआ? मेरे विचारों के रंग में तुम भी रंग गए। तुम भी एक कट्टर क्रांतिकारी बन गए। अब तो तुम्हारा दिन-रात प्रयत्न यही था, कि जिस प्रकार हो सके मुसलमान नवयुवकों

में भी क्रांतिकारी भावों का प्रवेश हो। वे भी क्रांतिकारी आन्दोलन में योग दें। जितने तुम्हारे बन्धु तथा मित्र थे सब पर तुमने अपने विचारों का प्रभाव डालने का प्रयत्न किया। बहुधा क्रांतिकारी सदस्यों को भी बड़ा आश्चर्य होता कि मैंने कैसे एक मुसलमान को क्रांतिकारी दल का प्रतिष्ठित सदस्य बना लिया। मेरे साथ तुमने जो कार्य किये, वे सराहनीय हैं। तुमने कभी भी मेरी आज्ञा की अवहेलना न की। एक आज्ञाकारी भक्त के समान मेरी आज्ञा पालन में तत्पर रहते थे। तुम्हारा हृदय बड़ा विशाल था। तुम्हारे भाव बड़े उच्च थे।

मुझे यदि शांति है तो यही कि तुमने संसार में मेरा मुख उज्ज्वल कर दिया। भारत के इतिहास में यह घटना भी उल्लेखनीय हो गई, कि अशफाकउल्ला ने क्रांतिकारी आंदोलन में योग दिया। अपने भाई-बन्धु तथा सम्बन्धियों के समझाने पर कुछ भी ध्यान न दिया। गिरफ्तार हो जाने पर भी अपने विचारों में दृढ़ रहा। जैसे तुम शारीरिक बलशाली थे, वैसे ही मानसिक वीर तथा आत्मा से उच्च सिद्ध हुए। इन सबके परिणामस्वरूप अदालत में तुमको मेरा सहकारी (लेफ्टिनेंट) ठहराया गया और जज ने हमारे मुकदमे का फैसला लिखते समय तुम्हारे गले में भी जयमाला (फांसी की रस्सी) पहना दी। प्यारे भाई, तुम्हें यह समझ कर संतोष होगा कि जिसने अपने माता-पिता की धन-संपत्ति को देश सेवा में अर्पण करके उन्हें भिखारी बना दिया, जिसने अपने सहोदर के भावी भाग्य को भी देश सेवा की भेंट कर दिया, जिसने अपना तन-मन-धन सर्वस्व मातृ-सेवा में अर्पण करके अपना अन्तिम बलिदान भी दे दिया, उसने अपने प्रिय भाई अशफाक को भी उसी मातृभूमि की भेंट चढ़ा दिया।

'असगर' हरीमे इश्क़ में हस्ती ही जुर्म है।
रखना कभी न पांव यहां सर लिए हये॥

सहायक काकोरी षड्यन्त्र का भी फैसला जज साहब की अदालत से हो गया। श्री अशफाकउल्ला खां वारसी को तीन फांसी और दो काले पानी की और श्रीयुत शचीन्द्रनाथ बख्शी को पांच काले पानी की सजाएं हुई।

ऐतिहासिक दृष्टि से हम लोगों के कार्य का बहुत बड़ा मूल्य है। जिस प्रकार भी हो, यह तो मानना ही पड़ेगा कि इस गिरी हुई अवस्था में भी, भारतवासी युवकों के हृदय में स्वाधीन होने के भाव विराजमान हैं। वे यथाशक्ति स्वतंत्र होने की चेष्टा भी करते हैं। यदि परिस्थितियां अनुकूल होतीं तो यही इने-गिने नवयुवक अपनी चेष्टाओं से संसार को चकित कर देते।

गाजी मुस्तफ़ा कमालपाशा जिस समय तुर्की से भागे थे उस समय केवल इक्कीस युवक आपके साथ थे। कोई साजोसामान न था, मौत का वारण्ट पीछे-पीछे घूम रहा था, पर समय ने ऐसा पलटा खाया कि उसी कमाल ने अपने कमाल

से संसार को आश्चर्यान्वित कर दिया। वही कातिल कमालपाशा तुर्की का भाग्य-निर्माता बन गया। महामना लेनिन को एक दिन शराब के पीपों में छिपकर भागना पड़ा था, नहीं तो मृत्यु में कुछ देर न थी। वही महात्मा लेनिन रूस के भाग्य विधाता बने। श्री शिवाजी डाकू थे। लुटेरे समझे जाते थे। पर समय आया जबकि हिंदू जाति ने उन्हें अपना शिरमौर बना, गो ब्राह्मण-रक्षक छत्रपति शिवाजी बना दिया। भारत सरकार को भी अपने स्वार्थ के लिए छत्रपति के स्मारक निर्माण कराने पड़े। श्री क्लाइव एक उद्दण्ड विद्यार्थी था, जो अपने जीवन से निराश हो चुका था। समय के फेर ने उसी उद्दण्ड विद्यार्थी को अंग्रेज जाति का राज्य-स्थापनकर्ता लार्ड क्लाइव बना दिया। श्री सनयात सेन चीन के अराजकतावादी पलातक (भागे हुए) थे। समय ने ही उसी पलातक को चीनी प्रजातन्त्र का सभापति बना दिया। सफलता ही मनुष्य के भाग्य का निर्माण करती है। असफल होने पर उसी को बर्बर, डाकू, अराजक, राज्यद्रोही तथा हत्यारे के नाम से विभूषित किया जाता है। सफलता उन्हीं सब नामों को बदल कर दयालु, प्रजापालक, न्यायकारी तथा महात्मा बना देती है।

राजनैतिक क्रांति के लिए सर्वप्रथम क्रांतिकारियों का संगठन ऐसा होना चाहिए कि अनेक विघ्न तथा बाधाओं के उपस्थित होने पर भी संगठन में किसी प्रकार की त्रुटि न आवे। सब कार्य यथाबत चलते रहें। कार्यकर्ता इतने योग्य पर्याप्त संख्या में होने चाहिए कि एक की अनुपस्थिति में दूसरा स्थान पूर्ति के लिए सदा उद्यत रहे। भारतवर्ष में कई बार कितने षड्यन्त्रों का संगठन हुआ, किंतु थोड़ा-सा भेद खुलते ही, पूर्ण षड्यन्त्र का भण्डा फूट गया और सब किया-कराया नाश को प्राप्त हो गया। जब क्रांतिकारी दलों की यह अवस्था है तो फिर क्रांति के लिए उद्योग कौन करे? देशवासी इतने शिक्षित हों कि वे वर्तमान सरकार की नीति को समझकर अपने हानि-लाभ को जानने में समर्थ हो सकें। वे यह भी पूर्णतया समझते हों कि वर्तमान सरकार को हटाना आवश्यक है, साथ ही उनमें इतनी बुद्धि भी हो कि किस रीति से सरकार को हटाया जा सकता है। क्रांतिकारी दल क्या है? वह क्या करना चाहता है? क्यों करना चाहता है? इन सारी बातों को जनता की अधिक संख्या समझ सके, क्रांतिकारियों के साथ जनता की पूर्ण सहानुभूति हो, तब कहीं क्रांतिकारी दल को देश मे पैर रखने का स्थान मिल सकता हैं। यह तो क्रांतिकारी दल के स्थापना की प्रारम्भिक बातें हैं। रह गई क्रांति! सो तो बहुत बड़ी बात है।

क्रांति का नाम ही बड़ा भयंकर है। प्रत्येक प्रकार की क्रांति विपक्षियों को भयभीत कर देती है। जहां पर रात्रि होती है तो दिन का आगमन जान निशिचरों को दुःख होता है। ठंडे जलवायु में रहने वाले पशु-पक्षी गरमी के आने पर उस देश को भी त्याग देते हैं। फिर राजनैतिक क्रांति तो बड़ी भयावनी होती है।

अभ्यासों के अनुसार ही उसकी प्रकृति भी बन जाती है। उसके विपरीत जिस समय कोई बाधा उपस्थित होती है तो उसको भय प्रतीत होता है, इसके अतिरिक्त प्रत्येक सरकार के सहायक अमीर और जमींदार होते हैं। ये लोग कभी नहीं चाहते कि उनके ऐशो-आराम में किसी प्रकार की बाधा पड़े। इसलिए वे हमेशा क्रांतिकारी आंदोलन को नष्ट करने के प्रयत्न करते हैं। यदि किसी प्रकार दूसरे देशों की सहायता लेकर समय पाकर क्रांतिकारी दल क्रांति के उद्योग में सफल हो जावे, देश में क्रांति हो जावे, तो भी योग्य नेता न होने से अराजकता फैलकर व्यर्थ की नर-हत्या होती है और उस प्रयत्न में अनेकों सुयोग्य वीरों तथा विद्वानों का नाश हो जाता है। जिसका ज्वलन्त उदाहरण सन् 1857 ई० का गदर है। यदि फ्रांस तथा अमरीका की भांति क्रांति द्वारा राजतन्त्र को पलटकर प्रजातन्त्र स्थापित भी कर लिया जावे तो बड़े-बड़े धनी पुरुष अपने धन-बल से सब प्रकारों के अधिकारों को दबा बैठते हैं। कार्यकारिणी समितियों में बड़े-बड़े अधिकार धनियों को प्राप्त हो जाते हैं। देश के शासन में धनिकों का मत ही उच्च आदर पाता है। धन-बल से देश के समाचार पत्रों, कल-कारखानों तथा खानों पर उनका ही अधिकार होता है। मजबूरन जनता की अधिक संख्या धनियों का समर्थन करने को बाध्य हो जाती है। जो दिमाग वाले होते हैं, वे भी समय पाकर बुद्धि-बल से जनता की खरी कमाई से प्राप्त किये अधिकारों को हड़प बैठते हैं। स्वार्थ के वशीभूत श्रमजीवियों तथा कृषकों को उन्नति का अवसर नहीं देते। अन्त में ये लोग भी धनिकों के पक्षपाती होकर राजतन्त्र के स्थान में धनिक तन्त्र की स्थापना करते हैं। रूसी क्रांति के पश्चात यही हुआ था। रूस के क्रांतिकारी इस बात को पहले से ही जानते थे, अतएव उन्होंने राज्यसत्ता के विरुद्ध युद्ध करके राजतन्त्र की समाप्ति की। इसके बाद जैसे ही धनी तथा बुद्धिमानों ने अड़ंगा लगाना चाहा उसी समय उनसे भी युद्ध करके उन्होंने वास्तविक प्रजातन्त्र की स्थापना की। अस्तु !

मुझे अपनी गिरफ्तारी का पूरा पता चल गया था गिरफ्तारी के पूर्व भी यदि इच्छा करता तो पुलिस वालों को मेरी हवा भी न मिलती, किन्तु मुझे अपनी शक्ति की परीक्षा करनी थी। गिरफ्तारी के बाद सड़क पर आध घण्टे तक बिना किसी बंधन के घूमता रहा। सब पुलिस अफसर भी रात भर के जगे थे, सब आराम करते चले गए थे। निगरानी वाला सिपाही भी घोर निद्रा में सो गया ! दफ्तर में केवल एक मुंशी लिखा-पढ़ी कर रहे थे। यह भी श्रीयुत रोशनसिंह अभियुक्त के फूफीजात भाई थे। यदि मैं चाहता तो धीरे से उठकर चल देता। पर मैंने विचारा कि मुंशी जी महाशय बुरे फंसेंगे। मैंने मुंशी जी को बुलाकर कहा कि यदि भावी आपत्ति के लिए तैयार हों तो मैं जाऊं। वे मुझे पहले से जानते थे। पैरों पड़ गए कि गिरफ्तार हो जाऊंगा, बाल-बच्चे भूखों मर जायेंगे। मुझे दया आ गई। एक

घण्टा बाद श्री अशफाकउल्ला खां के मकान की तलाशी लेकर पुलिस वाले लौटे। श्री अशफाकउल्ला खां के भाई की कारतूसी बन्दूक और कारतूसों की भरी हुई पेटी लाकर उन्हीं मुंशी जी के पास रख दी गई, और मैं पास ही कुर्सी पर खुला हुआ बैठा था केवल एक सिपाही खाली हाथ पास में खड़ा था। इच्छा हुई कि बन्दूक उठाकर कारतूसों की पेटी गले में डाल लूं, फिर कौन सामने आएगा। पर फिर सोचा कि मुंशी जी पर आपत्ति आएगी, विश्वासघात करना ठीक नहीं। उसी समय खुफिया पुलिस के डिप्टी सुपरिण्टेण्डेण्ट सामने छत पर आए। उन्होंने देखा कि मेरे एक ओर कारतूस तथा बन्दूक पड़ी है। दूसरी ओर श्रीयुत प्रेमकृष्ण का माउजर पिस्तौल तथा कारतूस रखे हैं, क्योंकि यह सब चीजें मुंशी जी के पास आकर जमा होती थीं। मैं बिना किसी बंधन के बीच में खुला हुआ बैठा था। डि० सु० को तुरन्त सन्देह हुआ, उन्होंने बंदूक तथा पिस्तौल वहां से हटवाकर मालखाने में बन्द करा दिए। सायंकाल को मैं पुलिस की हवालात में जमा किया गया। निश्चय किया कि अब भाग चलूं। पाखाने के बहाने से बाहर निकला। एक सिपाही कोतवाली से बाहर दूसरे स्थान में शौच के निमित्त लिवा गया। दूसरे सिपाहियों ने उससे बहुत कुछ कहा कि रस्सी डाल लो। उसने कहा मुझे विश्वास है यह भागेंगे नहीं। पाखाना नितांत निर्जन स्थान में था। मुझे पाखाने भेजकर वह सिपाही खड़े होकर सामने कुश्ती देखने लगा। मैंने दीवार पर पैर रखा और चढ़कर देखा कि सिपाही महोदय कुश्ती देखने में मस्त हैं। हाथ बढ़ाते ही दीवार के ऊपर और एक क्षण में बाहर हो जाता, फिर मुझे कौन पाता? किन्तु तुरन्त विचार आया कि जिस सिपाही ने विश्वास करके तुम्हें इतनी स्वतन्त्रता दी, उसके साथ विश्वासघात करके भागकर उसको जेल में डालोगे? क्या यह अच्छा होगा? उसके बाल-बच्चे क्या कहेंगे? इस भाव ने हृदय पर एक ठोकर लगाई। एक ठण्डी सांस भरी, दीवार से उतर कर बाहर आया और सिपाही महोदय को साथ लेकर कोतवाली की हवालात में आकर बंद हो गया।

लखनऊ जेल में काकोरी के अभियुक्तों को बड़ी भारी आजादी थी। रायसाहब पं० चम्पालाल जेलर की कृपा से कभी यह भी न समझ सके कि हम लोग जेल में या किसी रिश्तेदार के यहां मेहमानी में हैं। जैसे माता-पिता से छोटे-छोटे लड़के बात-बात पर बिगड़ जाते हैं, यही हमारा हाल था। हम लोग जेल वालों से बात-बात पर ऐंठ जाते। पं० चम्पालाल जी का ऐसा हृदय था कि वे हम लोगों से अपनी सन्तान से अधिक प्रेम करते थे। हममें से किसी को जरा-सा कष्ट होता था, तो उन्हें बड़ा दुःख होता था। हमारे जरा-से कष्ट को भी वह स्वयं न देख सकते थे। और हम लोग ही क्यों, उनके जेल में किसी कैदी या सिपाही, जमादार या मुंशी—किसी को भी कोई कष्ट नहीं। सब बड़े प्रसन्न रहते। इसके अतिरिक्त मेरी दिनचर्या तथा नियमों का पालन देखकर पहरे के सिपाही अपने गुरु से भी अधिक

मेरा सम्मान करते थे। मैं यथा नियम जाड़ा-गर्मी तथा बरसात में प्रातःकाल तीन बजे से उठकर संध्यादि से निवृत्त हो नित्य हवन करता था। प्रत्येक पहरे का सिपाही देवता के समान मेरा पूजन करता था। यदि किसी के बाल-बच्चे को कष्ट होता, तो वह हवन की भभूत ले जाता और कोई जंत्र मांगता था। उनके विश्वास के कारण उन्हें आराम भी हो जाता उनकी श्रद्धा बढ़ जाती थी। परिणामस्वरूप जेल के प्रत्येक विभाग तथा स्थान का हाल मुझे मालूम रहता। मैंने जेल से निकल जाने का पूरा प्रवन्ध कर लिया। जिस समय चाहता चुपचाप निकल जाता। एक रात को तैयार होकर उठ खड़ा हुआ। बैरेक के नम्बरदार तो मेरे सहारे पहरा देते थे। जब जी में आता सोते, जब इच्छा होती बैठ जाते, क्योंकि वे जानते थे कि यदि सिपाही या जमादार सुपरिण्टेण्डेण्ट जेल के सामने पेश करना चाहेंगे तो मैं बचा लूंगा। सिपाही तो कोई चिन्ता ही न करते थे। चारों ओर शांति थी। केवल इतना प्रयत्न करना था कि लोहे की कटी हुई सलाखों को उठाकर बाहर हो जाऊं। जेल के अधिकारी नित्य प्रति सायंकाल घूमकर सब ओर दृष्टि डाल जाते थे, पर किसी को कोई पता न चला। जैसे ही मैं जेल से भागने का विचार करके तैयार हुआ कि एकाएक मन में आया कि जिनके कारण सब प्रकार के आनन्द भोगने की जेल में स्वतन्त्रता प्राप्त हुई, उनके बुढ़ापे में; जबकि थोड़ा-सा समय ही उनकी पेंशन के लिए बाकी है, क्या उन्हीं के साथ विश्वासघात करके निकल भागूं? सोचा जीवन भर किसी के साथ विश्वासघात न किया, अब भी विश्वासघात न करूंगा। उस समय मुझे यह भली-भांति मालूम हो चुका था कि मुझे फांसी की सजा होगी, पर उपरोक्त बात सोचकर भागना स्थगित ही कर दिया। उपरोक्त सब बातें चाहे आज प्रलाप ही क्यों न मालूम हों, किन्तु सब अक्षरशः सत्य हैं, सबके प्रमाण विद्यमान हैं।

अन्तिम समय की बातें

आज 16 दिसम्बर 1927 ई० को निम्नलिखित पंक्तियों का उल्लेख कर रहा हूं जबकि 19 दिसम्बर 1927 ई० सोमवार (पौष कृष्ण 11 सम्वत् 1984 वि०) को 6॥ बजे प्रातःकाल इस शरीर को फांसी पर लटका देने की तिथि निश्चित ही हो गई है। यह सब सर्व शक्तिमान प्रभु की लीला है। सब कार्य उसके इच्छानुसार ही होते हैं। यह परम पिता परमात्मा के नियमों का परिणाम है कि किस प्रकार किसको शरीर त्यागना होता है। मृत्यु के सकल उपक्रम निमित्त मात्र हैं। जब तक कर्म क्षय नहीं होता, आत्मा को जन्म-मरण के बन्धन में पड़ना ही होता है, यह शास्त्रों का निश्चय है। यद्यपि यह, वह परब्रह्म ही जानता है कि किन कर्मों के

परिणामस्वरूप कौन-सा शरीर इस आत्मा को ग्रहण करना होगा, किन्तु अपने लिए यह मेरा दृढ़ निश्चय है कि मैं उत्तम शरीर धारण कर नवीन शक्तियों सहित अति शीघ्र ही पुनः भारतवर्ष में ही किसी निकटवर्ती सम्बन्धी या इष्ट मित्र के गृह में जन्म ग्रहण करूंगा क्योंकि मेरा जन्म-जन्मान्तर यही उद्देश्य रहेगा कि मनुष्य मात्र को सभी प्राकृतिक पदार्थों पर समानाधिकार प्राप्त हों। कोई किसी पर हुकूमत न करे, सारे संसार में जनतंत्र की स्थापना हो। वर्तमान समय में भारतवर्ष की बड़ी शोचनीय अवस्था है। अतएव लगातार कई जन्म इसी देश में ग्रहण करने होंगे और जब तक भारतवर्ष में नर-नारी पूर्णतया सर्वरूपेण स्वतन्त्र न हो जावेंगे, परमात्मा से मेरी यही प्रार्थना होगी कि वह मुझे इसी देश में जन्म दे, ताकि मैं उसकी पवित्र वाणी—वेद वाणी का अनुपम घोष मनुष्यमात्र के कानों तक पहुंचाने में समर्थ हो सकूं। सम्भव है कि मार्ग निर्धारण में भूल करूं पर इसमें मेरा कोई विशेष दोष नहीं, क्योंकि मैं अभी तो अल्पज्ञ जीव मात्र ही हूं। झूठ न करना केवल सर्वज्ञ से ही सम्भव है। हमें परिस्थितियों के अनुसार ही सब कार्य करने पड़े और करने होंगे। परमात्मा अगले जन्म में सुबुद्धि प्रदान करे कि मैं जिस मार्ग का अनुसरण करूं, वह त्रुटि रहित हो।

अब मैं उन बातों का भी उल्लेख कर देना उचित समझता हूं जो काकोरी षड्यन्त्र के अभियुक्तों के सम्बन्ध में सेशन जज के फैसला सुनाने के पश्चात् घटित हुई। 6 अप्रैल सन् 27 ई० को सेशन जज ने फैसला सुनाया था। 18 जुलाई सन् 27 ई० को अवध चीफ कोर्ट में अपील हुई। इसमें कुछ की सजाएं बढ़ीं और एकाध की कम भी हुई। अपील होने की तारीख से पहले मैंने संयुक्त प्रांत के गवर्नर की सेवा में एक मेमोरियल भेजा था, जिसमें प्रतिज्ञा की थी कि अब भविष्य में क्रांतिकारी दल से कोई सम्बन्ध न रखूंगा। इस मेमोरियल का जिक्र मैंने अपनी अन्तिम दया प्रार्थना-पत्र में जो मैंने चीफ कोर्ट के जजों को दिया था, उसमें भी कर दिया था, किंतु चीफ कोर्ट के जजों ने मेरी किसी प्रकार की प्रार्थना न स्वीकार की। मैंने स्वयं ही जेल से अपने मुकदमे की बहस लिखकर भेजी, जो छापी गई। जब यह बहस चीफ कोर्ट के जजों ने सुनी, तो उन्हें बड़ा संदेह हुआ कि वह बहस मेरी लिखी हुई न थी। इन तमाम बातों का यह नतीजा निकला कि चीफ कोर्ट अवध से मुझे यहां भयंकर षड्यन्त्रकारी की पदवी दी गई। मेरे पश्चात्ताप पर जजों को विश्वास न हुआ और उन्होंने अपनी धारणा का प्रकाश इसलिए किया कि यदि यह (रामप्रसाद) छूट गया तो फिर वही कार्य करेगा। बुद्धि की प्रखरता तथा समझ पर कुछ प्रकाश डालते हुए 'निर्दयी हत्यारे' के नाम से विभूषित किया गया। लेखनी उनके हाथ में थी, जो चाहे सो लिखते किन्तु काकोरी षड्यन्त्र का चीफ कोर्ट का आद्योपान्त फैसला पढ़ने से भली भांति विदित होता है कि मुझे मृत्यु दण्ड किस ख्याल से दिया गया! यह निश्चय किया गया कि रामप्रसाद ने सेशन

जज के विरुद्ध अपशब्द कहे हैं, खुफिया विभाग के कार्यकर्ताओं पर लांछन लगाए हैं अर्थात् अभियोग के समय जो अन्याय होता था, उसके विरुद्ध आवाज उठाई है, अतएव रामप्रसाद सबसे बड़ा गुस्ताख मुलजिम है। अब माफी चाहे वह किसी रूप में मांगे, नहीं दी जा सकती।

चीफ कोर्ट से अपील खारिज हो जाने के बाद यथा नियम प्रांतीय गवर्नर तथा फिर वाइसराय के पास दया-प्रार्थना की।

इस विषय में माननीय पं० मदनमोहन मालवीय जी ने तथा अन्य असेम्बली के कुछ सदस्यों ने वाइसराय से मिलकर भी प्रयत्न किया था कि मृत्यु दण्ड न दिया जावे। इतना होने पर सबको आशा थी कि वाइसराय महोदय अवश्यमेव मृत्यु दण्ड की आज्ञा रद्द कर देंगे। इसी हालत में चुपचाप विजयादशमी से दो दिन पहले जेलों को तार भेज दिए गए कि दया नहीं होगी। सबकी फांसी की तारीख मुकर्रर हो गई। जब मुझे सुपरिण्टेण्डेण्ट जेल ने तार सुनाया, मैंने भी कह दिया कि आप अपना कार्य कीजिए। किन्तु सुपरिण्टेण्डेण्ट जेल के अधिक कहने पर एक तार दिया प्रार्थना का सम्राट के पास। जेल सुपरिण्टेण्डेण्ट का कहना था कि प्रार्थना का एक तार सम्राट के पास भेज दो, क्योंकि यह उन्होंने एक नियम-सा बना रखा है कि प्रत्येक फांसी के कैदी की ओर से, जिसकी दयाभिक्षा की अर्जी वाइसराय के यहां से खारिज हो जाती है, वह एक तार सम्राट के नाम से प्रांतीय सरकार के पास अवश्य भेजते हैं। कोई दूसरा जेल सुपरिण्टेण्डेण्ट ऐसा नहीं करता। उपरोक्त तार लिखते समय मेरा कुछ विचार हुआ कि प्रीवी कौंसिल इंग्लैंड में अपील की जावे। मैंने श्रीयुत मोहनलाल सक्सेना वकील लखनऊ को सूचना दी। बाहर किसी को वाइसराय की अपील खारिज होने पर विश्वास भी न हुआ। जैसे-तैसे करके श्रीयुत मोहनलाल द्वारा प्रीवी कौंसिल में अपील कराई गई। नतीजा तो पहले से ही मालूम था।

श्री अशफाकउल्ला खां तो अंग्रेज सरकार से दया प्रार्थना करने पर राजी ही न थे। उनका तो अटल विश्वास यही था कि खुदाबन्द करीम के अलावा किसी दूसरे से दया की प्रार्थना न करना चाहिए, परन्तु मेरे विशेष आग्रह से ही उन्होंने सरकार से दया प्रार्थना की थी। इसका दोषी मैं ही हूं जो मैंने अपने प्रेम के पवित्र अधिकारों का उपयोग करके श्री अशफाकउल्ला खां को उनके दृढ़ निश्चय से विचलित किया। मैंने एक पत्र द्वारा अपनी भूल स्वीकार करते हुए भ्रातृ द्वितीया के अवसर पर गोरखपुर जेल से श्री अशफाक को पत्र लिखकर क्षमा-प्रार्थना की थी। परमात्मा जाने कि वह पत्र उनके हाथों तक पहुंचा भी या नहीं।

मैं विलायती न्यायालय की भी परीक्षा करके स्वदेशवासियों के लिए उदाहरण छोड़ना चाहता था, कि यदि कोई राजनैतिक अभियोग चले तो वे कभी भूल करके भी किसी अंग्रेजी अदालत का विश्वास न करें। तबीयत आए तो जोरदार

बयान दें। अन्यथा मेरी तो यही राय है कि अंग्रेजी अदालत के सामने न तो कभी कोई बयान दें और न कोई सफाई पेश करें ! काकोरी षड्यन्त्र के अभियोग से शिक्षा प्राप्त कर लें। इस अभियोग में सब प्रकार के उदाहरण मौजूद हैं।

रामप्रसाद बिस्मिल की दो यादगार ग़ज़लें

मरते 'बिस्मिल'-'रोशन'-'लहरी'-अशफ़ाक़' अत्याचार से।
होंगे पैदा सैंकड़ों इनके रुधिर की धार से॥

सरफ़रोशी की तमन्ना अब हमारे दिल में है।
देखना है ज़ोर कितना बाज़ु-ए-क़ातिल में है॥

रहबरे-राहे-मुहब्बत रह न जाना राह में।
लज्ज़ते-सहरानवर्दी दूरिए-मंज़िल में है॥

आज मक़तल में यों क़ातिल कह रहा है बार-बार।
क्या तमन्नाए-शहादत भी किसी के दिल में है॥

वक़्त आने दे बता देंगे तुझे ऐ आस्मां
हम अभी से क्या बताएं क्या हमारे दिल में है॥

अब न अगले वलवले हैं औ' न अरमानों की भीड़।
एक मिट जाने की हसरत अब दिले-'बिस्मिल' में है॥

(अंतिम ग़ज़ल)

मिट गया जब मिटने वाला फिर सलाम आया तो क्या।
दिल की बरबादी के बाद उनका पयाम आया तो क्या॥

काश अपनी ज़िंदगी में हम ये मंज़र देखते—
बरसरे-तुरबत कोई महशर खराम आया तो क्या॥

ऐ दिले-नाशाद मिट जा अब तू कू-ए-यार में।
फिर मिटी नाकामियों के बाद काम आया तो क्या॥

आख़िरी शब दीद के क़ाबिल थी 'बिस्मिल' की तड़फ़।
सुबह होते गर कोई बालाए-बाम आया तो क्या॥

काकोरी के क्रांतिकारियों के
जीवन-परिचय

श्री रामप्रसाद बिस्मिल

श्री रामप्रसाद बिस्मिल अपनी आत्मकहानी स्वयं लिख गये हैं, जो इस पुस्तक में भी दी जा रही है। वे उस धातु से बने थे जिससे बने हुए व्यक्ति स्वतंत्र देशों में पैदा होने पर महान पराक्रमी और अद्वितीय युद्ध विशारद जनरल बनकर दुनिया में चमकते हैं। किसी काम में थकना तो 'बिस्मिल' जानते ही न थे। घुड़सवारी, साइकिल चलाना, और तैराकी में वे बड़े ही पटु थे। अनेकों बार उन्होंने पैदल 60-60 मील का सफर किया। देश के लिए इनके दिल में बड़ी जगह थी। उसकी गुलामी से ये हरदम बेचैन रहते थे। जब से होश संभाला, आजादी के सच्चे उपासक बन इन्होंने निस्वार्थ भाव से देश की सेवा का व्रत लिया। महायुद्ध के अवसर पर मुल्क की गुलामी को दूर करने के लिए मैनपुरी षड्यंत्र केस के नाम से प्रसिद्ध होने वाले क्रांतिकारी संगठन में इन्होंने प्रमुख रूप से भाग लिया। उस दल के यह एक खास कार्यकर्ता थे। मुकदमे में फांसने के लिए पुलिस इनकी खोज में बराबर लगी रही पर यह हाथ न आये। राजकीय घोषणा के बाद जब ये फिर से मुक्त हो देश के सामने आये तो असहयोग आंदोलन की रणदुन्दुभी बज रही थी। ऐसी हालत में पं० रामप्रसाद जी के लिए बैठना सम्भव ही न था। श्री अशफाकउल्ला के साथ मैदान में कूद पड़े। गले मे झोला और दिन-रात का चलना। हरदोई, शाहजहांपुर, पीलीभीत और बरेली के जिलों को इन्होंने अच्छी तरह से छाना और जगह-जगह सभाएं करके जनता को आजादी की लड़ाई में हिस्सा लेने के लिए उत्साहित किया। आंदोलन स्थगित होने पर ये लोग भी फ़िर पुराने पथ पर लौट आये। युवक दल इन्हें श्रद्धा और विश्वास से देखता था। इन्हें उसका सहयोग मिला और यह एक बार फिर क्रांतिकारी संघ के कामों मे पूरी ताकत के साथ जुट पड़े।

पण्डित जी का जीवन बड़ा ही सादा था। व्यायाम और प्राणायाम वे नियमित

जन्म : मई 1897, बलिदान : 19 दिसम्बर 1927

रूप मे करते थे। स्वास्थ्य उनका बड़ा ही सुन्दर था और हिम्मत के तो वे प्रतिमूर्ति थे। एक बार एक स्थान पर काम करते समय कुछ लोगों ने घेर लिया, चारों ओर लाठी बजने लगी। पचासों के बीच लड़ रहे थे कुछ आदमी। एक लाठी पंडित जी के सर में बाईं ओर लगी। माथा फट गया, मांस लटक कर आंख पर झूलने लगा। मगर पंडित जी के मुंह से न तो निकला उफ और न थी माथे पर शिकन। जेब से साधारणतया रूमाल निकाल घायल हिस्से को बांधा। खून का प्रवाह जारी था, पर उसकी चिन्ता कौन करता! पंडित जी तो फिर मोर्चा लेने में जुट गये। विशेषता यह कि यह चन्द लोग तमाम विरोधियों को परास्त कर सही-सलामत अपनी जगह पर लौट आये।

पंडित जी एक अच्छे लेखक और कवि भी थे। उन्होंने 'मन की लहर' और 'बोल्शेविकों की करतूत'* नामक पुस्तकें लिखी थीं। अज्ञात के नाम से वे 'प्रभा' 'प्रताप' आदि में लेख भी लिखते थे। उन्होंने 'मैनपुरी षड्यंत्र का इतिहास' नामक एक और पुस्तक लिखी जो प्रकाशित न हो सकी। कलम से अधिक उनके भाषण प्रभावशाली होते थे। एक बार काकोरी षड्यंत्र केस में जज के सामने उन्होंने कहा था कि "जज साहब, हम जानते हैं आप हमें क्या सजा देंगे। आपका हुक्म होगा फांसी और यह ओंठ जो बोल रहा है आपके हुक्म से एक दिन सदा के लिए जबरदस्ती बन्द कर दिया जाएगा, क्योंकि हर आजादी चाहने वाले का बोलना, काम करना, हिलना, यहां तक कि जीना और सांस लेना भी दूसरों को गुलाम बनाकर रखने वाली सरकार के लिए बहुत खतरनाक होता है। इसलिए यह सरकारें ऐसे आदमियो की हस्ती मिटाने के लिए हरदम तुली रहती हैं। मैं जानता हूं, न्याय के नाम पर मेरा गला घोंट दिया जाएगा, फांसी पर चढ़ाकर मेरी जिन्दगी खत्म कर दी जाएगी, मुझे मौत के घाट उतार दिया जाएगा। मुझे इसकी जरा भी चिन्ता नहीं है। मैं मौत से डरता भी नहीं हूं। उसे देखकर मेरा दिल दहल नहीं रहा है। मैं हंसते-हंसते उसका स्वागत करूंगा। पर जनाब, क्या हमारे इस तरह मरने से आपकी और आपकी सरकार की मन्शा पूरी हो जाएगी? क्या भारत मां की छाती पर विदेशी गुलामी का उद्दाम ताण्डव बराबर इसी तरह होता रहेगा? उसकी गुलामी की घड़ियां ऐसी ही मजबूत बनी रहेंगी? यह नामुमकिन है। ऐसा हो नहीं सकता। इतिहास इसकी गवाही दे रहा है। हमें भले ही फांसी दी जाय, भले ही हमारी मिट्टी को बरबाद करने की कोशिश की जाय, पर मिट्टी में मिले हुए हमारे कण फिर से सर उठायेंगे, गुलामी के खिलाफ युद्ध करेंगे, अपनी मातृभूमि को, अपने देश को, स्वाधीन बनायेंगे।"

भाषण का एक-एक शब्द ओजमय, प्रभावशाली और उनके दिल में गुलामी

---

* एक और पुस्तक 'कैथेरीन की जीवनी' भी लिखी (संपा०)

के प्रति हरदम धधकने वाली विद्वेषाग्नि का परिचायक है।

वे सैनिक अनुशासन के बड़े पाबंद थे। हर काम को एक सुनियंत्रित और सुसंगठित ढंग से किया जाना पसंद करते थे। स्वभाव से वे बड़े स्वतन्त्र थे, किसी की रुकावट उनके लिए असह्य थी। विरोध में किसी की बात भी सुनना पसन्द न करते थे। वे पूरे कमाण्डर थे। सैनिक कामों की प्रतिभा उनमें अद्वितीय थी, पर सबको साथ लेकर चलना, कोई पराया नहीं, सबको अपनत्व देना, अपने हर साथी से काम ले लेना वे अधिक सफलतापूर्वक नहीं कर पाते थे। हो भी कैसे सकता था! आज्ञा देने वाले को अनुनय-विनय करने का स्वभाव ही नहीं मिलता। उनकी इस अनुशासनप्रियता ने उस समय के क्रांतिकारी दल के संगठन को एक कठोर दृढ़ता प्रदान की थी जिसकी चमक जग ने देखी। अजेय सेनापति स्वर्गीय शहीद पं० चन्द्रशेखर आजाद और शहीद शिरोमणि सरदार भगतसिंह के कामों का उल्लेख उनके ढंग और कार्यप्रणाली में होगा।

फांसी को उन्होंने एक वीर की तरह गले लगाया। 18 दिसम्बर 1927 अर्थात् फांसी के एक दिन पहले शाम को जब उन्हें पीने के लिए दूध दिया जाने लगा तो मुस्कराते हुए उन्होंने कहा, "माता का आंचल मेरे लिए व्याकुल हो रहा है, सुबह मुझे वह आंचल अपनायेगा, उस अन्नपूर्णा के स्तन मुझे नव जीवन दान देंगे, अब मुझे यह दूध न चाहिए।" सुबह उठकर स्नान करने के बाद उन्होंने रोजाना की तरह सन्ध्याबन्दन आदि करके अपनी माता को अन्तिम पत्र लिखा और फिर फांसी पर चलने के लिए तैयार हो गये। सिपाहियों ने आकर चलने के लिए इशारा किया। 'वन्दे मातरम्', 'भारतीय प्रजातन्त्र की जय', 'भारत माता की जय' कहकर पण्डित जी ने मुस्कराते हुए आगे कदम बढ़ाया। कदम आगे बढ़ रहा था और साथ ही साथ जवान कह रही थी :

मालिक तेरी रज़ा रहे और तू ही तू रहे।
बाकी न मैं रहूं न मेरी आरज़ू रहे॥
जब तक कि तन में जान रगों में लहू रहे।
तेरा ही जिक्र या तेरी ही जुस्तजू रहे॥

पैर फांसी की सीढ़ी पर था और जवान ने पुकारा 'ब्रिटिश साम्राज्यवाद का नाश हो', 'आजाद भारत की जय हो'। रस्सी का फंदा गले में पड़ा और 'विश्वानि देव सवितु···' शब्दों के साथ देह झूल गयी। सब कुछ समाप्त था। जिस वीर का जन्म अगर किसी स्वतन्त्र देश में हुआ होता तो एक विजयी सेनापति के रूप में वह इतिहास चमकता, वही गुलाम भारत में आजादी की आराधना करने के अपराध में साम्राज्यवादी सरकार द्वारा फांसी पर टांग दिया गया।

गोरखपुर जेल में चारों तरफ पुलिस और घुड़सवारों का कड़ा पहरा था।

जनता धड़कते हुए हृदय से शव को पाने की प्रतीक्षा कर रही थी। 19 तारीख को प्रातःकाल सूर्य की किरणों ने जाल फैलाया और गोरखपुर डिस्ट्रिक्ट जेल के फाटक से निकला आजादी के शहीद पं० रामप्रसाद बिस्मिल का शव। श्रद्धा के साथ लोगों ने शव को रख के अर्थी सजायी। जुलूस बाजार से घूमता हुआ श्मशान घाट को चला। रास्ते में जनता इत्र, फूल और पैसों की वर्षा कर रही थी। नंगे पैर, नंगे सर, कठोर नीरवता के साथ भरे हृदय से लोग आगे बढ़ रहे थे। वैदिक रीति से बड़ी ही शान के साथ उनका अन्तिम संस्कार किया गया। साम्राज्यवादी सरकार ने घृणास्पद बनाकर दुनिया से उनका अस्तित्व मिटाना चाहा था, वे गौरवास्पद बनकर इतिहास में अमर हो गये।

श्री अशफाकउल्ला खां

शाहजहांपुर के एक हरे-भरे अमीर घराने में श्री अशफाकउल्ला खां वारसी 'हसरत' ने जन्म लिया था। लड़कपन से ही आप बड़ी मस्तानी तबीयत के थे। नदी 'खन्नौत' में तैरना, घोड़े की सवारी और भाई की बन्दूक से शिकार खेलना इन्हें बहुत प्रिय था। लड़कपन से ही देश की धुन समा गई थी। आंदोलन से दिलचस्पी रखते, उन्हें जानने-समझने की कोशिश करते थे। उनका झुकाव क्रांतिकारी आंदोलन की ओर विशेष तौर से था। जब श्री रामप्रसाद जी बिस्मिल शाहजहांपुर में खुले तौर से रहने लगे, तो श्री अशफाक ने उनसे परिचय किया। राजनीति पर खूब बातचीत हुई और अन्त में घनिष्ठ मित्रता का सम्बन्ध हो गया।

गोरे रंग का, हंसता-झूमता, हट्टाकट्टा, सुन्दर-सा यह नौजवान श्री बिस्मिल के साथ 1921 के आंदोलन में स्कूल छोड़कर मैदान में आ गया और अनेकों जिलों के गांवों में पैदल घूमकर जनता को आजादी के जंग में शामिल होने का संदेश सुनाया।

आन्दोलन रुका और श्री अशफाक ने एक गहरा धक्का अनुभव किया? आजादी हासिल करने के लिए कौन-सा रास्ता पकड़ा जाये यह बात उन्हें हरदम परेशान करने लगी। एक ओर महात्मा जी का अहिंसा मार्ग था दूसरी ओर संसार में आज तक काम में लाया गया सशस्त्र प्रतिकार था। बहुत बड़ा अन्तर्द्वन्द्व चल रहा था श्री अशफाक के दिल में। एक बार महात्मा गांधी के चरणों पर रोते हुए सर रखकर श्री अशफाक ने अपनी तमाम शंकाएं उनसे कही थीं, पर महात्मा जी के उत्तर से उन्हें सन्तोष न हुआ और एक दिन उन्होंने दृढ़ निश्चय के साथ एक रास्ते पर बढ़ना शुरू कर दिया। सरफरोशी की तमन्ना लेकर वे कातिल की जोरआजमाई के लिए आगे बढ़े।

क्रांतिकारी दल में श्री अशफाक का एक विशेष स्थान रहेगा। अपने धर्म के

जन्म : 21 दिसम्बर सन् 1900; बलिदान : 19 दिसम्बर सन् 1927

पक्के रहते, नमाजी रहते हुए भी उनके दिल में धार्मिक द्वेष के लिए कोई जगह न थी। दल में लोग अक्सर उन्हें कुंवर जी के नाम से पुकारते थे ! हर काम में वे हरदम आगे रहने की कोशिश करते थे। शाहजहांपुर के आसपास के जिलों में मुसलमान भाइयों में उन्होंने संगठन को बढ़ाने की पूरी कोशिश की थी और दल के बहुत से शक्ति-प्रदर्शन के कामों में उन्होंने दिलेराना ढंग से हिस्सा लिया था। काकोरी काण्ड की सफलता में भी उनका एक बहुत बड़ा हिस्सा था।

असहयोग के जमाने से ही पुलिस उनके पीछे पड़ गई थी। रामप्रसाद बिस्मिल की दोस्ती भी उनके लिए महंगी पड़ रही थी और इसी से पुलिस उनसे खासतौर से जल रही थी। काकोरी की घटना के बाद कड़ी निगरानी शुरू हुई और अंत में 26 सितम्बर 1925 में उनके पकड़ने के लिए वारण्ट भी निकला। पर श्री अशफाक हाथ न आये।

श्री अशफाक पुलिस को चकमा देकर बराबर अपने तरीके से काम करते रहे। लोगों ने उन्हें विदेश जाने की सलाह दी तो उन्होंने कहा मेरा काम देश के अन्दर है, बाहर आराम से बैठने के लिए मैंने यह रास्ता नहीं लिया है। देश में मेरी जरूरत है और मैं देश में ही रहूंगा। अन्त में 8 सितम्बर 1926 को देहली में रहने वाले एक महान हिन्दी साहित्यिक, लौहलेखनी के धनी की विशेष दया से पुलिस ने उन्हें देहली में गिरफ्तार कर लिया। उधर श्री शचीन्द्रनाथ बख्शी भागलपुर में गिरफ्तार हो गये। अतएव दोनों पर अलग-अलग मुकदमा चलाया गया। हम लोगों को एक दिन भी साथ रहने का अवसर न मिला।

गिरफ्तारी के बाद साम्राज्यशाही के गुर्गों ने अपने फंदे फेंकना शुरू किये। मजहबी जोश उभाड़कर उन्हें देशद्रोही, विश्वासघाती बनाने की कोशिश की गई। पर सब फिजूल साबित हुआ। श्री अशफाक किसी और ही धातु से बने थे। काकोरी मुकदमे के एक इंचार्ज श्री तसद्दुक हुसेन साहब डिप्टी सुपरिन्टेन्डेन्ट सी० आई० डी०, इम्पीरियल ब्रांच ने उनसे मिलकर कहा, "देखो अशफाक, तुमसे हमारे कुछ खानदानी ताल्लुकात हैं। हम और तुम दोनों मुसलमान हैं। काफिर रामप्रसाद आर्यसमाजी है। हमारे मजहब का जानी दुश्मन है। यह मुल्क में हिंदू-राज कायम करना चाहता है, तुम पढ़े-लिखे समझदार हो, तुम्हें काफिर का साथ देकर अपने मजहब को नुकसान न पहुंचाना चाहिए। पुलिस को सब मालूम हो चुका है, यह तो तुम्हें इतने दिनों मुकदमा चलने से मालूम ही हो चुका होगा। मेरा कहना मानकर जो कुछ बातें हों वह साफ-साफ कह दो। उस काफिर रामप्रसाद की दोस्ती में अपने को तबाह न करो।"

गुस्से से श्री अशफाक का चेहरा तमतमा उठा। आंखें लाल हो गई। तेज सांस लेते हुए डपटकर उन्होंने कहा, "बस कीजिए जनाब ! बहुत हो गया। मैं आपके मुंह से ऐसी बातें नहीं सुनना चाहता। आइन्दा इनका दोहराना आपके हक

में अच्छा न साबित होगा। पंडित जी सच्चे हिंदोस्तानी हैं। वे सबके लिए एक-से हुकूक देने वाली पंचायती सरकार हिंदोस्तान में कायम करना चाहते हैं। मुल्क से गुलामी को तबाह करना चाहते हैं। वे किसी फिरकेवार सल्तनत के हामी नहीं हैं। उन्हें तो ऐसी सल्तनत से दिली नफरत है और, जैसा आप कहते हैं, वह बात भी सही होती तो भी मैं पण्डित जी का साथ जरूर देता। मेरी नजर में गैर मुल्क के रहने वालों की गुलामी से अपने मुल्क के रहने वाले भाइयों की मातहती कहीं ज्यादा बेहतर है।"

बेचारे खान साहब के होश गुम हो गये, अपना-सा मुंह लेकर वे लौट गये।

पहले दिन जब अशफाक का मजिस्ट्रेट सैयद अईनुद्दीन से सामना हुआ तो आपने पूछा, "मजिस्ट्रेट साहब आप मुझे पहचानते हैं? मैंने तो कई बार आपको देखा है।" अईनुद्दीन ने हैरत से पूछा, "आपने मुझे देखा! कब? कहां?" हंसकर श्री अशफाक ने कहा, "जबसे आपकी अदालत में यह मुकदमा शुरू हुआ मैं कई बार यहां आकर मुकदमे को देख गया हूं। मैं यहां राजपूती वेश में हरदम आता था और अच्छी तरह से मुकदमे को बैठकर देखा करता था।"

195 पौंड वजन के इस लम्बे-तगड़े खूबसूरत नौजवान ने जिस दिन पहले-पहल लखनऊ सेन्ट्रल जेल में कदम रखा और फांसी की तलवार सर पर लटकते रहने पर भी जब बिल्कुल बेफिक्र होकर रहना शुरू किया तो जेल के कैदियों में हलचल-सी मच गई। लोग इन्हें देखने आने लगे। अन्त में मुकदमे का फैसला हुआ और इन्हें तीन फांसी और दो कालेपानी की सजाएं हुई।

फांसी के एक दिन पहले कुछ दोस्त उनसे मिलने गये। आज श्री अशफाक को अपने कपड़े पहनने को मिल गये थे। उन्होंने नहा-धोकर बड़ी सफाई के साथ इन कपड़ों को पहना था। लोगों ने उन्हें बहुत ही खुश पाया। हंसते हुए उन्होंने अपने दोस्तों से कहा, "सुबह मेरी शादी है। कहीं दूल्हा में कोई फर्क तो नहीं पाते हो!" यह कहकर वे बड़ी जोर से हंस दिये। दोस्तों के भी मुस्कराहट आ गई, पर उनके दिल को उसी वक्त मालूम हुआ जैसे किसी ने बड़ी बेदर्दी के साथ मसल दिया हो। सुबह फांसी पर चढ़ने वाला यह दीवाना जिस मस्ताने ढंग से हंसकर बातें कर रहा था, हंस रहा था, यह उसके लिए तो मुमकिन था पर उसके सच्चे दोस्तों के लिए उसका साथ दे पाना बहुत मुश्किल था।

19 दिसम्बर 1927 को प्रातः 6 बजे वे फैजाबाद जेल में फांसीघर की ओर चल दिये। सुन्दर घुंघराले लम्बे बाल पीछे की ओर लटक रहे थे। साफ-सुथरे कुर्ते के ऊपर 'कुरान शरीफ' का बस्ता लटक रहा था और जबान पर कुरान की आयतें थीं। सीढ़ियां चढ़कर फांसी के फन्दे के पास पहुंचे। रस्सी को चूमकर उन्होंने कहा, "मेरे हाथ कभी इन्सानी खून से नहीं रंगे गये। जो इल्जाम मेरे ऊपर लगाया गया है वह गलत है। मेरा इन्साफ खुदा के यहां होगा।"

फन्दा गले में पड़ा। श्री अशफाक ने शेर पढ़ा :

तंग आकर हम भी उनके जुल्म से बेदाद से।
चल दिये सूये अदम जिंदान-फैजाबाद से॥
फना है सबके लिए हम पे कुछ नहीं मौकूफ।
बका है एक फकत जाते-किब्रिया के लिए॥

इशारा हुआ। जल्लाद ने हत्था खींच दिया। श्री अशफाक का शरीर रस्सी में झूल गया। बड़ी मुश्किल से उनकी लाश को शाहजहांपुर ले जाने की इजाजत मिली थी। लखनऊ स्टेशन पर लोगों ने देखा* दस घण्टे के बाद भी चेहरे पर एक पवित्र शान्ति और मधुरता छा रही है। आंखों के नीचे जरा-सा पीलापन, बाकी चेहरा ऐसा सजीव था मानो अभी-अभी नींद आई है। यह नींद, उनकी अनंत नींद थी। उन्होंने फिर आंखें न खोलीं।

श्री अशफाक एक जिंदादिल अच्छे शायर थे। हसरत के नाम से शायरी लिखते थे। उनकी कुछ चीजें हम नीचे दे रहे हैं :

सुनायें ग़म की किसे कहानी हमें तो अपने सता रहे हैं।
हमेशा वो सुबहो-शाम दिल पर सितम के खंजर चला रहे हैं॥

न कोई इंगलिश, न कोई जर्मन, न कोई रशियन, न कोई तुर्की—
मिटाने वाले हैं अपने हिंदी जो आज हमको मिटा रहे हैं॥

कहां गया कोहेनूर हीरा किधर गई हाय मेरी दौलत।
वो सबका-सब लूट करके उल्टा हमीं को डाकू बता रहे हैं॥

जिसे फ़ना वो समझ रहे हैं बक़ा का है राज उसी में मुज़मिर।
नहीं मिटाये से मिट सकेंगे वो लाख हमको मिटा रहे हैं॥

जो है हुकूमत वो मुद्दई है जो अपने भाई हैं हैं वो दुश्मन।
गजब पे जान अपनी आ गई है क़ज़ा के पहलू में जा रहे हैं॥

---

* जिनमें प्रमुख थे 'प्रताप' के संपादक अमर शहीद गणेशशंकर विद्यार्थी और उनके साथी। अशफाक ने फांसी से एक दिन पहले तार देकर खासतौर से अपनी यात्रा में शामिल होने के लिए बुलवाया था। विद्यार्थी जी अपने साथ एक फोटोग्राफर ले गये थे। अशफाक के अंतिम दर्शन का जो एकमात्र फोटो उपलब्ध है, वह विद्यार्थी जी ने ही खिचवाया था। बाद में शाहजहांपुर में उनकी कब्र भी विद्यार्थी जी ने ही बनवाई।—संपादक

चलो-चलो यारो रिंग थियेटर दिखाएं तुमको वहां पे लिबरल।
जो चंद टुकड़ों पे, सीमो-ज़र के नया तमाशा दिखा रहे हैं॥

खमोश 'हसरत'-खमोश 'हसरत' अगर है जज़्बा वतन का दिल में।
सजा को पहुंचेंगे अपनी बेसक़ जो आज हमको सता रहे हैं॥

वह रंग अब कहां है नसरीनो-नस्तरन में।
उजड़ा हुआ पड़ा है क्या खाक है वतन में॥

कुछ आरज़ू नहीं है, है आरज़ू तो यह है।
रख दे कोई ज़रा-सी ख़ाके-वतन कफ़न में॥

ऐ पुख़्ताकोर उल्फ़त हुशियार डिग न जाना।
मेराज़े-आशिकां है इस दार औ रसन में॥

था नारा-ए-'अनलहक़' और दावा-ए-मुहब्बत।
रखा हुआ था और क्या मंसूरो-कोहकन में॥

मौत और जिंदगी है दुनिया का इक तमाशा।
फ़रमान कृष्ण का था अर्जुन को बीच रन में॥

जिसने हिला दिया है दुनिया को एक पल में।
अफ़सोस क्यों नहीं है वह रूह अब वतन में॥

ऐ करिसीने-मिल्लत यह खूब याद रखना—
हैं बोस और कन्हाई अब भी बहुत वतन में॥

सैयादे-जुल्मपेशा आया है जब से 'हसरत'।
हैं बुलबुलें कफ़स में जागो जगन चमन में॥

बहार आई हुई शोरिश जुनूने-फ़ितना सामी की।
इलाही खैर करना तू मेरे जेबो-गरेबां की॥

सही जज्बाते-हुर्रीयत कहीं मेटे से मिटते हैं।
अबस हैं धमकियां दारो-रसन की और जिंदां की॥

वह गुलशन जो कभी आज़ाद था गुजरे जमाने में।
मैं शाखे-खुश्क हूं हां-हां उसी उजड़े गुलिस्तां की॥

नहीं तुमसे शिकायत ऐ सफीराने-चमन मुझको।
मेरी तकदीर में ही था कफ़स और क़ैद जिंदां की॥

करो जब्ते-मुहब्बत गर तुम्हें दावाये-उल्फ़त है।
खमोशी साफ़ बतलाती है ये तस्वीरे-जानां की॥

यूं ही लिक्खा था किस्मत में चमन पैरायें-आलम ने।
कि फ़स्ले-गुल में गुलशन छूट कर है क़ैद जिंदां की॥

जमीं दुश्मन जमां दुश्मन जो अपने थे पराये हैं।
सुनोगे दास्तां क्या तुम मेरे हाले-परीशां की॥

ये झगड़े औ बखेड़े मेटके आपस में मिल जाओ।
ये तफरीके-अबस हैं तुममें हिंदू औ' मुसल्मां की॥

सभी सामाने-इशरत थे मजे से अपनी कटती थी।
वतन के इश्क़ ने मुझको हवा खिलवाई जिंदां की॥

खुदा वाक़िफ़ है जैसी भी गुजरती है, गुजरती है।
सुनोगे दास्तां क्या यार तुम बीमारे-हिजरां की॥

मिसाले-क़ैस दीवाना किसी लैला की खातिर मैं।
महीनों ठोकरें खाया किया कोहो-बियाबां की॥

बहमदल्ला चमक उट्ठा सितारा मेरी किस्मत का।
कि तक़लीदे-हक़ीक़ी की अता शाहे-शहीदां की॥

इधर खौफ़े-खुदा है, आशियां का गम उधर दिल को।
हमें यकसां है तफरीहे-चमन, और क़ैद जिंदां की॥

जबीं साईं दरे-हजरत की हसरत अपना ईमां है।
मुबारक हज़रते-वाइज़ को ख़्वाहिश बाग़े-रिज़वां की॥

तनहाइ ए गुरबत से मायूस न हो 'हसरत'।
कब तक न खबर लेंगे याराने-वतन तेरी॥

बजुर्मे-आरजू पै जिस क़दर चाहें सजा दे लें।
मुझे खुद ख़्वाहिशे-ताजीर है मुल्ज़िम हूं इकरारी॥

बुज़दिलों को ही सदा मौत से डरते देखा।
गो कि सौ बार उन्हें रोज ही मरते देखा।
मौत से वीर को हमने नहीं डरते देखा।
तख़्ता-ए-मौत पर भी खेल ही करते देखा।

मौत इक रोज जब आनी है तो डरना क्या है।
हम सदा खेल ही समझा किये मरना क्या है।
वतन हमेशा रहे शादकाम औ आज़ाद—
हमारा क्या है अगर हम रहे, रहे न रहे।

(मूल पुस्तक में अशफ़ाक की शायरी के नमूने शुद्ध और मुक़म्मल नहीं थे। शायद याददाश्त के आधार पर दिये जाने के कारण ऐसा हुआ होगा। हालांकि अशफ़ाक की रचनाएं और भी बहुत-सी हैं, लेकिन यहां सिर्फ़ उन्हीं को लिखा गया है, जो इस मूल पुस्तक में अधूरे रूप में दी गई थीं।—संपादक)

फांसी से पहले उन्होंने देश के नाम यह संदेश दिया था—"भारतमाता के रंगमंच पर हम अपना पार्ट अदा कर चुके। गलत या सही हमने जो कुछ किया आजादी हासिल करने की भावना से प्रेरित होकर किया। हमारे अपने, हमारी निंदा करें या प्रशंसा, पर हमारे दुश्मनों तक को हमारे साहस और वीरता की प्रशंसा करनी पड़ी है। लोग कहते हैं, हम मुल्क में आतंक फैलाना चाहते थे, यह गलत है। इतने लम्बे अर्से तक मुकदमा चला, हममें से बहुत से बहुत दिनों इस मौके पर आजाद रहे और आज भी कुछ आजाद हैं, फिर भी हमने या हमारे किसी साथी ने किसी अपने नुकसान पहुंचाने वाले पर गोली नहीं चलाई। हमारा यह उद्देश्य नहीं था। हम तो आजादी हासिल करने के लिए मुल्क में क्रांति कराना चाहते थे।

"जजों ने हमें निर्दय, बर्बर, मानव-कलंक आदि नामों से याद किया है। हमारे शासकों की कौम के जनरल डायर ने निहत्थों पर गोलियां चलाई थीं, और चलाई थीं स्त्री, पुरुष, बच्चे और बूढ़ों तक पर। न्याय के इन ठेकेदारों ने अपने इन भाई-बन्दों को किन विशेषणों से सम्बोधित किया है? फिर हमारे ही साथ ऐसा सलूक क्यों?

"हिन्दोस्तानी भाइयो! आप चाहे जिस मजहब या फिरके के मानने वाले हों, मुल्क के काम में साथ दीजिए। व्यर्थ में आपस में न लड़िये। रास्ते चाहे अलग हों, पर लक्ष्य सबका एक है। सब धर्म एक ही लक्ष्य की पूर्ति के साधन हैं। फिर यह व्यर्थ के टण्टे-झगड़े क्यों? हम मरने वाले काकोरी के अभियुक्तों के लिए एक हो जाइए और एक होकर आप मुल्क की नौकरशाही का सामना कीजिए और अपने मुल्क को आजाद बनाइये। मुल्क के सात करोड़ मुसलमानों में मैं पहला मुसलमान हूं जो मुल्क की आजादी के लिए फांसी चढ़ रहा हूं। यह सोचकर मुझे फख्र होता है। अन्त में मेरा सबको सलाम! हिन्दोस्तान आजाद हो। मेरे भाई खुश रहें।"

श्री राजेन्द्रनाथ लाहिड़ी

श्री राजेन्द्रनाथ लाहिड़ी काकोरी षड्यन्त्र के प्रमुख अभियुक्तों में से एक थे। बनारस डिवीजन के इन्चार्ज और क्रांतिकारी संघ की प्रांतीय कौंसिल के सदस्य थे। स्वाभिमानी, साहसी, विजयी श्री राजेन्द्र में यह प्रतिभा थी कि वे सबके होकर रह सकते थे। सब उन्हें अपना अनुभव करते थे। सबसे उन्होंने काम ले लिया और बड़े ही सुन्दर ढंग से काम लिया। उनके चेहरे पर हरदम हंसी खेला करती थी। औरों के चेहरे पर हंसी होती है, पर श्री राजेन्द्र के हंसने पर मालूम होता था कि हंसी उन्मुक्त हो, बन्धन काट, बाधाविहीन हो सारे शरीर से फूटी पड़ रही है।

घटना के समय वे हिन्दू विश्वविद्यालय के एम० ए० के विद्यार्थी थे। अन्तर्राष्ट्रीय राजनीति और अर्थशास्त्र से उन्हें विशेष दिलचस्पी थी। इतिहास में भी उनका प्रवेश था। वे बड़े अध्ययनशील थे। साहित्य से उन्हें स्वाभाविक प्रेम था। उनके लेख अक्सर बंगला पत्र 'बंगवाणी' 'शंख' आदि में प्रकाशित हुआ करते थे। बनारस के क्रांतिकारियों के पत्र 'अग्रदूत' (हस्तलिखित) के वे एक प्रकार से प्रवर्तक थे। हरदम इनकी कोशिश रहती थी कि दल के सदस्य का पूर्ण विकास हो, यह हर सदस्य को लिखने के लिए उत्साहित किया करते थे और कुछ-न-कुछ उससे अवश्य ही लिखवा लेते थे। गिरफ्तारी के समय वे हिन्दू विश्वविद्यालय की 'बंगला साहित्य परिषद' के मंत्री थे। इनके मिलनसार और प्रसन्नचित्त स्वभाव को देखकर सहसा कोई यह विश्वास ही नहीं कर सकता था कि श्री राजेन्द्र इतने भयानक पथ के एक अग्रगामी पथिक होंगे।

पढ़ने-लिखने की भांति ही वे खेल-कूद, दौड़-धूप, कूदना-तैरना, हाकी-फुटबाल आदि में भी बड़े पटु, चुस्त और चालाक थे। सीधी-सादी वेशभूषा के श्री राजेन्द्र का खेलना, हंसना, लतीफे सुनाकर दूसरों को हंसाना स्वाभाविक गुण था।

जन्म : जून सन् 1901, बलिदान : 17 दिसम्बर 1927

लापरवाही और मस्ती का तो कहना ही क्या ? भयंकर-से-भयंकर आपत्ति के सर पर भंडराते रहने पर भी हर समय चेहरे पर मन्द मुसकान खेलती रहती। पर इनकी यह बेफिक्री और मस्ती कर्तव्यपालन में कभी कोई त्रुटि न ला सकी। अपनी जिम्मेदारी को इन्होंने बड़ी ही खूबी से पूरा किया। ये समाज, धर्म, राजनीति, जीवन के सब अंगों में क्रान्ति के उपासक थे।

मेरठ की प्रांतीय काउन्सिल में कुछ खास बातें निश्चित हुई थीं, उन्हीं के लिए श्री राजेन्द्रनाथ बंगाल चले गये। पुलिस को इसका पता न था। काकोरी के मामले में जब 26 सितंबर 1925 को वारंट लेकर पुलिस उन्हें घर पर गिरफ्तार करने पहुंची तो वे वहां न मिले। कुछ दिनों बाद वे कलकत्ते के पास दक्षिणेश्वर में एक मकान में पकड़े गये। वहां कुछ अन्य सामान के साथ एक बम भी पाया गया। श्री राजेन्द्र को इस मामले में 10 साल की सजा दी गई।

दक्षिणेश्वर बम केस में कुछ अन्य लोगों को भी सजाएं हुई थीं। कलकत्ते की स्पेशल ब्रांच सी० आई० डी० के एक उच्च पदाधिकारी रायबहादुर भूपेन्द्रनाथ सुपरिन्टेन्डेन्ट अपने आपको बहुत-कुछ समझते थे, वे बराबर जेल में इन अभियुक्तों के पास जाकर उन्हें परेशान किया करते थे। उनके मना करने पर भी इन महानुभाव ने उनके पास जाना बन्द न किया। मंशा थी अन्य क्रांतिकारियों की नजरों में अपना और इन बन्दियों का अधिक मेल-जोल साबित करके इनके प्रति द्वेष भावना उत्पन्न करना। इनको दल का विश्वासघाती प्रमाणित करना, और इसके बाद जब संदेह में फंसकर दल के लोग इनका अपमान करें तो इन्हें अपनी ओर करने के लिए प्रलोभन आदि द्वारा कोशिश करना। वह मनुष्य जिसके सच्चे रहने पर भी साथी उसे अविश्वास की नजर से देखते हों, एक ही काम कर सकता है, और वह है आत्महत्या। कारण, उसका जीवन उसे भार हो जाता है। इन वीरों की भी यही दशा हुई। जीवन से ऊबकर इन्होंने प्राण देने चाहे। पर एक-दूसरे ढंग से। एक दिन जब राय बहादुर भूपेन्द्रनाथ इनके दर्जे में आये तो इसके बाद फिर उनका शव ही वहां से निकला। इस मामले में हमारे दो बन्धु श्री प्रमोदरंजन चौधरी और श्री अनन्तहरी मित्र फांसी पर चढ़ा दिये गये। पुलिस की बुद्धिमानी ने ये बलिदान ले लिये।

दक्षिणेश्वर बम केस से लाकर श्री राजेन्द्र लाहिड़ी पर काकोरी का मुकदमा चला। इसी मुकदमे के दौरान एक दिन एक अकड़वेग पुलिस सूबेदार से कुछ खटपट हो गई। स्वाभिमानी श्री राजेन्द्र ने बड़े ही शान के साथ इसका प्रतिवाद किया और एक करारे चांटे ने सूबेदार साहब के होश ठिकाने ला दिये। पहले तो पुलिस ने इस मामले का भी मुकदमा चलाना चाहा, फिर कुछ समझ में आया और मुकदमा उठा लिया गया। काकोरी केस में आपको दो आजीवन कालेपानी तथा एक फांसी की सजा मिली। फैसले के बाद पहले वे बाराबंकी तथा बाद को

गोंडा जेल भेज दिये गये । आपने 6 अक्टूबर 1927 को गोंडा जेल से यह पत्र भेजा था :

पूरे 6 मास तक बाराबंकी और गोंडा जेल की कालकोठरियों में बन्द रहने के बाद कल मुझे सूचना मिली है कि, एक सप्ताह के भीतर ही फांसी हो जायेगी। अब मैं यह अपना कर्तव्य समझता हूं कि उन सब मित्रों के प्रति अपनी हार्दिक कृतज्ञता प्रकट करूं, जिन्होंने हम लोगों के लिए हर प्रकार की कोशिशें कीं। आप लोग मेरा अन्तिम नमस्कार स्वीकार कीजिए। हमारे लिए मृत्यु शरीर का परिवर्तन मात्र है। पुराने कपड़ों को त्याग नये कपड़े पहन लेना है। मृत्यु आ रही है। मैं प्रसन्नचित्त और प्रसन्न बदन से उसका आलिंगन करूंगा। जेल नियमों के कारण अधिक नहीं लिख सकता। आपको नमस्कार ! देश हितैषियों को नमस्कार !! सबको नमस्कार !!! बन्देमातरम्।

आपका—

राजेन्द्रनाथ लाहिड़ी

प्रीवी कौंसिल में अपील होने के कारण यह तारीख टल गई। इसके बाद प्रीवी कौंसिल ने कुछ न सुना और फांसी देना ही निश्चय रहा। हमारे अन्य सहयोगी तो 19 दिसम्बर 1927 को फांसी चढ़ाये गये, पर श्री राजेन्द्र 17 दिसम्बर को ही चढ़ा दिये गये। क्यों ? कौन उत्तर दे इसका !! फांसी से पहले 14 दिसम्बर को उन्होंने अपने एक मित्र के नाम यह पत्र लिखा था :

कल मैंने सुना प्रीवी कौंसिल ने मेरी अपील खारिज कर दी, आपने हम लोगों की प्राणरक्षा के लिए बहुत कुछ किया। पर यह मालूम पड़ता है, कि देश की बलिवेदी पर हमारे प्राणों के चढ़ाने की ही आवश्यकता है। मृत्यु क्या है ? जीवन-सिक्के के दूसरे पहलू के सिवा कुछ नहीं ! फिर मनुष्य मृत्यु से भय और दु:ख क्यों करे ? यह तो नितान्त स्वाभाविक अवस्था है, उतनी ही स्वाभाविक जितना कि प्रातःकालीन सूर्य का उदय होना। यदि यह सच है कि इतिहास पलटा खाया करता है, तो मैं समझता हूं कि हमारी मौत व्यर्थ न जायेगी। सबको मेरा नमस्कार ! अंतिम नमस्कार !!

आपका—

राजेन्द्र

पत्रों के शब्द श्री राजेन्द्रनाथ की वीरता, गम्भीरता, विद्वत्ता, निर्भीकता और देशभक्ति की कहानी अपने आप कह रहे हैं। 17 दिसम्बर 1927 को वे गोंडा जेल में फांसी पर चढ़ा दिये गये। फांसी का नाम सुनकर बड़े-बड़े दिलेरों के हौसले पस्त हो जाते हैं। चेहरा फक पड़ जाता है, पर फांसी के बाद भी श्री राजेन्द्रनाथ

के चेहरे पर कोई शिकन न थी। सबेरे गीता का पाठ करके वे फांसी पर गये थे। गोंडा निवासियों, विशेषकर आर्यसमाजी बन्धुओं ने बड़ी सजधज के साथ उनकी अर्थी का जुलूस निकाला, वेदमंत्र और भारतमाता की जय के साथ उन्हें श्मशान घाट ले गये और सम्मान के साथ उनका दाह-संस्कार किया। उसी समय यह भी निश्चय हुआ कि श्री राजेन्द्रनाथ का वहां एक स्मारक बनाया जाये। जेल से मुक्त होने के बाद बंधुवर श्री मन्मथनाथ गुप्त ने अभी शायद जुलाई सन् 1938 में इस स्मारक का शिलान्यास किया है। विश्वास है, गोंडा निवासी अपनी पूरी शक्ति से इस स्मारक को सफलतापूर्वक शीघ्र ही बनाकर तैयार कर देंगे।

श्री ठाकुर रोशनसिंह

अपने साहस तथा वीरता के लिए जिले में प्रसिद्ध, नवादा ग्राम, शाहजहांपुर जिले के रहने वाले थे ठाकुर रोशनसिंह जी। गांव की प्रसिद्धि के अनुसार ही ठाकुर रोशनसिंह जी, अपनी आन के धनी एक बांके-लड़ाकू योद्धा थे। तलवार, गदका-फरी, लाठी चलाने में वे बड़े ही प्रवीण थे। बन्दूक का निशाना बड़ा ही सच्चा था। चिड़ियों का शिकार आपने कभी बैठी चिड़िया मार कर नहीं किया। उन्हें उड़ा कर तब निशाना लेते थे। व्यायाम से इन्हें बड़ा प्रेम था, कुश्ती भी खूब लड़ते थे। आर्यसमाजी होते हुए भी संकुचित भावना आप में छू नहीं गई थी। हिन्दी-उर्दू का अच्छा ज्ञान था। जेल में बंगला और इंग्लिश भी सीख ली थी।

प्रारम्भिक जीवन में यह एक लड़ाकू ठाकुर थे। असहयोग की दुंदुभी बजी, पं० रामप्रसाद जी के संसर्ग ने इन्हें राजनैतिक क्षेत्र में घसीट लिया। कदम बढ़ा कर पीछे हटना तो इनकी शान के खिलाफ था। घूम-घूम कर गांव-गांव प्रचार करने लगे। बरेली में स्वयंसेवकों का सम्मेलन था। ठाकुर रोशनसिंह जी भी अपने साथियों के साथ रवाना हुए। बरेली कुतबखाने पहुंचने का आदेश था, लेकिन पुलिस ने धारा 144 लगवा दी थी। जगह-जगह लाल साफे बांधे पुलिस के सिपाही लट्ठ लिये झूम रहे थे। इन्हें रुकने का हुक्म दिया गया, सत्याग्रही ठाकुर रोशनसिंह कैसे रुक सकते थे? वे आगे बढ़ते गये। सब साथियों के साथ गिरफ्तारी हुई। औरों को छः महीने और ठाकुर रोशनसिंह जी को ढाई वर्ष की कड़ी कैद का उपहार मिला। बरेली जिला जेल में धूनी रमी।

अजब धुन के आदमी थे ठाकुर रोशनसिंह। सजा में चक्की चलाने का काम दिया गया। लोगों ने उनसे कहा, इसको करना ठीक नहीं, आपने उत्तर दिया जब बदन में ताकत है तो काम क्यों न किया जाय! जुट गये चक्की पर और साढ़े नौ बजे 15 सेर गेहूं पिसकर तैयार! एक दिन नहीं, दो दिन नहीं, पूरे एक साल

जन्म : सन् 1890, बलिदान : 19 दिसंबर 1927

तक आप चक्की पर ही जुटे रहे।

जेल से निकल कर देखा कि जिस रास्ते पर चले थे वह तो बन्द है। श्री रामप्रसाद से मिले, कुछ विचार-विनिमय हुआ और आप क्रांतिकारी दल के काम में जुट पड़े।

26 सितम्बर 1925 को आप भी गिरफ्तार कर लिये गये। कोई विशेष सबूत न था, कुछ विशेष भाग न था। सभी सोचते थे ठाकुर साहब को बहुत कम सजा होगी। पर न जाने वे कौन से कारण थे जिन्होंने उन्हें सजा दिलवाई फांसी की। रिहाई की आशा रखने वाले को सुनाया गया मृत्युदंड ! पर कर्मवीर रोशन-सिह जी के चेहरे पर शिकन तक न थी। स्वाभाविक गंभीरता के साथ उन्होंने सबकी ओर देखा। सब एक विचित्र भावना सें उनकी ओर ताक रहे थे। ठाकुर साहब ने बढ़कर छोटों की पीठ पर वात्सल्य भाव से हाथ रखकर कहा, "चिन्ता करने की तो कोई बात नहीं है, परेशान क्यों होते हो। सबसे अधिक उम्र मेरी थी, सबसे अधिक मुझे मिलना भी चाहिए था, वही मुझे मिला है, यह तो खुशी का ही बायस है।" हम सब चुप रह गये।

अटल धीरता उनका एक विशेष गुण था। हवालात की अवस्था सें पिता जी के मरने का समाचार आया। केवल दो-तीन बार जोर-जोर से ॐ तत्सत का उच्चारण किया और फिर वही अपने नित्य के काम में लग गये। उस दिन लोगों ने सोचा था, ठाकुर साहब के दिल मे अपने पिता के लिए शायद कोई जगह नहीं है। पर आज उनके चरित्र की महत्ता साफ नजर आती है।

फैंसले के बाद इन्हें इलाहाबाद जेल भेज दिया गया। वहां भी इनकी दिनचर्या में कोई परिवर्तन न हुआ। निर्यमित रूप से मेहनत करना, संध्या-वंदन, गीतापाठ सभी कुछ बराबर चलता रहा। लोगों को आशा थी कि चीफ कोर्ट इनके मामले में अवश्य ही कुछ करेगा। पर जहां वादी और न्यायी एक हों वहां ऐसी कुछ आशा करना अपने आप को भ्रम में डालने के सिवा और क्या सिद्ध हो सकता है ! सब जगह से यही फैसला रहा। 13 दिसम्बर 1927 को उन्होंने इलाहाबाद जेल से यह पत्र लिखा था :

"इस सप्ताह के भीतर ही फांसी होगी, ईश्वर आपको मुहब्बत का बदला दे। मेरे लिए आप हरगिज रंज न करें। मेरी मौत खुशी का बायस होगी। दुनिया में पैदा होकर मरना जरूर है। बदफेल करके आदमी दुनिया में अपने आप को बदनाम न करे और मरते वक्त ईश्वर का ध्यान रहे यही बातें होनी चाहिए। ईश्वर की कृपा से मेरे साथ में दोनों बातें हैं। इसलिए मेरी मौत किसी प्रकार भी अफसोस के काबिल नहीं है। दो साल से मैं बाल-बच्चों से अलग हूं। इस बीच ईश्वर-भजन का खूब मौका मिला है। अब तो सब मोह छूट गया है। कोई वासना भी नहीं रही। मुझे विश्वास है कि दुनिया की कष्टभरी यात्रा समाप्त

करके मैं अब शांति की गोद में जा रहा हूं। अन्त में :

जिन्दगी जिन्दादिली को जान, ऐ रोशन,
वगरना कितने मरते और पैदा होते जाते हैं !
आखिरी नमस्ते !

आपका—
रोशन"

19 दिसम्बर को प्रात: 4 बजे पहरा देने वाले सन्तरियों ने देखा, ठाकुर रोशनसिंह गीता पढ़ने के बाद व्यायाम कर रहे हैं। सिपाही ने कहा, ठाकुर साहब अब तो फांसी पर जाने का समय आ रहा है। आप यह कसरत क्यों कर रहे हैं ? मुसकरा कर बड़ी ही लापरवाही से ठाकुर साहब ने जवाब दिया, नित्यनियम में बाधा तो न पड़नी चाहिए। जिस वक्त के लिए जो काम तय है उसे करना ही चाहिए। जब फांसी का वक्त आयेगा उसे भी कर लेंगे। बेचारा सिपाही चुप था, उसने बड़े-बड़े खूनी और डकैतों को फांसी जाते वक्त देखा था। बहुतों के प्राण तो कोठरी से निकलते ही निकल गये थे। जेल के सिपाहियों ने निर्जीव शरीर को ले जाकर फन्दे में डालकर लटका दिया था और एक था यह आदमी जो शांति और लापरवाही के साथ इस अन्तिम घड़ी में भी फांसी से पहले मेहनत कर रहा है और पूछने पर सब बातों का जवाब मुसकराकर दे रहा है ! उसके लिए तो यह प्राणी आश्चर्य और श्रद्धा की चीज बन गया।

लोग फांसी के लिए लेने को आये। गीता लिये मुसकराकर ठाकुर साहब चल दिये। सीढ़ियां चढ़ते हुए बराबर वन्देमातरम् का नारा लगाते रहे। और ॐ की ध्वनि के साथ इस असार संसार से विदा हो गये। जेल के बाहर जनता की अपार भीड़ शव लेने के लिए खड़ी थी। दाह-संस्कार के लिए शव को देने के बाद अधिकारियों ने जुलूस न निकालने का प्रतिबन्ध लगा दिया। दुखित हृदय से लोगों ने चुपचाप अर्थी को ले जाकर सम्मान के साथ उनका अन्तिम संस्कार किया और श्रद्धांजलि अर्पित की।

श्री जतीन्द्रनाथ दास

काकोरी की घटना करने वाले लोग जिस क्रांतिकारी दल के सदस्य थे वह 'भारतीय प्रजातन्त्र संघ' प्रांतीय चीज न होकर अखिल भारतीय संगठन था।

काकोरी षड्यंत्र में जो पत्र पुलिस ने पेश किए उनमें कलकत्ते से कालीबाबू के आने और बुलाने की चर्चा थी। पुलिस कालीबाबू को पकड़ने के लिए बड़ी परेशान थी। इसी संदेह में बंगाल के बहरमपुर स्थान से कॉलेज के विद्यार्थी कालिदास बोस को पुलिस गिरफ्तार करके लाई, पर अन्त में उन्हें रिहा करना पड़ा। 7 नवम्बर को पुलिस ने श्री जतीन्द्रनाथ दास को भी गिरफ्तार कर लिया। कलकत्ता जेल में काकोरी के मुखबिर बनारसी और इन्दुभूषण मित्र को उनकी शिनाख्त करने के लिए ले जाया गया, पर इन लोगों ने उन्हें कभी देखा ही न था, इसलिए वे उन्हें न पहचान सके। कालीबाबू का रहस्य तो पुलिस के लिए रहस्य ही रह गया, पर वास्तव में कालीबाबू थे श्री जतीन्द्रनाथ दास। कई बार वे बनारस आए और वहां के कामों में भाग लिया, पर पुलिस कुछ न जान सकी। शिनाख्त न हो सकने के कारण पुलिस उन पर मुकदमा न चला सकी और उन्हें बंगाल आर्डिनेन्स के अनुसार नजरबंद कर दिया गया।

भद्र परिवार के श्री बंकिमबिहारी दास के घर में सन् 1904 में श्री जतीन्द्रनाथ दास ने जन्म लिया था। अभी इन्ट्रेंस की परीक्षा पास ही की थी कि असहयोग आंदोलन छिड़ गया और कॉलिज छोड़ जतीन रणक्षेत्र में आ खड़े हुए। लगन से कांग्रेस का काम कर रहे थे कि बंगाल के कुछ पश्चिमी जिलों में बाढ़ ने प्रलय मचा दी। श्री जतीन्द्रनाथ वहां सेवाकार्य करने चले गए। लौटकर वे बड़ा बाजार कांग्रेस कमेटी में काम कर ही रहे थे कि पुलिस ने उन्हें गिरफ्तार कर लिया। पर चार दिन के बाद ये रिहा कर दिए गए। कुछ दिनों बाद फिर गिरफ्तार करके एक महीने की सजा दी गई। छूटने के बाद श्री जतीन्द्रनाथ दास फिर मैदान में

जन्म : 1904 में कलकत्ता में, बलिदान : 13 सितम्बर 1929

मोर्चा ले रहे थे। तीसरी बार फिर गिरफ्तारी हुई और अबकी बार तीन महीने की सजा हुई। इस बार जेल में इन्हें बुरी तरह परेशान करने की जेल अधिकारियों ने कोशिश की। फलस्वरूप इनका स्वास्थ्य बहुत खराब हो गया। चौरी-चौरा कांड ने आंदोलन स्थगित किया और श्री जतीनदास ने अवसर देख फिर कालेज में पैर रखा। अहिंसा का मार्ग बंद था और आजादी का सैनिक चुप नहीं रह सकता। उन्होंने दूसरी ओर कदम बढ़ाया। कालेज में पढ़ना और क्रांति यज्ञ के लिए युवकों का संगठन—दोनों काम साथ-साथ चल रहे थे। इसी बीच ऊपर बताए अनुसार 7 नवम्बर 1925 को वे गिरफ्तार करके नजरबंद कर दिए गए।

जेल अधिकारी इस बार भी श्री जतीन्द्रनाथ की भावना को कुचलना चाहते थे। ढाका जेल के सुपरिन्टेन्डेन्ट ने एक दिन तेहे में आकर कुछ अनापशनाप कह दिया। स्वाभिमानी श्री जतीन्द्रनाथ के लिए यह सब सहन करना असम्भव था। दोनों के बीच कुछ हाथापाई हो गई। फलस्वरूप श्री जतीन्द्रनाथ जेलवार्डरों द्वारा बुरी तरह पीटे गए। विरोध में उन्होंने अनशन आरम्भ कर दिया। बाहर तहलका मच गया और अन्त में जेल सुपरिन्टेन्डेन्ट के माफी मांगने पर ही वह अनशन समाप्त हुआ। पर इसका परिणाम यह हुआ कि इन्हें बंगाल जेल से हटा कर सुदूर प्रांत पंजाब की मियां वाली जेल में रखा गया। इस अवसर से लाभ उठाकर श्री जतीन्द्र दास ने पंजाब के कुछ लोगों से मेल-जोल बढ़ा लिया। 27 सितम्बर 1926 को वे इस बार रिहा कर दिए गए।

रिहा होते ही ये फिर अपने रास्ते पर चलने लगे। देश में यह समय तूफान का था। 19 दिसम्बर 1929 को काकोरी के 4 अभियुक्त फांसी पर लटका दिए गए और उसके बाद देश में तेजी से कुछ घटनाएं घटीं। सायमन कमीशन आया, बहिष्कार हुआ और नेताओं पर डंडे बरसे। पंजाब केसरी लाला लाजपत राय जी का देहान्त हुआ, लाहौर में पुलिस सुपरिन्टेन्डेन्ट मिस्टर सैन्डर्स मारे गए, असेम्बली में बम गिरा और श्री बटुकेश्वर दत्त तथा सरदार भगतसिंह गिरफ्तार हुए। साथ ही और भी बहुत से नौजवान मुल्क के और-और हिस्सों से गिरफ्तार करके लाहौर लाए गए। इसी सिलसिले में 16 जून 1929 को श्री जतीन्द्रनाथ दास जी गिरफ्तार कर लिए गए और 10 जुलाई 1929 से लाहौर में स्पेशल मजिस्ट्रेट के सामने इन लोगों का मुकदमा लाहौर षड्यंत्र केस के नाम से शुरू हुआ।

जेल में अब भी राजनीतिक बन्दियों के साथ साधारण गुनहगारों का-सा ही बर्ताव किया जा रहा था। देहली में सजा पाने के बाद राजनीतिक बन्दियों के साथ विशेष व्यवहार किए जाने की मांग रखकर श्री सरदार भगतसिंह और बीरवर बटुकेश्वरदत्त ने अनशन आरंभ कर दिया। लाहौर षड्यंत्र के ये अभियुक्त भी चुप न रह सके और इन लोगों ने 13 जुलाई से उनकी सहानुभूति अनशन

आरंभ कर दिया।

अनशन के दिन बढ़ते जाते थे और अनशनकारियों की दशा चिंताजनक होती जा रही थी। सारे देश में आंदोलन मचा था! देश के बड़े-बड़े नेता वक्तव्य निकाल रहे थे। अंत में अगस्त के दूसरे सप्ताह में जाकर सरकार ने एक जेल कमेटी नियुक्त की। उसने अपनी कुछ सिफारिशें सरकार के सामने पेश कीं और श्री जतीन दास की चिंताजनक हालत देखते हुए उन्हें बिना किसी शर्त के रिहा कर दिए जाने का अनुरोध किया। साथ ही सब अभियुक्तों को आश्वासन दिया कि यदि वे अपना अनशन स्थगित कर दें तो श्री जतीनदास बिना किसी शर्त के रिहा कर दिए जायेंगे और उनकी बहुत-सी शर्तें मंजूर कर ली जाएंगी। कुछ लोगों ने अनशन स्थगित भी कर दिया, पर सवेरे ही उन्हें सूचना दी गई कि श्री जतीनदास जमानत पर रिहा किए जा सकते हैं बिना शर्त नहीं। कर्मयोगी श्री जतीनदास ने जमानत पर छूटने से इन्कार कर दिया। श्री दास की हालत बहुत खराब हो गई। किसी ने उनके लिए जमानत की दरख्वास्त दी, उन्होंने इस पर भी छूटने से साफ इन्कार कर दिया। अन्त में इसी अनशन में 13 सितंबर 1929 को एक बजकर पांच मिनट पर वे बोर्स्टर जेल में शहीद हो गए।

श्री दास की मृत्यु की खबर से सारे देश में एक मातम-सा छा गया। उनकी लाश कलकत्ता ले जाई गयी। रास्ते में अनेक स्टेशनों पर अपार जनता ने शव के दर्शन किए। कलकत्ते में विराट जुलूस निकला और उनका अन्तिम संस्कार किया गया।

गुलामी से अभिशापित नौजवानों के इस रहनुमा को इस प्रकार घुट-घुट कर मरने के लिए साम्राज्यवादी नौकरशाही ने बाध्य कर दिया, पर आज भी उस शहीद का आलोक हमें अपने रास्ते पर बढ़ने के लिए उत्साहित कर रहा है।

अजेय सेनापति चन्द्रशेखर 'आजाद'

आजाद को लोगों ने 1921 के असहयोग आन्दोलन से जाना। युवराज के बहिष्कार करने का प्रचार करने के अपराध में बनारस में धड़ाधड़ स्वयंसेवक गिरफ्तार हो रहे थे। पुलिस ने एक 15 वर्षीय युवक को पकड़ा और मजिस्ट्रेट ने उसे तम्बीह देकर छोड़ दिया। युवक फिर दूने उत्साह से काम में जुट पड़ा। कई दफे गिरफ्तारी हुई और अन्त में मजिस्ट्रेट ने उस बालक को 15 बेंतों की सजा दी। बेतों के वार हो रहे थे, पर बालक के माथे पर न तो शिकन थी और न मुख से निकलती थी आह! लोगों ने आश्चर्य से मुंह में उंगली दाबी। यही बालक थे हमारे वीर सेनापति चन्द्रशेखर आजाद।

कानपुर से झांसी जाने वाली सड़क पर, कानपुर शहर से कुछ मील दूर स्थित भौंती नामक ग्राम में, तिवारी वंश में चन्द्रशेखर आजाद ने जन्म लिया था। उन के पिता कुछ दिनों के बाद जिला उन्नाव में अपनी ससुराल के ग्राम सरोसी सिकन्दरपुर में आ बसे, और बालक चन्द्रशेखर अपने चाचा के साथ विद्योपार्जन के लिए बनारस चले गए।

देश का आह्वान हुआ और श्री चन्द्रशेखर आजाद मैदान में वीरता से उतरे। उनकी कर्मठता ने लोगों को उनकी ओर आकर्षित किया। बनारस के श्री शिवप्रसाद जी गुप्त ने उनसे कहा कि खर्च मुझसे लो और तुम काशी विद्यापीठ के अन्तर्गत स्थित कुमार विद्यालय में निश्चिन्त होकर पढ़ो। पर हमारे चरित्रनायक के हृदय में तो देश के बंधन काटने के लिए कुछ कर दिखाने की ज्वाला धधक रही थी। वे स्कूल की सीमा में अपने को कैसे कैद कर देते? उधर पुलिस उन पर बुरी तरह संदेह करती थी। दिन-रात सी० आई० डी० उनका पीछा करती और श्री आजाद को भी उन्हें छकाने में खूब आनन्द आता था।

जन्म : 23 जुलाई 1906, बलिदान : 27 फरवरी 1931

असहयोग आंदोलन स्थगित हुआ। श्री आजाद का मन इस अहिंसा मार्ग से उचाट हुआ। वे सशस्त्र क्रान्ति का आयोजन करने वाले किसी गुप्त क्रान्तिकारी संघ की खोज में लग गए। इसी सिलसिले में प्रणवेशकुमार चटर्जी से उनकी भेंट हुई और वे 'भारतीय प्रजातंत्र संघ' के सदस्य बन गये। उनका चरित्र बड़ा ही सुन्दर, पवित्र और दृढ़ था। शुरू से ही वे बड़े साहसी थे। अनेकों जान-जोखिम के कामों में उन्होंने स्थिरचित्त से भाग लिया। दल को रुपये की सख्त जरूरत थी, एक महन्त का रुपया हथियाने के लिए श्री आजाद को कहा गया कि वे महन्त के चेले बनकर रहें। वह कुछ दिन जाकर रहे भी, पर इस वेश का निर्वाह करना अधिक दिन तक उनके लिए असम्भव-सा था। अतः वे चले आए।

सदावर्त में भोजन और रास्ते में सोकर उन्होंने दिन व्यतीत किए, पर दल का काम नहीं छोड़ा। यह धुन थी उनमें प्रारम्भ से ही। हथियार खरीदने के लिए रुपये चाहिए थे। विचार करने के लिए लोग शाहजहांपुर में एकत्र हुए। इसके लिए रेल का खजाना लूटा जाए, इस बात का जोरों से समर्थन किया था श्री आजाद ने, और काण्ड में भाग भी लिया था पूरे उत्साह और खूबी के साथ।

काकोरी की घटना के बाद पुलिस बुरी तरह से इनका पीछा करने लगी। श्री आजाद कुछ चौंके और एक दिन कुछ रुपये अपने मित्रों से लेकर पुलिस की आंखों में धूल झोंक वे बनारस से गायब हो गए।

26 सितम्बर 1925 को इस घटना के सिलसिले में गिरफ्तारियां हुईं। श्री आजाद पहले ही उड़ गए थे। वे पुलिस के हाथ न लगे। उन्होंने घूम-घूमकर दल के छिन्न-भिन्न संगठन को दृढ़ बनाना शुरू किया और अपने साहस के बल पर 'हिंदुस्तान समाजवादी प्रजातंत्र संघ' के विशाल संगठन को समस्त उत्तरी भारत में स्थापित कर दिया। उनकी गिरफ्तारी के लिए पुलिस वे हजारों रुपये इनाम की घोषणा की थी, पर श्री आजाद बराबर पुलिस की छाती रौंदते हुए, अपना काम करते हुए आजाद ही बने रहे। 1925 के बाद उत्तरी भारत में 1931 तक जितने क्रान्तिकारी कामों का प्रदर्शन हुआ है उन सब में श्री आजाद का प्रमुख हिस्सा रहा है। काकोरी में उनका नाम 'क्विकसिलवर' के रूप में आया था।

अंत में फरवरी 1931 में अपने ही एक विश्वासघाती सहयोगी की गद्दारी से श्री चन्द्रशेखर आजाद को इलाहाबाद के अलफ्रेड पार्क में पुलिस ने घेर लिया। एक तरफ वीर सेनापति आजाद और दूसरी ओर चारों ओर से घेरे हुए दसियों सशस्त्र पुलिस के अधिकारी और सिपाही। श्री आजाद ने सामना किया। डटकर गोली चली और कुछ पुलिस वालों को घायल करके श्री चन्द्रशेखर आजाद शहीद हो गए। डर के मारे पुलिस ने चुपचाप उनकी लाश को ले जाकर फूंक दिया।

जनता ने आजाद के बलिदान-स्थल पर जाकर फूल चढ़ाए। रोजाना पार्क में एक मेला-सा लगने लगा। नौकरशाही इसे बर्दाश्त न कर सकी। निशानी भी मिटाने का प्रयत्न किया गया। जिस पेड़ के नीचे घटना हुई थी, उस पेड़ को कटवा दिया गया। फिर भी आज तक लोग उस स्थान को देखने जाते हैं। पेड़ कटवा देने से किसी का स्मारक नहीं मिटाया जा सकता। श्री आजाद का स्थान हर भारतीय युवक के दिलों में है। किसी की शक्ति नहीं है कि उस शहीद को वहां से पदच्युत कर सके।

श्री शचीन्द्रनाथ सान्याल

हिन्दुस्तान की आजादी की लड़ाई के इतिहास में सान्याल परिवार का अपना एक विशेष स्थान है । इस परिवार के अनेकों व्यक्तियों ने इस आन्दोलन में सक्रिय रूप से भाग लिया और उसके लिए बड़ा-से-बड़ा त्याग किया। युक्त प्रान्त में क्रान्तिकारी आन्दोलन के लिए सबसे पहले फांसी की सजा पाने वाले श्री सुशील चन्द्र लाहिड़ी आपके ही परिवार के अत्यन्त निकटतम व्यक्ति थे ।

श्री शचीन्द्रनाथ सान्याल लड़कपन से ही देशसेवा की भावना से ओतप्रोत थे। पिता जी के देहान्त के बाद 17 वर्ष की अवस्था में आप बंगाल से बनारस आए और नवयुवकों के संगठन में जुट पड़े । शुरू में यह संगठन अनुशीलन समिति के नाम से चला, पर जब बंगाल सरकार ने उसे गैर-कानूनी घोषित कर दिया तो आपने उसका नाम बदलकर यंगमेन्स एसोसिएशन कर दिया ।

आपका सम्बन्ध 1912 से ही बंगाल के क्रान्तिकारी दल से हो गया था। इसके बाद उन्होंने इस संगठन को मजबूत बनाने और उसे बढ़ाने में अपनी पूरी शक्ति लगा दी। इनके कामों से पुलिस सदा चौंका करती थी। इन पर बराबर पुलिस की निगरानी रहने लगी, फिर भी इन्होंने पुलिस की आंखों में धूल झोंककर प्रसिद्ध क्रान्तिकारी श्री रासबिहारी बोस, और यतीन मुकर्जी को उस समय ठहराने का प्रबन्ध किया जबकि हिन्दुस्तान की पुलिस उनको गिरफ्तार करने के लिए जी-जान से कोशिश कर रही थी। श्री रासबिहारी की गिरफ्तारी के लिए तो सरकार ने साढ़े सात हजार रुपये के इनाम की घोषणा तक कर दी थी । ऐसी दशा में भी श्री बोस ने बनारस को ही अपना केन्द्र बनाकर काम शुरू किया। वहां श्री शचीन्द्र नाथ जी उनके दाहिने हाथ थे। इन्हें वे बड़े-से-बड़ा जिम्मेदारी का काम सौंप देते थे । उन्होंने ही इन्हें बम बनाना सिखाया। प्रयोग करते समय एक बार एक बम फट गया जिससे श्री सान्याल बुरी तरह घायल हो गये। यह घटना पुलिस चौकी

जन्म : संभवतः 1892, देहांत : 1942

से थोड़ी ही दूर के फासले पर हुई थी, पर पुलिस को इसकी कोई खबर न हुई।

26 जून 1915 को वे पहली बार एक षड्यन्त्र के मुकदमे में गिरफ्तार हुए। इस गिरफ्तारी से पहले क्रान्तिकारियों की कलकत्ते में एक मीटिंग हुई, जिसमें सर्वश्री रासबिहारी, नरेन्द्र भट्टाचार्य, यतीन मुखर्जी, गिरजाबाबू और श्री शचीन्द्र नाथ सान्याल आदि मौजूद थे। इसमें तय हुआ कि श्री रासबिहारी विदेश जाकर अन्य सरकारों से धन और अस्त्रों की मदद प्राप्त करने का प्रयत्न करें, श्री यतीन और गिरजाबाबू हथियारों के संग्रह का प्रबन्ध करें, श्री नरेन्द्र हथियारों को विदेशी सरकार की सहायता से हिन्दुस्तान में पहुंचाने का प्रबन्ध करें और श्री सान्याल यू० पी० और पंजाब में क्रान्तिकारी दल के संगठन तथा फौजों में क्रान्तिकारी भावना का प्रचार करने का काम करें।

श्री यतीन के प्रबन्ध में कलकत्ते में मोटर डकैतियों का सिलसिला शुरू हुआ और उनमें सफलता होने से कुछ ही दिनों में काफी धन एकत्रित हो गया। श्री शचीन्द्रनाथ अपना काम कर रहे थे, कि तभी एक दिन बनारस आने पर वह गिरफ्तार कर लिए गये।

हमारे नरेन्द्र महोदय वे ही सज्जन हैं जिन्हें जर्मन युद्ध के समय, गोआ से तार द्वारा बटेबिया के जर्मन एजेंट से बात करते समय, गोआ में गिरफ्तार करके सिकन्दराबाद के किले में बंद किया गया था। पर वे वहां से भाग निकले, नहीं तो इन्हें अंग्रेजी सरकार ने अवश्य ही फांसी पर लटका दिया होता। आज वे भारत में एम० एन० राय के नाम से हमारे आंदोलन में भाग ले रहे हैं।

शचीन बाबू पर पहले लाहौर षड्यन्त्र चलाने की कोशिश की गई। असफल होने पर दिल्ली में कांग्रेस के समय तैयारी हुई। वहां भी कामयाबी न हुई, तब अन्त में झुंझलाकर पुलिस ने बनारस षड्यन्त्र में इन्हें सजा दिलवाने के लिए अपनी पूरी ताकत लगा दी। बनारस षड्यन्त्र के ये प्रमुख अभियुक्त थे। बादशाह के विरुद्ध युद्धघोषणा की तैयारी और फौज को विद्रोह के लिए उभारना, यही दो प्रमुख अभियोग इनके खिलाफ थे। स्पेशल ट्रिब्यूनल ने इन्हें इस अपराध में आजीवन काले पानी की सजा दी।

बनारस षड्यंत्र की विशेषता थी उसका अखिल भारतीय रूप में दृढ़ संगठन। इसमें पंजाब, बंगाल, राज्पूताना, यू० पी० के लोग सम्मिलित थे। अभियुक्तों में राजपूत सरकार खरवा के राव साहब गोपालसिंह भी थे। सरकार ने इस मुकदमे में भी कस कर दण्ड दिया था। कुल 11 सज्जनों को इस मुकदमे में सजा हुई थी, जिसमें से तीन सज्जन जेल ही में मर गये और एक पागल हो गये। सजा होने पर ये काले पानी भेज दिये गये। वहां चार वर्ष तक सजा भुगतने के बाद 20 फरवरी 1920 को राजकीय घोषणा के अनुसार बिना शर्त के रिहा कर दिये गये।

जेल से छूटने के बाद आपने 'बन्दी जीवन' नामक एक बहुत ही उपयोगी पुस्तक लिखी, जिसमें अपने समय के क्रांतिकारी दल के कामों का सजीव वर्णन है। कुछ दिनों आपने जमशेदपुर में मजदूर संगठन का काम किया, उसके बाद कांग्रेस में शामिल हो गये, और अन्त में 1922 में असहयोग आन्दोलन स्थगित हो जाने पर आपने पूरी शक्ति के साथ यू० पी० में क्रान्तिकारी दल का संगठन करना शुरू कर दिया। भारतीय प्रजातन्त्र संघ का विधान और जनवरी 1925 में क्रांतिकारी दल की ओर से बंटा परचा आपकी ही लेखनी का चमत्कार है। आप सन् 1925 के प्रारम्भिक महीनों में कलकत्ते में गिरफ्तार करके नजरबन्द कर दिये गये। फिर आप पर बांकुड़ा राजद्रोह केस चला जिसमें 2 वर्ष की सजा हुई, और अन्त में काकोरी षड्यंत्र में आजीवन काले पानी की सजा हुई।

श्री शचीन हिन्दू धर्म और दर्शन के प्रकांड विद्वान हैं। आप हिन्दू सभ्यता के कट्टर रक्षक और वेदान्तवाद के प्रचारक हैं। आपकी तर्क शैली बड़ी ही तीखी और तेज होती है। आप अपने ढंग और विचार शैली के साथ देश की गरीबी, शोषण और गुलामी को दूर करने का प्रचार करते हैं और उसके लिए संगठन करने के लिए प्रयत्नशील रहते हैं। (शचीन दा वस्तुतः भारत में सशस्त्र क्रांतिकारी आंदोलन की मशाल अंत तक प्रज्वलित रखने वाले अकेले व्यक्ति थे। सन् 1931 की ऐतिहासिक शहादतों के बाद, जब सांगठनिक ढांचा पूरी तरह ध्वस्त हो चुका था, तो भी शचीन दा ने हिम्मत नहीं हारी। बैलगाड़ी पर अपनी गृहस्थी लादे, भूमिगत अवस्था में वे देश के एक कोने से दूसरे कोने तक की दूरियां नापते रहे। कांग्रेस से अलग होने के बाद जब नेताजी सुभाष ने 'फारवर्ड ब्लाक' का गठन किया, तो नये सिरे से सशस्त्र भूमिगत आंदोलन चलाने की एक योजना पर शचीन दा से उनकी बात हुई थी। लेकिन तभी राजयक्ष्मा ने अपना असर दिखाया और दिल के वलवले दिल में लिए-लिए ही शचीन दा महामौन की गोद में चले गये।—संपादक)

श्री योगेशचंद्र चटर्जी

चेतना और हलचल, दो शब्दों में तीव्रगति मिली उत्तर भारत के इस क्रांतिकारी दल को श्री योगेशचन्द्र चटर्जी उर्फ राय महाशय के युक्तप्रांत आने से। श्री शचीन्द्रनाथ सान्याल ने प्रान्त के बिखरे सूत्रों को एक में गूंथा और इस योग्य किया कि कुछ काम आ सके और श्री योगेशचन्द्र चटर्जी ने उनके कंधे से कंधा भिड़ा उस संगठित शक्ति को गति दी। दोनों विभूतियां उस समय एक-दूसरे की पूरक थीं।

सन् 1895 में अविभाजित बंगाल के ढाका जिले के गावदिया नामक ग्राम के एक भद्र परिवार में जन्म लेकर कुमिल्ल। में लालित-पालित और शिक्षित होने वाले योगेश बाबू ने कालेज जीवन में ही, इस खांडे की धार क्रान्तिकारी आंदोलन के पथ पर सक्रिय कदम रखा।

जर्मन महायुद्ध चल रहा था। देश के पुजारी सशस्त्र क्रांति के आयोजन में जुटे थे। उन्हें देश के किसी प्रसिद्ध राजनैतिक नेता, तर्क और विद्वत्ता के विशाल स्तम्भ का उचित सहयोग प्राप्त न था। फिर भी ये अडिग पुजारी निरंतर अपने काम में जुटे रहते थे। भूख और नींद भी इन्हें अपने काम से विरत न कर पाती थी। सन् 1916 के उस धधकते जमाने में एक दिन कुछ राहगीरों ने देखा; एक सड़क के किनारे किसी घिनौने आदमी की लाश-सी पड़ी है और ऊपर मक्खियां भिनभिना रही हैं। पास जाकर देखने पर लोगों को मालूम हुआ कि आदमी जीवित है। उसके चेचक निकल आई हैं और बदन में तेज बुखार है। कोई 'छीः' कहकर, कोई नाक-भौं चढ़ाकर, कोई दुःख की एक निश्वास फेंककर अपनी राह लगा। एक नवयुवक ये उस पड़े हुए राहगीर को उठाकर घोड़ा-गाड़ी में रखा और एक ओर चल दिया। गाड़ी कलकत्ते की एक मजदूर बस्ती में छोटी-सी गली के सामने जा रुकी और नवयुवक ने उस राहगीर को गाड़ी से उतारकर साथ ले जाकर एक अन्धकारपूर्ण तंग कोठरी में, जहां करीब सात अन्य नवयुवक बैठे थे, लिटा दिया।

जन्म : 1895, देहांत : संभवतः 1960 के आसपास (?)

यह सारे नवयुवक बंगाल क्रांतिकारी दल के प्रमुख कार्यकर्ता थे। पुलिस की नजरों से बचकर काम करने के लिए घरबार, पढ़ना-लिखना छोड़ फरारी का जीवन व्यतीत कर रहे थे। छोटी-सी कोठरी में अनेकों युवक निवास करते थे और भोजन के नाम पर कभी लइया और पानी। कभी थोड़ा-सा भात और आलू इनका सहारा था। लाया जाने वाला मर रहा राहगीर इन्हीं का एक प्रमुख साथी था। बुखार की हालत में ही एक-दूसरे स्थान से कुछ जरूरी खबर इस दल को पहुंचाने आ रहा था। राह में चेचक और बुखार के भीषण आक्रमण से लाश की तरह गिर पड़ा था। युवक उठाकर अपने यहां ले आया, पर सेवा-सुश्रूषा, दवा-दारू का प्रबन्ध होना सम्भव न था। पुलिस इस बीमार पड़ने वाले युवक की जोरों से खोज कर रही थी। इस टोली को भोजन के लाले थे, दूसरे काम के लिए पैसे कहां से आयें। पानी और पंखे की हवा ही एकमात्र दवा और सुश्रूषा रही। आखिर सोलह दिनों की कठिन यातना के बाद युवक निरोग हो पाया।

इसी विकट परिस्थिति में जान होम करके काम करने वालों में से थे एक हमारे श्री योगेशचन्द्र चटर्जी। पुलिस के साथ आंख-मिचौनी का-सा खेल खेलते हुए बराबर काम में जुटे रहते थे। एक दिन कलकत्ते के एक मकान में पकड़ लिए गये। एकाएक यह फरार विद्यार्थी बंगाल पुलिस की नजरों में कई डकैतियों और खून के कामों में भाग लेने वाला सन्देहास्पद युवक बन गया। बंगाल की पुलिस ने अपने शैतानी जरखेज दिमाग से पैदा करके बहुत-सी तरकीबें क्रांतिकारी युवकों से जबरदस्ती बयान लेने के लिए काम में लाना शुरू की थीं। किसी के गुप्तांगों में बिजली की लहरों का संचार किया जाता था, किसी के बदन को बर्फ की चट्टानों के बीच रखा जाता था, किसी के मुंह पर मिर्च का तोबड़ा चढ़ाया जाता था, किसी के दोनों हाथों की हथेलियां फैलाकर उस पर पलंग के दो पाये रखकर उस पर पुलिस के अधिकारी बैठ जाते थे और अपने राक्षसी अट्टहास से कमरे को गुंजायमान करते थे। किसी की उंगलियों में नाखूनों के नीचे बांस या लकड़ी की फांसें चुभाई जाती थीं। किसी को खूब खाना खिलाया जाता था, पर लगातार पांच या छह दिन तक दिन-रात सोने या बैठने न दिया जाता था। किसी को खाने में तेज नमक खिलाकर फिर पीने का पानी कतई न दिया जाता था। ऐसी ही एक कृपा का व्यवहार श्री योगेश बाबू के साथ भी बंगाल पुलिस ने किया। इन्हें कसकर पीटा गया पर एक शब्द भी उनसे न मिला। झल्लाकर पुलिस ने एक नई तरकीब का सहारा लिया। पाखाने की एक बाल्टी में पाखाना और पेशाब घुलवाकर उससे योगेश बाबू को सर से नहलाया गया और दो दिन तक उनको उसी हालत में रहने दिया गया। एक बूंद पानी उन्हें किसी काम के लिए भी न दिया गया। पर सब कोशिशें व्यर्थ थीं। योगेश बाबू के मुंह से एक शब्द भी न निकला। आफिस नं० 4 किड स्ट्रीट, कलकत्ता में खुफिया पुलिस से इस प्रकार अभिनन्दित होने के बाद

योगेश बाबू कलकत्ता प्रेसीडेन्सी जेल में नजरबन्द बनाकर बैठाल दिये गये।

उन दिनों की जेलें संसार में प्रत्यक्ष सजीव नर्ककुण्ड थीं। कैदियों की कौन कहे नजरबन्दों तक को चौबीस घंटे कालकोठरी में बन्द रखा जाता था। उनसे मिलने न दिया जाता था। हर समय कोठरी में बन्द, दुनिया की खबरों से अलग, पढ़ने-लिखने का कोई सामान नहीं। ऐसी दशा में एक सच्चरित्र, उमंग और जोश से भरे नौजवान की क्या हालत हो जाती होगी, इसका अन्दाज जरा अपने दिल पर हाथ रखकर कीजिए। परिणाम भी इसका भीषण हुआ। उस समय अनेकों नजरबन्द पागल हो गये। कुछ ने तो जीवन से ऊब कर आत्महत्या कर ली। योगेश बाबू भी बड़े परेशान थे। उन्होंने इस जेल से किसी दूसरी जेल भेज दिए जाने की प्रार्थना की, पर वह स्वीकार न हुई। आपने अनशन कर दिया और छह दिन के अनशन के बाद वे दूसरी जेल भेज दिये गये। उनके जीवन में यही पहला अनशन था।

1920 में वे बिना शर्त रिहा कर दिये गये। कलकत्ते में इस समय कांग्रेस का विशेष अधिवेशन होने वाला था। आपने उसमें स्वयंसेवक दल में काम किया। इस समय तक कुछ लोगों को छोड़कर समस्त नजरबन्द छूट चुके थे। यहां सब लोगों ने मिलकर कुछ निश्चय किया, और काम भी होता रहा।

1921 में असहयोग आन्दोलन की रणदुन्दुभी बजी। योगेश बाबू जैसे कर्मठ सैनिक चुप कैसे बैठ सकते थे। गले में झोला डाल दिन-रात इन्होंने गांव-गांव में प्रचार किया, स्वयंसेवकों का संगठन किया। जनता में जीवन की एक नई हिलोर नजर आने लगी। पर एकाएक एक दिन महात्मा जी ने आंदोलन स्थगित कर दिया।

श्री योगेश बाबू का विश्वास है, देश की मुक्ति और सम्पन्नता के लिए देश का विशद औद्योगीकरण होना चाहिए। यान्त्रिक युग में कोई भी क्रान्ति देश के औद्योगीकरण को अलग नहीं कर सकती। अपने इस विचार को कार्यरूप में परिणत करने के लिए आपने केवल 210 रुपये की मूल पूंजी से अपने कुछ सहयोगियों के साथ कुमिल्ला में 'हाउस आव लेवरर्स' की स्थापना की थी, पर क्रान्तिकारी दल के संगठन के काम ने आपको अधिक दिनों अपनी शक्ति और प्रतिभा को उस ओर लगाने का अवसर न दिया। जुलाई 1923 में अनुशीलन समिति ने आपको युक्त प्रान्त भेज दिया।

इस समय श्री शचीनदा और अनुशीलन समिति के कार्यकर्ता अलग-अलग काम करते थे, पर कुछ दिनों बाद दोनों गुट एक में मिलकर काम करने लगे। योगेश बाबू ने युक्त प्रान्त आकर अनेकों जिलों का खूब दौरा किया। कार्यकर्ताओं से मिले, उन्हें सैनिक कार्यों के लिए उत्साहित किया और 'भारतीय प्रजातन्त्र संघ' को अच्छी तरह संगठित किया। इनके कुछ महीनों के प्रवास ने युक्तप्रांत में एक

मजबूत क्रान्तिकारी दल का अस्तित्व कायम कर दिया।

यहां के काम को ठीक करके इन्हें मद्रास जाना पड़ा। वहां की परिस्थिति की जानकारी प्राप्त करके ये लौट रहे थे कि 18 अक्टूबर 1924 को कलकत्ते के हावड़ा पुल पर बंगाल की खुफिया पुलिस ने इन्हें गिरफ्तार कर लिया।

युक्त प्रान्त में रहने के दिनों वे बनारस और कानपुर में खासकर रहे। कानपुर में कुरसवा मुहाल में एक मकान लिया गया था, और वहीं से सब सूत्र संचालित होते थे। गंभीर मुखमुद्रा, हंसी से दूर, दुर्बल-सा शरीर, शब्द व्यवहार में महाकृपण इस सरल से बंगाली ने उन दिनों कानपुर के लगभग सभी राजनैतिक कार्यकर्ताओं से भेंट की और उन्हें अपने मार्ग की ओर लाने की चेष्टा की। सर्व श्री सुरेन्द्र पाण्डेय, बटुकेश्वर दत्त, राजकुमार सिन्हा, विजय कुमार सिन्हा, वीरभद्र तिवारी, मन्नीलाल अवस्थी, स्वर्गीय कैलाश बिहारी मिश्र, ठाकुर जंगबहादुरसिंह रामदुलारे त्रिवेदी, शहीद सरदार भगतसिंह आदि उस समय उनके परिचित और उठने-बैठने वाले थे।

नाव खेने का योगेश बाबू को बड़ा शौक है। श्री भूदेव विद्यालंकार तरो-ताजा अभी मैदान में आये थे। योगेश बाबू का इनसे भी परिचय था। निश्चय हुआ नाव द्वारा कलकत्ते लाया जाये। तैयारियां होने लगीं। पर अकस्मात श्री भूदेव विद्यालंकार का यह बंगाली मित्र कहीं गायब हो गया और उसका कोई पता न चला सो मन्सूबे जहां के तहां रह गये। काकोरी का मुकदमा चलने के बाद विद्यालंकार जी ने जाना कि यह उनका बंगाली मित्र 'रायमहाशय' दरअसल कौन था।

बड़ा अटपटा रास्ता है क्रांतिकारी दल का। अनेकों मिट गये हैं इसमें, वे नामों-निशां, खामोशी के साथ, कन्धे पर अपने बदनामी का गट्ठर लादे हुए। ऐसा ही एक शहीद दिया है कानपुर ने, जिसे आज भी कोई नहीं जानता कि उसका क्या मूल्य था, क्या व्यक्तित्व था, कितना महान था वह।

सैंबसू ग्राम, जिला कानपुर के निवासी श्री शिवकण्ठ बाजपेयी के सुपुत्र श्री शिवसरणलाल जी सुडौल छरहरे बदन के गोरे से उठते हुए जवान थे। आज भी बहुतों के स्मृतिपट पर उनका चित्र सजीव होगा। एक अच्छे व्यापारी के सुशिक्षित और होनहार पुत्र थे। गण्यमान्य व्यक्तियों में स्थान था और शहर के अधिकारियों से काफी रब्त-जब्त थी। सिविक गार्ड में एक अच्छे गार्ड होने की ख्याति थी। तीन-तीन हथियारों का लाइसेंस था। अचूक निशानेबाज और उत्तम शिकारी मशहूर थे। उमंगों ने उन्हें क्रांतिकारी दल की ओर आकर्षित किया। ये प्रयत्नशील हुए और दल में शामिल हो गये।

काचकुवां राष्ट्रीय विद्यालय उन दिनों क्रांतिकारी दल का एक प्रमुख केन्द्र था। पर इस केन्द्र के कुछ प्रमुख कार्यकर्ता भीतर ही भीतर व्यक्तिगत स्वार्थ के

शिकार बन बैठे थे। संघ के सदस्यों को आज्ञा के खिलाफ पूछने का कोई अधिकार नहीं होता। वे तो सर झुकाकर आज्ञापालन करना जानते हैं। इससे लाभ उठाकर कुछ दंभियों ने अपना स्वार्थ साधन करने की ठानी। दल के नाम पर कुछ लोगों को उन्होंने शंभुवा नामक गांव में डकैती डालने भेज दिया। दल के संचालकों को न तो पहले और न बाद में ही इसकी कोई सूचना दी गई। श्री शिवसरणलाल भी इसी काम के लिए भेजे गये थे। वहां गांव वालों से सामना हुआ, गोलियां चलीं और एक गोली भाई शिवसरणलाल की जांघ में लगी। वे बचकर निकल तो आये, पर कुछ दिनों बाद कानपुर में इसी डकैती के अभियोग में गिरफ्तार कर लिए गये। पुलिस ने उन्हें बुरी तरह पीटा। पुलिस को सन्देह था कि श्री शिवसरणलाल ने यह काम क्रांतिकारी दल के लिए किया है। वह शिवसरणलाल से इस बात को जानना चाहती थी। पुलिस ने श्री शिवसरणलाल से कहा कि यदि वे सब कुछ साफ-साफ बतला दें तो उन्हें न केवल रिहा कर दिया जायेगा, बल्कि कुछ हजार रुपये और अन्य कुछ सुविधाएं भी दी जाएंगी। साथ ही जनता को भी मालूम होगा कि उन्होंने जो कुछ किया है वह अपने लिए नहीं किया। वे स्वयं भले ही कुछ बदनाम हों, पर उनका खानदान कलंकित न होगा। और यदि वे कुछ न बताएंगे तो उन्हें फांसी पर लटकवा दिया जाएगा। सारा संसार उन्हें तथा उनके खानदान को डाकू कहकर पुकारेगा। किन्तु श्री शिवसरणलाल ने एक शब्द भी मुंह से न निकाला। साधारण डाकू का कलंक लादे हुए वे हंसते हुए फांसी पर चढ़ गये। स्वार्थियों की स्वार्थ-साधना ने एक महान व्यक्ति के जीवन का बलिदान ले लिया। आज हम अपनी आदर भरी श्रद्धांजलि उस वीर शहीद श्री शिवसरणलाल जी के चरणों पर अर्पित करते हैं।

जेल में श्री योगेशचन्द्र जी का समय बराबर संघर्षों में ही बीता। उन्हें अनेक बार एक सेन्ट्रल जेल से दूसरी सेन्ट्रल जेल अधिकारियों ने इस भय से भेजा कि वे जेल से निकलकर भाग जाने का प्रयत्न कर रहे हैं। जब उन्हें दूसरी जेल भेजा जाता था तो सतर्कता और लगभग 20 सशस्त्र पुलिस के पहरे में भेजा जाता था।

काकोरी षड्यन्त्र में सजा पाते ही 42 दिन का अनशन करने के बाद उन्होंने दो और बड़े अनशन राजनैतिक कैदियों को सुविधा दिलाने के लिए किए। पहला अनशन आगरा सेन्ट्रल जेल में 143 दिन और दूसरा लखनऊ जेल में 111 दिन चला। अन्त में उनकी वे मांगें करीब-करीब सब मान ली गईं। युक्त प्रान्त में कांग्रेस मंत्रिमण्डल की स्थापना के बाद काकोरी के सब बन्दी रिहा कर दिए गये। श्री योगेश बाबू एक बार फिर कर्मक्षेत्र में आ खड़े हुए। देश में अभी बहुत से राजबन्दी सीखचों के पीछे पड़े सड़ रहे थे। इन लोगों ने प्रांत में धुआंधार दौरा

करके उनकी रिहाई का आन्दोलन प्रारम्भ किया। इसी सिलसिले में दिसम्बर 1937 में अपने कुछ सहयोगियों के साथ यह देहली गये। देहली प्रान्त के कमिश्नर ने इन्हें इस आन्दोलन में भाग न लेने दिया और आज्ञा दी कि 6 घंटे के अंदर दिल्ली छोड़ दो किंतु इन लोगों ने निषेधाज्ञा को ठुकरा कर जुलूस में हिस्सा लिया। फलस्वरूप सबको कुछ महीनों की सजाएं हुईं। उससे रिहा होकर आज श्री योगेश बाबू कांग्रेस समाजवादी दल के एक प्रमुख नेता और कार्यकर्ता हैं। स्वर्गीय शहीद श्री भगवतीचरण जी की धर्मपत्नी श्री दुर्गादेवी से जो कि देहली षड्यंत्र में 'दुर्गा भाभी' के नाम से मशहूर हुईं, उनका विवाह हो गया है और यह युगुल जोड़ी हमारे युक्त-प्रांत में पूरी शक्ति के साथ आजादी के युद्ध को सतेज करने के लिए लगन से काम करने में जुटी है।

श्री गोविंदचरण कर

साहसी स्वभाव के निर्भीक और जुटकर जूझने वाले सिपाही श्री गोविन्दचरण कर स्कूली जीवन को छोड़ क्रांतिकारी दल में आ जुटे थे। काम करते-करते कुछ दिनों बाद ये पुलिस की नजरों में चढ़ गये। 1916 का जमाना था। बंगाल में चारों ओर गिरफ्तारी और नजरबन्दी का हंगामा मच गया। एक दिन अपने साथी के साथ जिस मकान में ठहरे थे उसे पुलिस ने घेर लिया। हथियार रहते आत्मसमर्पण कर देना इन्हें न भाया और हथेली पर जान ले पीछे के रास्ते से निकल जाने की कोशिश की। भरा रिवाल्वर और घोड़े पर उंगली चढ़ाए हुए वे बाहर को बढ़े। पीछे की ओर संगीनें चढ़ाए सशस्त्र पुलिस तैयार थी। पर यह बात उसकी समझ के बाहर थी कि कोई अकेला आदमी उनके बीच से इस प्रकार निकल जाने का साहस करेगा। वह चकित होकर कुछ देर तक देखती-सी रह गई और श्री कर बाबू कुछ दूर निकल गये। पुलिस को होश आया तो उसने दौड़कर पीछा किया। कुछ गज की दूरी पर ये भागे चले जा रहे थे। पुलिस ने गोली चलाई। श्री कर महाशय ने भी अपने रिवाल्वर से उनको जवाब दिया। वे भाग रहे थे, गोली चला रहे थे और खाली रिवाल्वर को भरते भी जा रहे थे। बहुत देर तक यही क्रम जारी रहा। पुलिस बराबर पीछा कर रही थी। अब तक श्री कर महाशय के बदन में पुलिस की गोलियां लग चुकी थीं; घावों से खून लगातार बह रहा था। अंत में इस कई मील की दौड़ ने इन्हें थका दिया। सामने दूर तक खुला मैदान था। परेशान हो आप एक घने धान के खेत में घुसकर जा छिपे और अपनी बची-खुची शक्ति तथा कारतूसों से सामना करने का निश्चय किया। पुलिस ने इस खेत को चारों तरफ से घेर लिया। फिर गोली की वर्षा दोनों ओर से शुरू हो गई! कई पुलिस वाले घायल हो गये। पर इसी बीच श्री कर बाबू की तमाम गोलियां खत्म हो गईं। उन्होंने थोड़ी दूर जाकर रिवाल्वर को पेड़ की जड़ में गाड़ दिया और अपनी

जन्म एवं देहांत संबंधी उपलब्ध नहीं।

जगह पर आकर पड़ रहे । देह से बहुत-सा खून निकल गया था, अतः वे अधमरे से बेहोश होकर पड़े रहे ।

बड़ी देर तक सामने से गोली चलाने की कोई आवाज न पाकर सशंकित चित्त दबे पैरों, धीरे-धीरे पुलिस आगे बढ़ी । खेत में घुसकर देखा कि किसी आदमी का एक निर्जीव-सा शरीर पड़ा है । पुलिस ने जाकर इन्हें गिरफ्तार कर लिया और पानी की छींटे देकर होश में लाई । तलाशी लेने पर श्री कर महाशय के पास कोई हथियार न मिला । पुलिस ने पूछा, रिवाल्वर कहां है ? आश्चर्यचकित से बनकर श्री कर महाशय ने कहा, कैसा रिवाल्वर ! आपकी गोलियों ने मुझे छेदकर चलनी कर दिया और अब उल्टे आप मुझसे ही पूछते हैं रिवाल्वर कहां है ? मैं क्या जानू रिवाल्वर कैसा होता है और कहा है ? पुलिस का मुह बंद था । क्या उत्तर दें ।

गिरफ्तारी के बाद बहुत दिनों तक अस्पताल की खाट पर लेटे रहने के बाद, अच्छे हो जाने पर, आप पर शूटिंग केस चला । इन पर पुलिस को गोली से मारने का अभियोग लगाया गया, पर साथ में किसी हथियार के बरामद न हो पाने के कारण मुकदमा कुछ ठीक से गठ न सका । फिर भी इन्हें दस वर्ष की कालेपानी की सजा मिली । कालेपानी में जाकर इन्हें संग्रहणी की भीषण बीमारी हो गई और उसी बीमारी की मरणासन्न अवस्था में लगभग चार साल बाद सन् 1920 में वे बिना किसी शर्त के रिहा कर दिए गये ।

स्वस्थ होते ही आपने असहयोग आन्दोलन में प्रचण्ड वेग से काम शुरू कर दिया । दिन-रात पुलिस पीछा कर रही थी, पर श्री कर महोदय अपनी धुन में जुटे थे । 1925 में सर्वश्री योगेशचटर्जी और शचीन्द्रनाथ सान्याल की गिरफ्तारी के बाद युक्त प्रांत के संगठन का संचालन दायित्व इन्हें सौंपा गया । इन्होंने दौरा करके संघ को संचालित करने का प्रयत्न भी किया । ये महाशय उस समय लखनऊ के अमीनाबाद पार्क के रामेश्वर होटल में डी० एन० चौधरी बीमा एजेन्ट के नाम से रहा करते थे । इनके वहां रहने का पता, केवल एक देशभक्त, मैनपुरी षड्यंत्र के भूतपूर्व बन्दी शिवचरन लाल (एटा), जो कि आजकल शायद मथुरा में देशोद्धार कर रहे हैं, को था । आश्चर्य ही की बात है कि फिर भी ठीक 26 तारीख को पहली ही गिरफ्तारी में श्री कर महाशय पकड़ लिए गये और व्यर्थ ही एक-दूसरे सज्जन की चद्दर इनकी बनाकर काकोरी के काण्ड में इनको आजीवन काले पानी की सजा दी गई । कर महाशय बड़े ही विनोदप्रिय जीव हैं । काकोरी का मुकदमा चलते समय आपके चुटकुलों से लोगों के पेट हंसते-हंसते फूल जाया करते थे । बदन के गोली के घाव दिखाकर आप कहा करते थे, मेरे ये सब बहादुरी के तमगे हैं । आप भी सबके साथ रिहा हो गये हैं और इस समय अपने ढंग से काम कर रहे हैं ।

श्री शचीन्द्रनाथ बख्शी

विघ्न बाधाओं के पहाड़ों को तोड़ते हुए अपना रास्ता बना कर लक्ष्य की ओर तेजी से सतत बढ़ने का प्रयत्न करना विशेषता है श्री शचींद्रनाथ बख्शी के जीवन की। गजब के संगठनकर्ता हैं वे! किसी व्यक्ति या व्यक्तित्व का प्रभाव उन्हें प्रभावित नहीं करता। हर काम अपनी राय के अनुसार करना ही उनका स्वभाव है। नीति की टेढ़ी-मेढ़ी चालें परखना और चलना उनके लिए बहुत ही सरल काम होता है।

25 दिसम्बर 1904* में आपका जन्म बनारस शहर में हुआ और 1921 में आपने ऐंग्लो बंगाली हाईस्कूल से मैट्रिक परीक्षा पास की। असहयोग आंदोलन का रण-डंका बजा पर बख्शी जी इस ढंग से कार्य करने के कायल न हो सके। देश एक बहिया में बह रहा था। कोई इनकी सुनने को तैयार न था, फिर भी ये अपनी विचारधारा पर डटे थे। इनके विचारों की गन्ध पुलिस को लग गई। कालेज से निकलना-बैठना दोस्तों से मिलना-जुलना पुलिस की निगरानी ने मुश्किल कर दिया। परेशान हो आपने कालेज के साथ ही पढ़ाई से भी सलाम कर लिया।

मैदान में आपने अपनी विचारधारा का समर्थन प्राप्त करने के लिए व्यायामशालाओं का संगठन प्रारंभ किया। बनारस में सफलता से चलने वाली कई व्यायाम संस्थाएं श्री बख्शी के हाथों निर्मित हुई हैं। युक्त प्रांत में लम्बी तैराकी की प्रतियोगिता का श्रीगणेश करने में भी आपका प्रमुख भाग था।

देहली स्पेशल कांग्रेस अधिवेशन के अवसर पर श्री योगेश चटर्जी और श्री शचींद्रनाथ बख्शी की भेंट हुई। विचारों की एकता ने दोनों को घनिष्ठ बना दिया और बख्शी जी पूरे तौर से क्रांतिकारी दल के संगठन में जुट पड़े। कुछ दिनों बनारस में काम करने के बाद इन्हें दल का संगठन करने के लिए झांसी भेजा गया। निर्वाह के लिए वहां जाकर आपने म्युनिसिपैलिटी में क्लर्की स्वीकार

---

* कुछ अन्य संदर्भ ग्रंथों के अनुसार जन्म का वर्ष 1900

कर ली और दिन रात युवकों से मिलकर आप संगठन में जुट पड़े। इनके जाने से पहल वहां कांग्रेस के प्रसिद्ध कार्यकर्ता श्री कृष्ण गोपाल शर्मा कुछ हमारे अपने से थे पर श्री बख्शी जी ने वहां जाकर जब प्रभावपूर्ण ढंग से काम आरम्भ किया और वहां के बहुत कर्मचारी और सच्चे युवक बख्शी जी के प्रभाव में आने लगे तो शायद इन्हें अपनी मठाधीशता में धक्का लगता नजर आया। यारों ने बख्शी जी के खिलाफ गन्दी चालें चलना शुरू कर दीं। उड़ाया गया कि श्री बख्शी जी पुलिस के आदमी हैं पक्के डकैत हैं, वगैरह वगैरह। पर बख्शी जी की कार्य पटुता ने इन सब चालों को मात देकर अपना प्रभाव बढ़ाना जारी ही रखा। खतरे के मुंह पर खेल रहे थे बख्शी जी उन दिनों। जो लोग अपनी नामवरी को कायम रखने के लिए इतनी अच्छी हरकत कर सकते हैं उनके लिए यह कोई नामुमकिन बात न थी कि वे पुलिस को श्री बख्शी जी के सच्चे कामों से परिचित करा दें।

झांसी में रहते हुए श्री बख्शी जी एक अंग्रेजी अखबार के सम्पादक भी हो गए थे। श्री शचींद्रनाथ सान्याल की गिरफ्तारी पर उन्होंने एक जोरदार लेख लिखा था। इसी पर प्रकाशक से झड़प हुई और आपने दबने से इनकार कर सम्पादक के पद से ही त्याग पत्र दे दिया। झांसी में आप इतने प्रसिद्ध हो गए थे कि यदि काकोरी षड्यन्त्र में आपको भागना न पड़ता तो आप वहां के म्युनिसिपैलिटी चुनाव में एक सफल उम्मीदवार होते। भुसावल बम केस के प्रसिद्ध राजबन्दी श्री भगवानदास (माहौर सं०) तथा श्री सदाशिवराव (मलकापुरकर सं०) उसी जमाने के आपके सहयोगी हैं। भूखे-प्यासे मीलों साइकिलों पर दौड़कर आप दल के सदस्यों से जाकर मिला करते थे। एक बार जरूरत पड़ जाने पर तो आप बिना रुके झांसी से कानपुर आए थे।

बड़े ही उग्र विचार थे आप में उन दिनों। आपने एक बार साथियों से कहा था, मैं गुलामी के खिलाफ बिना लड़े एक क्षण भी बैठ नहीं सकता। सभी मेरा साथ छोड़कर चले जाएं और कोई उपाय न रह जाए तब भी मैं एक ऊंचे मकान की छत पर बन्दूक और कारतूस लेकर जा बैठूंगा और चिल्ला कर कहूंगा मैं विद्रोही हूं, मैं बागी हूं, आये जिसे लड़ना ही।

काकोरी घटना के बाद पुलिस इनके पीछे पड़ गई और यह भी काफी सतर्क रहने लगे। 29 सितम्बर 1925 को गिरफ्तारी के दिन पुलिस ने इनका मकान भी जा घेरा, पर ये तो बंगला नाटक देखने गए थे। लौटते समय सुना कि लाल साफे ने घर घेर रखा हैं, तो चुपके से दूसरी पास वाली गली के एक मकान में आ बैठे और तलाशी का तमाशा देखते रहे। जब सब लोग तलाशी लेकर चले गए तो आप कुछ आवश्यक सामान मंगाकर फरार हो गए।

कैद या फांसी से बचना उद्देश्य न था श्री बख्शी के उड़न छू होने का। वे घूम-घूमकर देश भर में इस छिन्न-भिन्न होते संगठन को मजबूत बनाना चाहते

थे। कानपुर कांग्रेस का अधिवेशन प्रारम्भ हुआ। प्रांत की पुलिस जानती थी कि काकोरी घटना कराने वाले दल के दिलजले सदस्य इस अवसर से लाभ उठाकर अपने संगठन को सुदृढ़ बनाने के लिए यहां आकर जरूर कोशिश करेंगे। इस लिए उनको गिरफ्तार करने के लिए उन्हें पहचानने वाले खास खुफिया के सिपाहियों के झुंड के झुंड वहां इक्ट्ठे किये गये, मुकदमे के मुखबिरों को बिना पट्टे के खुला छोड़ दिया गया कि शिकार को देखकर गुर्रायें और आवाज पाकर शिकारी अपना निशाना लगायें। गिद्ध की तरह सबकी निगाहें खोज रही थीं। पर वहां तो कोई मुर्दा न था, थे सजीव कार्यकर्ता, श्री बख्शी, जो प्रतिनिधियों के हर कैम्प में घूम कर अपना काम करते रहे। अनेकों परिचितों ने उनको इस प्रकार वहां घूमकर काम करते देख दांतों उंगली काटी। यदि कहीं वे वहां गिरफ्तार हो गए होते तो हमारे बहुत से बुद्धिमान बुजुर्ग उनके इस काम को मूर्खतापूर्ण बताकर खिल्ली उड़ाते, पर क्रांतिकारी कार्यकर्ता फूंक-फूंककर कदम रखना नहीं जानते, आग से खेलना ही उनका जीवन होता है, खतरे में घुसकर काम करना ही उनकी आदत होती है।

एक रात वे प्रतिनिधियों के एक कैम्प से दूसरे कैम्प जा रहे थे। बिना पास एक ओर से दूसरी ओर जाने की आज्ञा न थी। स्वयं सेवक ने बख्शी जी को रोक लिया। सामने बिजली का प्रकाश और वे घिरे खड़े। बड़ा विकट अवसर था। ऐसे ही अवसर पर श्री वी० के० दत्त जो उस समय स्वयं सेवकों के एक कप्तान थे, आ पहुंचे। उन्होंने श्री बख्शी जी को पहचान लिया और फौरन उन्हें चले जाने की आज्ञा दे दी। एक और समय पर वे भिखारी के वेश में टहल रहे थे। बनारस के उस समय के खुफिया इंचार्ज मि० मुखर्जी बगल से आ निकले। शायद उन्हें कुछ संदेह हुआ। वे गौर से इनकी ओर ताकने लगे। पर ये बिना कुछ विचलित हुए अपनी उसी बनावटी लंगड़ी चाल से धीरे-धीरे आगे बढ़ गए और श्री मुखर्जी साहब अपने भ्रम पर लज्जित हो चले गए।

आपने प्रांत भर का दौरा किया। एक दिन रात को प्रतापगढ़ में एक मित्र के यहां सो रहे थे। पेशाब की हाजत हुई, बाहर निकलकर सड़क पर पेशाब करने लग गए कि पुलिस का एक सिपाही जा रहा था। उसने आकर इन्हें पकड़ लिया। हथियार घर के अन्दर रह गया था। थाने जाते हैं तो सम्भव है कलई खुल जाय बड़ी मुश्किल सामने थी। आपने गिड़गिड़ाकर देहाती बनकर अपनी अनजानकारी के लिए मांफी मांगते हुए चमचमाता हुआ चांदी का एक चक्का सिपाही राम के हाथ में रख दिया। स्तुति और दक्षिणा के बाद सिपाही देवता इन्हें छोड़ चलता हुए।

युक्त प्रांत में अधिक दिनों इस तरह रहना सम्भव न था। काम करना, पुलिस से बचना, रोजी और सफर के लिए पैसे पैदा करना, सब कुछ करके भी

निरापद रहना, कोई आसान खेल न था। बख्शी जी बम्बई चले गए। खिलौनों की फेरी लगाकर खर्च एकत्रित करते और साथ ही उपयुक्त पात्र की तलाश में घूमते पर वहां आपको सफलता नजर न आई तो आप कराची चल दिए। वहां जाकर मजदूरों की दशा समझने के लिए आपने जहाजों पर कोयला लादने वाले कुली का काम स्वीकार किया। उन्हीं के साथ रहने लगे। ऐसे अवसर पर यह बड़ा सरल था, कि श्री बख्शी जी कुली के रूप में किसी जहाज पर काम करते हुए विदेश निकल जायें। पर आपने ऐसा न किया। अपने दल को वहां भी पनपते न देख आप बिहार चले गए, और वहां अपने ही पैरों पर निर्भर करके काम करते रहे। अन्त में एक दिन भागलपुर में गिरफ्तार कर लिए गए। श्री अशफाक के साथ उनका अलग मुकदमा चला और आजन्म काले पानी की सजा हुई।

जेल जीवन भी आपका संघर्षमय ही रहा। अधिक दिनों तक एक जेल में ये कभी न रह सके। अन्त में 1937 में आपने एक आमरण अनशन समस्त राजबन्दियों की रिहाई के लिए किया। देश में हलचल मच गई। लम्बे अरसे तक चलने के बाद प्रांत में देशरत्न बाबू राजेंद्र प्रसाद ने उस आंदोलन को जनता के हाथों ले लेना तथा अन्य तमाम बातों को शीघ्र ही सरकार द्वारा मंजूर करवा देने का वादा करके समाप्त करवाया। कांग्रेस मंत्रिमंडल ने कार्य भार लेते ही काकोरी राजबन्दियों को रिहा कर दिया। इस समय श्री बख्शी जी लगन के साथ कांग्रेस कार्य कर रहे हैं। (सातवें दशक के दौरान वे भारतीय जनसंघ के टिकट पर उत्तर प्रदेश विधान सभा के सदस्य भी चुने गए थे।—संपादक)

श्री मुकुन्दीलाल गुप्त

औरैया जिला इटावा के एक प्रसिद्ध व्यापारी वैश्य परिवार में आपने जन्म लिया। बाल्यकाल से आप व्यायाम के बड़े प्रेमी थे। देशभक्ति की उमंगें आपके हृदय में हिलोरें लेती थीं। शारीरिक बल में वे काकोरी षड्यन्त्र के अभियुक्तों में एक प्रमुख व्यक्ति थे। मैनपुरी षड्यन्त्र के प्रसिद्ध नेता श्री गेंदालाल जी आपके शिक्षक थे। उनके सहवास का आप पर बहुत प्रभाव पड़ा, और उनके सहवास के कारण ये मैनपुरी षड्यन्त्र के एक जिम्मेदार कार्यकर्ता थे। लोगों ने इनके कार्यों को देखकर इन्हें 'भारत भूषण' कहकर पुकारना शुरू किया। 1917 में इस दल की ओर से जो एक हिन्दी पर्चा बंटा था उसके बंटवाने में आपने प्रमुख भाग लिया था और मैनपुरी षड्यन्त्र में आपको 6 साल की सजा दी गई थी। और साथी तो 5 महीने बाद राजकीय घोषणा के अनुसार छोड़ दिए गए, पर श्री गुप्त जी अपनी पूरी सजा काट कर 1923 में रिहा हुए। जेल में ये असहयोगी राजबंदियों के सुहृद बन्धु थे। बाहर निकल कर आपने देखा कि परिवार सब नष्ट भ्रष्ट हो हो गया है और पुलिस के भय से कोई पास तक खड़े नहीं होने देना चाहता। फिर भी राजनैतिक कामों की ओर आपका झुकाव पहले की ही तरह बना रहा। झांसी में आपने एक आढ़त की दुकान की थी। वहीं आपकी भेंट बख्शी जी से हो गई। अब चुप बैठना संभव न था। आपने भी दल में योग दिया।

काकोरी काण्ड में आपका भी वारंट निकला, मगर उस समय पुलिस आपको न पा सकी। फरारी की दशा में इन्हें आर्थिक मुसीबतों का कड़ा सामना करना पड़ा। कई-कई दिनों भोजन तक नसीब न हो रहा था। फिर भी ये गिरफ्तारी के खतरे को मोल लेते कानपुर कांग्रेस में आये और सम्मिलित होने के बाद सकुशल निकल गए। इनकी गिरफ्तारी भी विचित्रता से भरी हुई है। कानपुर कांग्रेस के अवसर पर इन्होंने अपने मैनपुरी षड्यन्त्र के पुराने साथी शिव

जन्म : सन् 1891, देहांत : अक्तूबर 1972

चरण लाल से अपनी स्त्री को बनारस कुछ मदद भेजने का संदेश भेजा था, और इसके कुछ ही दिनों बाद बनारस की कारमाइकेल लायब्रेरी में अखबार पढ़ते हुए आप गिरफ्तार कर लिए गए ! मुकदमे में पहले 10 साल की फिर अपील से बढ़कर आजीवन काले पानी की आपको सजा हुई। रिहा होने के बाद अपने कस्बे औरैया में रह कर जन सेवा का काम कर रहे हैं।

(जेल से छूटने के बाद का श्री मुकुन्दीलाल जी का जीवन बड़े ही कष्टों वाला रहा। श्री रामसिंह बघेले के नाम एक पत्र में 11 जुलाई 1967 को उन्होंने लिखा था : "सन् 1937 में जेल से छूटने के बाद मैं एक जमींदार के घर काम करने लग गया। काम था भैंसों की सानी करना तथा पानी आदि भरना। कुछ दिन सिनेमा में काम किया। 20 साल सजा काटी। साठ रुपये मिलते हैं। पन्द्रह रुपये मकान का किराया, पन्द्रह रुपये कपड़े और फुटकर तथा चालीस रुपये में होटल में खाना खाता हूं।"—संपादक।)

श्री मन्मथनाथ गुप्त

अद्वितीय मेधावी सुलेखक, कई भाषाओं के पण्डित राजनैतिक गुत्थियों और विचारधाराओं के सुदक्ष जानकर प्रतिभावान व्यक्ति हैं श्री मन्मथनाथ गुप्त।

बनारस के एक प्रतिष्ठित वैश्य वंश में आपका जन्म 1907 में हुआ। बाल्य-काल से ही आप बड़े होनहार सिद्ध हो रहे थे। इनकी अवस्था के अनुरूप कठिन से कठिन गणित के प्रश्न ये अपनी 5 वर्ष की अवस्था में ही सुलझा लेते थे। इनके पिता श्री वीरेश्वर जी ने इनकी शिक्षा का प्रबंध प्रारंभ में अपने ही जिम्मे रखा। वे विराट नगर (नेपाल) में एक स्कूल में हेडमास्टर थे। दो वर्ष तक श्री मन्मथ नाथ ने उसी स्कूल में पढ़ा। वहां से बनारस आने पर इनके पिता ने इन्हें काशी के राष्ट्रीय विद्यालय में भरती करा दिया। इनके पिता बड़े निर्भीक राष्ट्रवादी व्यक्ति थे। वे अपने बालक को प्रखर देशभक्त बनाना चाहते थे।

1921 में युवराज के बहिष्कार की धूम थी। शहर के नेताओं के साथ बहिष्कार का नोटिस बांटते हुए श्री मन्मथनाथ भी गिरफ्तार कर लिए गए और इन्हें 3 महीने की सजा दे दी गई। सजा से छूटकर ये फिर पढ़ने में लग गए और 1923 में इन्होंने महात्मा गांधी द्वारा स्थापित सुप्रसिद्ध राष्ट्रीय शिक्षा संस्था 'काशी विद्यापीठ' से विशारद परीक्षा पास की। इन्हीं दिनों आपका परिचय बंगाल के एक प्रसिद्ध क्रांतिकारी नेता से हुआ और उससे विचार विनिमय करके आप दल में सम्मिलित हो गए। बनारस पुलिस की नजरों में आप बुरी तरह खटकते थे। सच पूछिए तो उस समय के बनारस के सुदृढ़ संगठन की सारी शक्ति का केन्द्र ही थी बख्शी, लाहिड़ी, मन्मथ की त्रिमूर्ति। तीनों व्यक्तियों ने एक रूप होकर अपना व्यक्तित्व भारतीय प्रजातंत्र संघ में तिरोहित कर दिया था।

उन दिनों इन्होंने क्रांतिकारी आंदोलन के बारे में कुछ पत्र 'एक क्रांतिकारी' के नाम से महात्मा गांधी को लिखे थे, जिनके उत्तर अपने 'यंग इंडिया' में महात्मा जी ने दिए थे। इन पत्रों ने उस समय राजनैतिक जगत में एक उथलपुथल-सी

मचा दी थी। मुकदमे में पुलिस चाहती थी इन्हें फांसी पर लटकवा देना, कारण, दल ने जितने सैनिक काम किये थे उनमें से बहुतों में श्री गुप्त जी ने बड़े ही सफल रूप में भाग लिया था पर उसकी आशा पूरी न हुई और आपको 14 वर्ष की सजा हुई।

जेल में आपने कई बार अनशन किया। एक अनशन तो आपने तभी समाप्त किया जब समस्त काकोरी के कैदी बी० क्लास घोषित कर दिए गए। इस अनशन में श्री राजकुमार सिन्हा और श्री शचीन्द्रनाथ बख्शी भी साथ थे।

आपने 'क्रांतियुग के अनुभव', 'श्री चन्द्रशेखर आजाद', 'विजय यात्रा' और 'अमर शहीद यतीन्द्रनाथ दास' नामक पुस्तकें लिखी हैं। पत्र-पत्रिकाओं में भी क्रांतिकारी आंदोलन, राजनैतिक तथा अन्य विषयों पर हिन्दी, बंगला में आपके लेख बराबर प्रकाशित हुआ करते है। आप एक पक्के मार्क्सवादी क्रांतिकारी हैं। (सौभाग्य की बात है कि मन्मथ जी अभी हमारे बीच मौजूद हैं। विभिन्न विषयों पर सौ के लगभग पुस्तकें लिखकर उन्होंने हिन्दी साहित्य की श्रीवृद्धि की है और अभी भी उनकी कलम थकी नहीं है।—संपादक)

श्री सुरेशचन्द्र भट्टाचार्य

अनुभवी पत्रकार, गम्भीर विचारक, सरस प्रकृति, कला-रसिक, संगीतमर्मज्ञ तथा उत्कट देशभक्त श्री सुरेशचन्द्र भट्टाचार्य जी का जन्म 1 अगस्त 1897 को पं० ईश्वरचन्द्र जी शिरोरत्न के घर बनारस में हुआ।

जर्मन महायुद्ध के समय आप सेन्ट्रल हिंदू कालेज में पढ़ रहे थे। श्री शचीन्द्र नाथ सान्याल के अन्यतम साथी और काम के सहयोगी थे। बनारस षड्यन्त्र के सम्बन्ध में आप गिरफ्तार किए गए। पुलिस सबूत के अभाव में मुकदमा न चला सकी। ले जाकर आपको उरई जिला जालौन में नजरबंद कर दिया गया। वहां आप चार साल तक नजरबंद रहे। छूटने पर वहीं से निकलने वाले एक हिन्दी साप्ताहिक पत्र 'उत्साह' का दो वर्ष तक सम्पादन किया। इसके बाद कानपुर चले आए। यहां आपने 'वर्तमान' और प्रताप के सम्पादकीय विभाग में काम किया। श्री शचीन्द्रनाथ सान्याल ने जब उत्तरी भारत में फिर से क्रांतिकारी दल का संगठन शुरू किया तो श्री सुरेशचन्द्र जी ने उसमें पूर्ण सहयोग दिया। सर्वश्री वी०के० दत्त, विजयकुमार सिन्हा, रामदुलारे त्रिवेदी, सुरेन्द्रनाथ पाण्डेय आदि को इनके साथ ने ही क्रांतिकारी मार्ग पर प्रेरित किया है। कानपुर में आपने व्यायामशाला वगैरह का संगठन करके नवयुवकों में तीव्र जागृति उत्पन्न कर दी थी। क्रांतिकारी दल की प्रान्तीय कमेटी के आप एक प्रमुख सदस्य थे। रिहा होने के बाद से आप कानपुर के प्रसिद्ध राष्ट्रीय पत्र 'प्रताप' में काम कर रहे हैं। और इस समय पारिवारिक सुख का आनन्द ले रहे हैं। (सुरेश बाबू का निधन सन् 1970 के आसपास कानपुर में हुआ।—सम्पादक)

सुरेश दा के परवर्ती जीवन के बारे में देखें : परिशिष्ट के अंतर्गत 'एक क्रांति-धर्मी की याद'—संपादक

श्री विष्णुशरण दुब्लिश

1921 में रण-निमंत्रण पाकर दुब्लिश जी कालेज-सीमा को लांघ राजनैतिक समर क्षेत्र में आ धमके थे। मेरठ जिला उन दिनों आंदोलन में बहुत आगे था और उसमें भी मवाना कस्बा दुब्लिश जी का जन्मस्थान अपनी गति में अद्वितीय था। उस दिन एक बड़ा भारी जुलूस कस्बे में निकलने वाला था। श्री दुब्लिश जी उसके प्रमुख नेता थे। जनता उनके इशारे पर मर मिटने को तैयार थी। हजारों मनुष्यों का सागर लहरा रहा था। पदाधिकारियों ने निश्चय किया कि जुलूस न निकलने दिया जाए। उन्होंने इस हुक्म का ऐलान किया, फिर भी कांग्रेस सेवकों ने निश्चय किया कि जुलूस अवश्य ही निकलेगा।

जलूस निकला और हजारों नर-नारियों के कंठ से गूंज रहा था—झंडा ऊंचा रहे हमारा। एकाएक लाल साफे की कतार निहत्थी जनता पर लाठी बरसाते हुए टूट पड़ी। उस समय के कलेक्टर साहब ने अपने हाथ में जूता उठाया और भरी बाजार में हजारों जनता के सामने जुलूस के नेता श्री दुब्लिश जी पर बरसाने लगे। जनता की आंखों में गुस्से से खून उतर रहा था, पर हमारे विष्णु खड़े मुस्करा रहे थे। वे जानते थे कि उनके एक इशारे से अभी खून की फाग खेल दी जाएगी। पर वे तो अहिंसा के सैनिक थे। वे ऐसा होना कैसे गवारा कर सकते थे।

गिरफ्तार करके मेरठ लाये गए और डेढ़ वर्ष की सजा मिली। इन्हें विशेष व्यवहार दिया गया और साथ के लोग मामूली चोर-डाकू की तरह रखे जाएं और वे विशेषव्यवहार भोग करें, इसे इन्होंने स्वीकार न किया और उस व्यवहार पर लात मार ये अपने अन्य भाइयों के साथ साधारण व्यवहार में सजा काटने लगे। छूटने के बाद इन्होंने देखा कि देश का राजनीतिक आकाश घने कोहरे से घिर रहा है।

श्री दुब्लिश जी के जन्म सम्बन्धी तथ्य उपलब्ध नहीं हैं। यह भी नहीं पता कि वे अभी हमारे बीच हैं अथवा नहीं।—सम्पादक

चारों ओर निराशा का राज्य है। पर चुप कैसे बैठा जाए ? गुलामी का शूल जिसके दिल में हर वक्त चुभता हो वह निष्क्रिय हो कैसे बैठ सकता है। दौरे में श्री शचीन्द्रनाथ सान्याल ने जाकर इनसे भेंट की। विचार-विनिमय हुआ और ये दल में आ गये। इस समय ये अपने जिले में कांग्रेस के एक प्रभावशाली और प्रतिष्ठित कार्यकर्ता थे, युवकों पर प्रभाव था, मेरठ वैश्य अनाथालय के मैनेजर थे। पार्टी की प्रांतीय कमेटी के यह भी एक सदस्य थे, अतः 26 सितम्बर 1925 को इन्हें भी गिरफ्तार किया गया। श्री शिवचरणलाल जी ने इन्हीं के अनाथालय में होने वाली बैठक में भाग लिया था। गिरफ्तारी न होना ही आश्चर्य की बात होती। केस में आपको पहले 7 वर्ष की सजा दी गई, लेकिन अपील में उसे बढ़ाकर 10 वर्ष कर दिया गया।

जेल में भी आपका प्रभाव कैदियों पर विशेष रूप से रहता था। इससे घबरा कर जेल अधिकारियों ने नैनी सेंट्रल जेल में जो दंगा हुआ था उसमें इन्हें प्रमुख अभियुक्त बनाया। सेशन कोर्ट से उन्हें आजीवन काले पानी की सजा दी गई थी, पर इलाहाबाद हाईकोर्ट ने अपील में उसे घटाकर 5 वर्ष कर दिया था।

हंसमुख और विनोदप्रिय दुब्लिश जी रिहा होते ही फिर कांग्रेस कार्यक्षेत्र में आ खड़े हुए और उसी साल युक्तप्रांत की प्रांतीय कांग्रेस कमेटी की कार्यकारिणी के सदस्य तथा जिला कांग्रेस कमेटी मेरठ के सभापति चुन लिए गए। (आजादी के बाद एक सांसद के रूप में भी देश की राजनीति में वे अपना योगदान देते रहे। —सम्पादक)

श्री रामकृष्ण खत्री

आप चिचली ग्राम जिला बुलडाना बरार के निवासी हैं। बाल्यकाल से ही आपका ध्यान राजनीति की ओर विशेष रूप से था। स्कूल में पढ़ते समय सुना, लोकमान्य तिलक जी का व्याख्यान एक पास के गांव में होने वाला है। चलकर पहुंचे, व्याख्यान सुना, पर कुछ समझ में न आया। लोकमान्य जी ने कहा, किसी को कोई संदेह हो तो प्रश्न कर सकता हैं। आपने उठकर पूछा, हम बच्चे अपने देश के लिए क्या करें? उत्तर मिला, घर में रहकर विद्याध्ययन, गुरु और माता-पिता की सेवा! उत्तर कुछ इन्हें रुचा नहीं। इस समय इनका विचार था कि किसी दुष्ट ने बच्चों को परेशान करने के लिए ये लिखने-पढ़ने का झंझट बालकों पर लाद दिया है।

प्रेमी और निष्कपट हृदय पाया है श्री खत्री ने। सींक से दुबले शरीर में गजब की निर्भीकता और सच्चाई का संचय है। एक बार जो संसर्ग में आया श्री खत्री का अपना बन गया। सर्वस्व समर्पण करके भी मित्र की सहायता हो सके तो श्री खत्री पीछे पैर रखने वाले नहीं। अपनी इसी सम्पत्ति के कारण वे उस बाल्यकाल में ही किसी के बहुत निकट हो गए, पर समाज की रूढ़ियां इस निकटता को रहने देने में बाधक सिद्ध हुई। घरवालों ने विरोध करके सरस जीवन को नीरस बना दिया। विरागी हो श्री रामकृष्ण जी उदासी साधु हो गए। सोचा था, संसार की मंगल कामना करेंगे, ईश्वर का भजन करेंगे। संसार के झंझटों से अलग रहकर हृदय कुछ शांति पा सकेगा। पर थोड़े ही दिनों में इस नये उदासी साधु गोविन्द प्रकाश ने देखा कि उसका यह सोचना केवल भ्रम था। साधु समाज

जन्म : 3 मार्च 1902

सन् 1977 में लखनऊ में काकोरी शहीद अर्ध शताब्दी समारोह का आयोजन अत्यन्त वृहत् रूप में आपके ही संयोजन में हुआ। खत्री जी मार्क्सवादी कम्युनिस्ट पार्टी के एक महत्वपूर्ण सक्रिय सदस्य हैं।—संपादक

के अन्दर जाकर उन्होंने देखा कि उस समाज के उंगली पर इने-गिने व्यक्ति छोड़ सभी महापतित, भ्रष्ट, दुराचारी, ऐयाश, लोभी, निकम्मे, निठल्ले, ईर्ष्यालु, अपढ़, अज्ञानी, नशेबाज और घोर तामसिक प्रवृत्ति के हैं। उन्हें अपने जीवन की वह निरर्थकता शूल-सी चुभने लगी। सुधार के लिए उन्होंने 'उदासी महामण्डल' का संगठन किया।

इससे पहले वे एक ट्यूशन पढ़ाने बनारस में एक महाशय के यहां जाया करते थे। महाशय जी इनकी बड़ी आवभगत किया करते थे। दुर्गापूजा के अवसर पर एक दिन जब ये उन्हीं महाशय के घर पहुंचे तो इनकी बड़ी खातिर की गई। खूब आदर के साथ स्नान कराया, साफ कपड़े पहनने को दिये, अच्छा भोजन कराया, पर इस सारे समय में उन्होंने देखा कि जिस छोटे बालक को वे पढ़ाते थे वह रो-सा रहा है। एकांत पाते ही उस बालक ने आकर कहा, मास्टर साहब, यहां से भाग जाइए। पिता जी आपका बलिदान चढ़ाना चाहते हैं !! खत्री साहब के काटो तो खून नहीं। चुपके वहां से खिसक गए और इस प्रकार उनके प्राण बचे।

बनारस में एक दिन चंद्रशेखर आजाद से उनकी भेंट हुई। बातचीत चली, मिलना-जुलना शुरू हुआ और बातचीत के सिलसिले में ही आजाद ने देश के लिए काम करने के हित इन्हें क्रांतिकारी दल में शामिल होने का आमंत्रण दिया। एक अच्छे काम में जीवन उत्सर्ग करने की सम्भावना सामने देख इन्होंने उसे स्वीकार कर लिया !

हिंदी, मराठी, गुरुमुखी, अंग्रेजी भाषा के ज्ञाता रामकृष्ण दल में बहुत ही उत्साही कार्यकर्ता सिद्ध हुए। अनेकों सैनिक कार्यों में भी बड़ी शान से अपना फर्ज अदा किया। इन्हें पुलिस ने पूना में गिरफ्तार किया था, कुछ दिनों लालच और बंदर-घुड़की दिखाने के बाद भी जब पुलिस इन्हें विश्वासघातक न बना पाई तो झल्लाकर पीछा छोड़ दिया। मुकदमे के दौरान में यह सिद्ध हुआ कि आपने मध्य भारत और महाराष्ट्र में भी दल के संगठन करने का काफी उद्योग किया था, अतः आपको दस वर्ष की सजा हुई।

पूरी सजा काटकर छूटने के बाद भी आपने आराम नहीं किया। पहले श्री राजकुमार जी के घर का प्रबंध करने में जुटे, फिर श्री योगेश चटर्जी के अनशन के सिलसिले में प्रचार करते रहे और इसके बाद समस्त राजनीतिक बंदियों के छुड़ाने के लिए धुआंधार आंदोलन आरंभ कर दिया। राजबंदी सहायक समिति को पुनः जीवित करने का सारा श्रेय श्री रामकृष्ण खत्री को है। इस समय आप लखनऊ में कांग्रेस कार्य और लाउडस्पीकर का व्यवसाय करते हैं।

श्री राजकुमार सिन्हा

कानपुर नगर युक्तप्रांत औद्योगीकरण में आगे होने के कारण यहां का राजनीतिक जीवन सदा अग्रगामी रहता रहा है। 1922 में यहां प्रथम कम्युनिस्ट केस चला। श्री राजकुमार जी को राजनीति से अपने विद्यार्थी जीवन से ही प्रेम था। वे इस मुकदमे को दिलचस्पी के साथ देखते थे। क्रांतिकारी विचारधारा से आपका प्रथम परिचय यहीं से आरम्भ हुआ। श्री सुरेशचन्द्र भट्टाचार्य जी कानपुर के बंगाली समाज में काफी हिलते-मिलते व्यक्ति थे। श्री राजकुमार जी के मकान के सामने ही ए०बी० विद्यालय था। वहां भी उनका आना-जाना था। सेवाभाव से अनुप्राणित राजकुमार जी श्री रामकृष्ण मिशन में एक उत्साही कार्यकर्ता थे। श्री सुरेश बाबू से उनका काफी सत्संग रहने लगा। कानपुर से आप बनारस जाकर हिंदू विश्वविद्यालय में दाखिल हुए। साहित्य से आपको विशेष अभिरुचि थी। श्री राजेन्द्र लाहिड़ी भी विश्वविद्यालय के छात्र थे। उन्होंने वहां एक 'बंगला छात्र परिषद' संगठित कर रखी थी। इसके द्वारा श्री राजकुमार जी और श्री राजेन्द्रनाथ को मिलने-जुलने का अवसर मिला। बातचीत चली और विश्वविद्यालय के ट्युटोरियल कोर्स के एक दक्ष सदस्य श्री राजकुमार जी क्रांतिकारी दल में शामिल हो गए।

परिषद की बैठक हो रही थी, सरस गायक भाई राजकुमार जी ने गाया :

जतो बार आलो जालाते चाई,
निबे जाय बारे बारे।

(जितने ही बार ज्योति को प्रकाशित
करना चाहता हूं, बार-बार बुझ जाती है।)

'राजू दा' के नाम से लोकप्रिय श्री राजकुमार सिन्हा का स्नेह-सान्निध्य इस टिप्पणीकार को भी मिला है। इसके बावजूद खेद है कि उनके जन्म एवं देहांत सम्बन्धी ठीक-ठीक तथ्य उपलब्ध नहीं हो पाये। उनका निधन संभवतः 1972 के आसपास हुआ था।—संपादक

समस्त उपस्थित मानव समाज मंत्रमुग्ध की तरह डोलने लगा। आपने एक निबन्ध राष्ट्रीय आंदोलन और भारतीय छात्रों पर पढ़ा, जिसकी बड़ी प्रशंसा हुई। मुकदमे में इस निबंध को राजद्रोहात्मक सिद्ध करने की चेष्टा की गई थी।

28 जनवरी 1925 को विश्वविद्यालय में एक हलचल-सी मच गई। भारतीय प्रजातन्त्र संघ की ओर से प्रकाशित अंग्रेजी पर्चा 'दि रेवुल्यूशनरी' बड़ी जोरों से यहां भी बंटा था, पर बांटने वाले का कोई पता न था। बड़ी जांच-पड़ताल हुई, पर कोई सूत्र हाथ न लगा। श्री राजकुमार सिन्हा ने भी विद्यालय के अधिकारियों से एक पर्चा अपने कमरे में पाये जाने की सूचना दी थी।

पुलिस ने जो चिट्ठी-पत्री पकड़ी थी, उसमें से वह किसी विद्यार्थी की तलाश में थी। एक पत्र से उसका सन्देह श्री राजकुमार जी पर गया। श्री राजकुमार जी अपने सैनिक कैम्प में,घायल हो कानपुर चले आए थे। पुलिस ने 30 अक्टूबर को बनारस में उनके कमरे की तलाशी ली। दो रायफलें तथा पुलिस की वर्दी वहां पुलिस के हाथ लगी और दूसरे ही दिन कानपुर में श्री राजकुमार जी गिरफ्तार कर लिए गए। मुकदमे के दौरान में ही उनके पिता का स्वर्गवास हो गया, पर श्री राजकुमार जी ने बड़े ही धैर्य के साथ इस धक्के को सहन किया। आपको दस वर्ष की सजा हुई थी और आप अपनी पूरी सजा काट कर रिहा हुए।

आप पक्के साम्यवादी हैं। सुलझे हुए विचार, स्पष्टवादिता और सच्ची लगन से काम करके न केवल कानपुर, वरन् प्रांत की राजनीति में आपने अपना स्थान बना लिया है। बड़ा से बड़ा व्यक्तित्व आपको जबर्दस्ती से दबा नहीं सकता। (राजू दा ने 1960 के आसपास कानपुर में रूसी भाषा के शिक्षण का एक केन्द्र 'परान्निकोव रूसी शिक्षण केन्द्र' के नाम से खोला था। वे बहुभाषाविद् व्यक्ति थे और अत्यन्त परिश्रमशील। जीवन के अंतिम दौर में भी मीलों साइकिल चलाकर वे स्वाहिली, मलय, जर्मन आदि भाषाओं के क्लासेज लेने कानपुर के रक्षा-केन्द्रों पर जाया करते थे। सिद्धांतवादी इतने पक्के थे कि 1962 के आम चुनावों में जब उनके छोटे भाई और विख्यात क्रांतिकारी श्री विजय कुमार सिन्हा कांग्रेस के टिकट पर लोकसभा का चुनाव लड़ रहे थे, तब राजू दा कम्युनिस्ट-समर्थित श्री एस० एम० बनर्जी का चुनाव-प्रचार बेहद दृढ़ता के साथ कर रहे थे। —संपादक)

श्री भूपेन्द्रनाथ सान्याल

खेलकूद में पटु, विवाद करने में दक्ष, फुर्तीले और स्वस्थ शरीर के कुशाग्र बुद्धि इलाहाबाद विश्वविद्यालय के तब के छात्र और श्री शचीन्द्रनाथ सान्याल के छोटे भाई श्री भूपेन्द्रनाथ सान्याल भी काकोरी षड्यन्त्र में एक संगठनकर्ता के रूप में पकड़कर ला खड़े किए गए। जेल में आने का इनका यह पहला ही अवसर था। जिस दिन पकड़कर पहले-पहल मलाका जेल इलाहाबाद पहुंचाए गए तो ये मुस्करा रहे थे। मुस्कराहट तो सदैव ही इनके चेहरे पर खेला करती है। जेलर ने इनसे पूछा 'कैसे आए जी ?' आपने अपनी उसी स्वाभाविक मुस्कराहट के साथ उत्तर दिया, 'यही बम बनाने के मामले में।' जेल के लाट ने घुड़ककर कहा, 'हंसते क्यों हो ! ठीक से बात करो !' आपने चेहरे पर बगैर शिकन लाए ही जवाब दिया, 'मैं जिस तरह बात कर रहा हू यही ठीक ढंग है ? इसमें फर्क लाना मेरे बूते की बात नहीं है।' जेलर चुप हो रहा। मुकदमे में 5 वर्ष की सजा हुई और वे अपनी पूरी सजा काटकर छूटे। आज आप प्रांत के एक प्रमुख राजनैतिक कार्यकर्ता हैं। प्रांत के अनेकों जिलों में इनका काफी प्रभाव है। इलाहाबाद के जिस मुहाल में वे काम करते हैं किसी का साहस नहीं कि वहां उनके प्रभाव को कम कर सके।

(जीवन सम्बन्धी तथ्य उपलब्ध नहीं। —सम्पादक)

श्री प्रेमकिशन खन्ना

ई० आई० आर० रेलवे के डिवीजनल चीफ इंजीनियर श्री रामकृष्ण खन्ना के सुपुत्र श्री प्रेमकृष्ण खन्ना 1921 से ही कांग्रेस आंदोलन में आ गए थे। आंदोलन में आपने देहली में लाला शंकरलाल और स्वर्गीय डॉ० पन्सारी के साथ खूब जोरों

का काम किया था। वहां से आप शाहजहांपुर चले आए। यहां श्री रामप्रसाद से आपकी मुलाकात हो गई और दोनों में गाढ़ी मित्रता हो गई। ये रेलवे कांट्रैक्टरी का काम करते थे और एक माउजर पिस्टल का लाइसेन्स था। पुलिस ने यह साबित करने की चेष्टा की थी कि श्री रामप्रसाद इसी पिस्तौल से बिशाना सीखते थे और इन्हीं के नाम से लाए गए कारतूस रेल डकैती में इस्तेमाल हुए थे। पुलिस ने इन्हें पथभ्रष्ट करने की बड़ी चेष्टा की, पर सब व्यर्थ। बाप के क्रोध की रंचमात्र परवाह किए बिना ये अपने मार्ग पर डटे रहे। आपको 5 वर्ष की सजा हुई थी। पुस्तकें एकत्र करने का आपको बड़ा शौक हैं। रिहाई के बाद आपने कांग्रेस आंदोलन में पूरी तौर से योग दिया। किसान सभा के समर्थक और पक्के कांग्रेस समाजवादी हैं आप ! (आजादी के बाद कांग्रेस के टिकट पर आप सांसद भी रह चुके हैं और सौभाग्य से अभी हमारे बीच मौजूद हैं।—संपादक)

श्री रामनाथ पाण्डेय

सबसे कम उम्र के अभियुक्त थे हमारे दल में, श्री रामनाथ पाण्डेय, पर सबसे स्वस्थ शरीर पाया था आपने। श्री राजेन्द्र लाहिड़ी से आप विशेष सम्बन्धित थे। एक मात्र माता रह गई थी पीछे। गरीबी का घर था। सामने लम्बी सजा झूल रही थी। फिर भी आप विचलित न हुए। पुलिस ने चेष्टा की, पर सफलता न मिली। अटल चट्टान की तरह खड़े रहकर श्री रामनाथ जी ने सजा को सुना और निर्द्वन्द्वता से उस काल को बिताया।

(पांडेय जी के जीवन के बारे में भी जानकारियां किन्हीं अन्य स्रोतों से प्राप्त नहीं की जा सकीं।)

लेखक की राम कहानी

उन्नाव जिले के एक छोटे से गांव, करनाईपुर में मेरा जन्म हुआ। पिता जी बंबई में मिठाई की दुकान करते थे अतः मेरा बाल्यकाल भी वहीं बीता और शिक्षा-दीक्षा भी वहीं हुई। 11 वर्ष की ही अवस्था थी कि पिता जी का देहान्त हो गया। छोटा भाई, माता जी और मैं परिवार के तीन प्राणी निःसहाय हो गए। अपनों ने भार जान घर से अलग कर दिया। बड़ी मुसीबत से कटे वे दिन। भला-बुरा, ऊंच-नीच सब कुछ देखना पड़ा उन दिनों अपने जीवन में। पान की दुकान-ट्राम की नौकरी, फौज में भरती, मील में काम, बिस्कुट का खोमचा, अखबारों की हाकरी आदि बहुत कुछ करना पड़ा अपने सबके जीवननिर्वाह के लिए हमें उन दिनों।

1921 में असहयोग आन्दोलन छिड़ा। इससे पहले मैं माता जी को साथ ले कानपुर आकर रहने लगा था। आजीविका के साथ-साथ यहां मैंने पहले सेवा समिति फिर स्काउटिंग में दिलचस्पी लेनी शुरू की। उस समय कानपुर में श्री ज्योतिशंकर दीक्षित और श्री अटल बिहारी टण्डन क्रियाशील स्काउट मास्टर थे। मैं श्री अटल विहारी जी की मातहती में काम करने लगा।

असहयोग आन्दोलन ने मुझे आकर्षित किया। कांग्रेस में स्वयंसेवक बन विदेशी कपड़े की दुकानों पर धरना दिया। काम से पीलीभीत गया था वहां आन्दोलन के सम्बन्ध में गिरफ्तार करके दफा 108 में 6 महीने की सजा दे दी गई।

बरेली जेल पहुंचते ही देखा ठाकुर रोशनसिह जी चक्की से मोर्चा ले रहे हैं। सुना वहां के सुपरिन्टेन्डेन्ट लेफ्टिनेंट कर्नल मि० हेयर असहयोगियों से बड़ी नफरत करते हैं। सोचा था शांति से कैद का समय काट देंगे पर अधिकारियों की कृपा ने ऐसा न होने दिया। संघर्ष और घमासान का संघर्ष छिड़ गया।

उन दिनों जेलों में सब काम कैदी को घंटी पर करने पड़ते। खाना-पीना, कपड़े धोना, नहाना, पाखाने जाना, आबदस्त लेना, उठना-बैठना सब कुछ घंटी के

जन्म : 1902, निधन : 1972 (फरवरी)

साथ होना चाहिए। कैदी, आदमी की जगह बिलकुल बंदर बना दिया जाता। पग-पग पर उसे अपमानित और लांछित किया जाता। मनुष्य के स्वाभिमान को नष्ट करने की यह सारी चेष्टा थी। इन्हीं मामलों पर अधिकारियों से ठन गई और हथकड़ी-बेड़ी, मतभंगा, कालकोठरी और अन्त में 20 बेंतों पर जाकर इसकी इतिश्री हुई। पागल कहकर पागल खाने भेजने की कोशिश भी हुई, पर न जाने क्यों अधिकारियों ने स्वयं ही उसे त्याग दिया। वहीं श्री विष्णुशरण दुब्लिश से भेंट हुई।

इन्हीं दिनों बरेली में एक कान्स्टेबल के किसी ने गोली मार दी थी। पुलिस ने सर्वश्री श्यामसिंह, टीकमसिंह और शत्रुघ्न नामक तीन युवकों को गिरफ्तार करके मुकदमा चलाकर उन्हें आजीवन काले पानी की सजा कराई। बाद में पता चला कि वे तीनों विद्यार्थी बेचारे बिल्कुल बेगुनाह थे, पर न्याय के नाम पर उन्हें लम्बे अरसे तक जेल में बन्द रखा गया। उनका सोने का संसार मिट्टी में मिला दिया गया।

जेल में ही कुछ दिल में बेचैनी-सी पैदा हो गई थी। देश की आजादी अहिंसात्मक आंदोलन से कैसे हासिल होगी, यह कुछ समझ में नहीं आता था। ऐसे आंदोलन का अन्त सदैव समझौते में होगा, और समझौते के माने हैं दोनों दलों का पृथक् अस्तित्व कायम रहना। फिर देश स्वाधीन कैसे हो जाएगा। प्रेम से कुछ ऊंचे दर्जे के मनुष्य, जिनमें अनुभूति की शक्ति हो, भले ही जीते जा सकें, पर संसार के आम राजनीतिज्ञ और वह भी साम्राज्यवादी राजनीतिज्ञ इससे प्रभावित हों स्वयं अपने स्वार्थों की कब्र खोद, उन्हें अपने हाथों दफना दें यह संभव नहीं है। इस अन्तर्द्वन्द्व ने बहुत परेशान किया। अनेकों रातें बिना सोए बीत गईं, पर जिस दिन छूटा पक्के निश्चय के साथ बाहर आया।

इधर-उधर ढूंढते खोजते कुछ पता चला, कुछ और कोशिश की। एक दिन वीरभद्र तिवारी के द्वारा श्री सुरेशचन्द्र जी भट्टाचार्य के पास ले जाया गया। कुछ विचार-विनिमय हुआ, फिर और किसी दिन मिलने का निश्चय रहा। एक दिन सुरेशदा के यहां एक और बंगाली से भेंट कराई गई। उनसे काफी बातचीत हुई। मुझे कुछ मालूम था कि आजकल श्री शचीन्द्रनाथ सान्याल इस संगठन के बारे में दौरा कर रहे हैं। मैंने उनसे कहा आप ही शचीनदा हैं। वे चौंक पड़े, शायद कुछ शंका भी की, पर बात वहीं की वहीं रह गई। मैं दल में काम करने लगा।

कुछ दिनों बाद श्री राय महाशय—योगेश चटर्जी—कानपुर आए। मुझे उनके मातहत कर दिया गया। इसी तरह काम चलता रहा। इन्हीं दिनों मुझे सेवा समिति बालचर संघ के प्रधान कार्यालय प्रयाग में आर्गनाइजिंग स्काउट मास्टर के पद पर काम करने के लिए बुला लिया गया। दल में मैं एक साधारण कार्यकर्ता था। औरों की तरह मेरा स्थान कोई महत्व का न था। पर गिरफ्तारी

ने मुझे भी आज पांचवें सवारों में शामिल कर दिया है।

मित्रों से मिलने की उमंग ले, छुट्टी लेकर 24 सितम्बर 1925 को कानपुर आया। उन दिनों मेरा एक शेरबच्चों का दल था। मुझे उनसे हार्दिक प्रेम था। दल में थे—सर्वश्री कृष्णचन्द्र सेठ, रामकृष्ण सेठ, श्रीशचन्द्र कौशल, रामनाथ कक्कड़, विजय नारायण कपूर, बेनीप्रसाद खन्ना, शालिगराम शुक्ल और राधेश्याम रस्तोगी। दो दिन इन सबके साथ हंसी-खेल ही में बीत गए। 26 तारीख को प्रातः किसी ने पुकारा, "पण्डित जी बाहर आइए!" माता जी ने झांककर देखा तो लाल साफे की फौज ने मकान घेर रखा था। बाहर आया। दारोगा जी ने कहा, काकोरी रेल डकैती के मामले में तुम्हारे घर की तलाशी का वारंट है। मैं मुस्करा दिया। तलाशी देने में मुझे आपत्ति ही क्या थी! सारा घर छान मारा गया, पर कहीं कोई चीज हाथ न लगी। अन्त में मुझे गिरफ्तार करके पुलिस लौट गई।

पिछली रात को ही मैंने घर से कुछ हथियार दूसरी जगह हटाए थे और प्रातः यह तलाशी हुई। अगर एक दिन पहले होती तो कहानी शायद कुछ दूसरी तरह लिखी जाती। इसी प्रकार एक दिन और भी बच गया था। श्री योगेश जी की आज्ञा से मैं बाहर काम से गया था। पुलिस मेरी खोज में परेशान थी। दिन-रात घर के सामने धरना रहता। मुझे इस बात का कोई पता न था। जेब में दो भरे रिवॉल्वर पड़े थे। दरवाजे पर पहुंचते ही खुफिया के सिपाही ने आकर कंधे पर हाथ रखकर कहा, "पंडित जी, क्या भर रखा है जेब में? बड़ी ऊंची है यह?" मैंने हंसते हुए उत्तर दिया, "बम और पिस्तौल भरे हैं। अगर तुम्हें जरूरत हो तो निकाल दूं!" अविश्वास की मुस्कराहट के साथ उसने कहा, "ऐसी मजाक ठीक नहीं होती, पंडित जी! चलिए पान खा लीजिए, आज कई दिनों के बाद आप मिले हैं। इस तरह बिना बताए आप चले जाते हैं और हमारी परेशानी होती है। कहीं भी जाइए, पर हमें तो बता दिया कीजिए। हम गरीबों को क्यों सताते हैं!" मैंने कहा, "भाई काम ऐसा ही जरूरी आ गया था, इसलिए चला गया। अब आइन्दा तुम्हें बताकर जाया करूंगा। अभी नहाया नहीं हूं, इसलिए पान के लिए तो माफ करो!" कहकर घर के अन्दर चला गया।

जेल में पहुंचने पर मालूम हुआ बीरभद्र तिवारी भी मेहमानी में आ गए हैं। कानपुर की जेल में 16 नम्बर बारिक की एक कोठरी में बीरभद्र और 10 नम्बर में मैं बन्द किया गया। आपस में बातचीत करना मना था। रात को 2 बजे उठकर बातचीत करते थे। सारे मुकदमे में मेरे लिए श्री भगवतीप्रसाद जी ने बड़ा ही परिश्रम किया। पहले ही दिन तिकड़म करके चिट्ठी आने-जाने का प्रबन्ध कर लिया। कुछ दिनों कानपुर रहने के बाद एक दिन हमें लखनऊ जेल भेजा गया। यह घटना बहुत ही मनोरंजक है।

शाम के 6 बजने वाले ही थे कि जेल सिपाही ने आकर कोठरी का दरवाजा

खोलकर कहा, चलिए तुम्हें लखनऊ जाना है। यह पहला अवसर था कि जब हम और वीरभद्र जेल में आकर एक साथ हुए थे। फाटक पर ले जाकर बेड़ियां डाली गयीं और बाहर पुलिस की लारी लड़ी थी। जेलर ने सूबेदार को बुलाकर, जो एक फ्रान्टियर का रहने वाला मालूम होता था, कहा, इन्हें अपने कब्जे में लो ! उसने सलाम देकर हम दोनों का हाथ पकड़ लिया। बाहर से दो बुर्के जैसे मुसलमान औरतें ओढ़ती हैं, मंगाकर हमसे कहा गया कि इन्हें ओढ़ लो, कलेक्टर साहब का हुक्म है। हमने बुर्के ओढ़ लिए। आपने लारी के ड्राइवर को मोटर खिड़की से लगाने का हुक्म दिया। जब मोटर खिड़की से भिड़ गयी तब हमें चढ़ने का हुक्म मिला। घड़ी में 6 बजने में दो मिनट बाकी थे। ड्राइवर ने मोटर स्टार्ट करना चाही तो सूबेदार ने डांटकर कहा, "नहीं, मोटर ठीक 6 बजे चलेगी। जानते नहीं हो, कलेक्टर साहब ने इन लोगों के बारे में सब बातों का बहुत सख्त हुक्म दिया है !" हम लोग बैठे-बैठे यह तमाशा देख रहे थे। मन में सोचा सूबेदार पूरा फौजी जवान है। शायद रास्ते में कोई काम निकल सके। जिस समय हम लोग जेल गए थे तो श्री नारायणप्रसाद जी अरोड़ा ने आकर हमें किताबें आदि दिलाने का प्रबन्ध किया था।

ठीक 6 बजे मोटर जेल के फाटक से छूटी। हसरत-भरी निगाहों से मैं कानपुर की सड़कों को देख रहा था। मेरी पीठ पर हाथ रखकर वीरभद्र ने कहा, क्या चिंता करते हो ! मैं तो विश्वास करता हूं कि मुझे कोई सजा नहीं दे सकता। उन के मुंह की ओर देखकर मैं चुप रह गया। मेरे पास इस प्रकार दृढ़ विश्वास प्रकट करने के लिए कोई आधार न था। मैं हां कैसे करता ?

स्टेशन पर गाड़ी पहुंचते ही सूबेदार ने कहा, मोटर प्लेटफार्म पर लेकर गाड़ी के दरवाजे से लगाओ। पर गाड़ी लगी थी प्लेटफार्म नम्बर चार पर, जहां मोटर किसी तरह जा ही न सकती थी। इधर गाड़ी का समय हो गया। कलेक्टर के फोन से कहने पर उसे रोका गया था, पर सूबेदार साहब अब भी उलझे थे मोटर को प्लेटफार्म पर ले जाने के लिए। स्टेशन मास्टर ने आकर समझाया, पर वे न माने। अन्त में फोन से कलेक्टर से बातचीत हुई और तय हुआ कि विशेष पुलिस के प्रबन्ध में हमें गाडी में ले जाकर बैठाया जाए।

धूम मच गई स्टेशन पर। रास्ते से तमाम मुसाफिर हटाए जा रहे थे, जैसे गवर्नर की सवारी आ रही है ! जिसे कोई भी ध्यान न था वह भी देखने लगता कि आखिर माजरा क्या है। देखा दो बुर्कापोश पुलिस के पहरे में बेड़ियां बजाते चले आ रहे हैं। तमाशा बन गए थे हम सबकी निगाहों में। प्लेटफार्म पर पहुंचते ही पुलिस ने गाड़ी के तमाम मुसाफिरों को हुक्म दिया कि अपनी-अपनी खिड़कियां बन्द कर लो। सारे प्लेटफार्म पर सन्नाटा था और सबकी निगाहें थीं हमारी ओर। एक रिजर्व डिब्बा शुरू में ही हम लोगों के लिए लगाया गया था। हम जा

कर उसमें बैठ गए। डिब्बे की तमाम खिड़कियां बन्द कर दी गई। गाड़ी के दोनों ओर दरवाजे पर सशस्त्र पुलिस खड़ी हो गई। अजीब दृश्य था वह भी।

आते वक्त देखा था, प्लेटफार्म पर भाई भगवती और चन्द्रमौलि टहल रहे हैं। मिलने की इच्छा थी। सूबेदार साहब से कहा। उन्होंने बतलाया कि कलेक्टर साहब का हुक्म है, हम किसी को मिलने न दें। हां, अगर चिट्ठी लिखोगे तो हम उनके पास पहुंचा देंगे और उनसे जवाब ला देंगे। हमने इसे मान लिया। दो चिट्ठियां उन्हें लिखीं और दोनों के जवाब हमें मिल गये। इसी तमाशे की पुनरावृत्ति लखनऊ स्टेशन पर होने के बाद हम रात के वक्त लखनऊ जेल पहुंचा दिए गए। लखनऊ जेल में सही-सलामत पहुंचा देने के लिए लारी लेकर गोरे सिपाहियों का एक दस्ता आया था।

लखनऊ जेल में कुछ दिन तो सराय का-सा नजारा रहा। कुछ लोग आते-जाते थे, कुछ छूटते जाते थे। श्री चन्द्रभाल जौहरी जब गिरफ्तार होकर आए तो भले-चंगे थे। छूटते समय उनके सारे बदन में फोड़े निकल आए, कुर्सी के स्टेचर पर बैठाकर मजिस्ट्रेट के सामने पेश हुए। रिहा होने पर उसी में बैठाकर उन्हें अदालत से बाहर किया गया। जाते वक्त आपने मुस्कराकर कहा :

'बड़े बेआबरू होकर तेरे कूचे से हम निकले।'

सारे मुकदमे में अमर शहीद श्री गणेशशंकर जी विद्यार्थी ने बड़ी ही दिलचस्पी ली थी। डिफेंस कमेटी का सारा प्रबन्ध एक प्रकार से वही करते थे। उन्होंने जो कुछ अपने व अपने पत्र 'प्रताप' द्वारा हम लोगों के लिए किया उसकी अन्य किसी से आशा भी नहीं की जा सकती। 'प्रताप' सदैव हमारा घर रहा और खुशी की बात तो यह है कि आज भी वह हमारा घर है। हम उग्र विचारवादियों के लिए आश्रयस्थान तो कहीं न कहीं मिल ही जाते हैं पर जिसे घर समझें ऐसे स्थान हमें बहुत कम मिलते हैं।

गिरफ्तारी से लेकर मुकदमे के अन्त तक स्वर्गीय पं० मोतीलाल जी ने मुकदमे में व्यक्तिगत दिलचस्पी रखी। हमारे डिफेंस को अच्छा बनाने के लिए उन्होंने पूरा प्रबन्ध किया, पर अपनी 'आत्मकथा' में पं० जवाहरलाल नेहरू ने इस मुकदमे को उल्लेख करने के योग्य भी नहीं समझा, जबकि उन दिनों आपने कई बार हम लोगों से मुलाकात की थी, कुछ सलाह-मशविरा भी हुए थे। शायद उस समय यह चीज कोई महत्त्व की रही हो !

हां, तो इसके बाद शिनाख्त का तमाशा शुरू हुआ। पुलिस ने मनमाने ढंग से काम किया। एक-एक गवाह को दो-दो पहचान कराने के लिए लाया गया और सारी कानूनी बन्दिशें हमारे खिलाफ इस्तेमाल की गई, पर फिर भी पुलिस को मनचाही सफलता न मिली। तमाशा तो यह कि जो थे उन्हें गवाहों ने न पहचाना और जो उस काम में शामिल न थे वे शिकार बन गए !

शिनाख्त परेड का दिन हमारे लिए आनन्द का दिन होता था। इसलिए नहीं कि उससे मुकदमे में कोई आसानी होगी, वरन इसलिए कि हमारे अपने इस अवसर पर साथ खड़े होने वाले आदमियों के रूप में आते थे, और हमें उनसे मिलकर घर के हालचाल जानने का मौका मिल जाता था। सर्वश्री सुरेन्द्रनाथ पाण्डेय, बीरेन्द्रनाथ पाण्डेय, महावीर पाण्डेय, विजय कुमार सिन्हा आदि ने कई-कई बार लखनऊ आकर इसमें भाग लिया था। इतना ही नहीं, सफाई का ठीक-ठीक प्रबन्ध करने और प्रकाशन विभाग को प्रभावपूर्ण बनाने में तो भाई विजय कुमार सिन्हा ने कमाल कर दिखाया था।

इस मुकदमे के बारे में स्व० पं० मोतीलाल जी ने खुद स्व० पं० जगत नारायण मुल्ला को हमारे सफाई के वकील बनने के लिए कहा था। कुछ स्वीकृति भी मिली थी कि इतने में सरकार ने सरकारी वकील बनने के लिए उन से कहा। 500 रुपये रोज उन्हें और 75 रुपये रोज उनके लड़के को मेहनताना देना स्वीकार किया। सफाई की ओर से 25 रुपये रोज की भी गुंजाइश न थी। फलतः जगतनारायण मुल्ला सरकारी वकील बन गए। बड़ा शोर मचा कि आप पूरी ईमानदारी के साथ काम करेंगे। देखने वाले जानते हैं कि किस तरह हमारे खिलाफ झूठे बयान गढ़वाने में बुद्धिमानों ने अपनी सारी बुद्धि लगाकर इस मुकदमे में अपनी कानूनी प्रतिभा को प्रदर्शित किया था। सच है :

न कोई इंगलिश, न कोई जर्मन,
न कोई रशियन, न कोई तुर्की।
मिटाने वाले हैं अपने भाई,
जो आज हमको मिटा रहे हैं॥

अन्त में सब लोग लखनऊ आ गए। मुकदमा शुरू हुआ। आपस में मिलते-जुलते, विचार-विनिमय करते, लड़ते-झगड़ते, दिन बीत गए। सजा देकर हम लोग एक-दूसरे से अलग कर दिए गए। सदा के लिए जो हमसे अलग हो रहे थे, उन्हें हमने बड़ी हसरत-भरी निगाहों से देखा। बरबस दिल उनकी ओर खिंचा जा रहा था, पर हालत हमारी बेबसी की थी। हम अलग कर दिए गए। हम उनसे जबर्दस्ती अलग कर दिए गए।

हम सबका जेल-जीवन बराबर संघर्ष का जीवन रहा। उसकी कहानी यहां कहना व्यर्थ है। अन्त में सजा के 5 साल पूरे व्यतीत होने में जब ढाई महीने बाकी थे, तो एक दिन बरेली सेंट्रल जेल के हैड जेलर ने हमारे यहां आकर कहा, "चलो रामदुलारे, तुम्हें जेल का बाग दिखा दें।" मैं उस समय श्री गोविन्दचरण कर और मुकुन्दीलाल गुप्त के साथ बैठा कुछ काम कर रहा था। हमें अपने हाते से बाहर निकलने की आज्ञा न थी। इस नये प्रस्ताव पर हम सबको कुछ आश्चर्य-

सा हुआ। मैंने उस वक्त उनके साथ घूमने जाने में अपनी अनिच्छा प्रकट की। उन्होंने कहा कि यह जेल सुपरिन्टेन्डेन्ट की इच्छा है, आप उनसे चलकर बात कर लें। अब इन्कार करना व्यर्थ था। बातचीत के ढंग से साफ जाहिर हो रहा था कि यदि मैं राजी से न चला तो जबर्दस्ती ले जाया जाऊंगा। अपने सहयोगियों से मिल, किसी नये षड्यन्त्र का शिकार बनने की आशंका मैं चल दिया।

फाटक पर जाकर देखा, सामने पुलिस लारी तैयार खड़ी है। कुछ पुलिस के सिपाही, एक दारोगा और एक किसी ऊंचे दर्जे के और अफसर साहब भी तशरीफ रख रहे हैं। जेलर ने मुझसे कहा, "तुम्हें रिहाई के लिए कानपुर जेल भेजा जा रहा है। दिन थोड़े रह गए हैं, इसलिए बेड़ियां नहीं पहनाई जाएंगी। नये कानून के अनुसार तुम्हें इस समय घर के कपड़े पहनने होंगे। जाकर कपड़े बदल लो और अपना सारा सामान देख लो।" मैंने आज्ञा का पालन किया। कपड़े बदलने के बाद जेल सुपरिन्टेन्डेन्ट के सामने पेश किया गया। उन्होंने पूछा, सब सामान ठीक है ? मैंने उत्तर दिया, जी हां ! 'गुडबाई' कहकर वे उठकर चल दिए। दारोगा ने मेरा सब सामान लारी पर रखवा, मुझे साथ चलने को कहा। मैं चल दिया। बरेली स्टेशन की पुलिस चौकी पर लाकर मुझे बिठा दिया गया। केवल कांस्टेबल पहरे पर था, जो मेरे पास किसी को आने न देता था। गाड़ी आने पर मेरा सामान गाड़ी में रख दिया गया। एक वर्दी वाला तथा एक खुफिया का सिपाही मेरे साथ रवाना हुआ। इस नये ढंग के ट्रांसफर पर मुझे आश्चर्य था। शाहजहांपुर स्टेशन आने पर वर्दी वाले सिपाही ने कानपुर का एक टिकट मेरे हाथ में देकर कहा, "आप रिहा हो गए हैं, सीधे कानपुर जाइए।" मैं उसकी बात का ठीक-ठीक अर्थ न समझ सका। मुझे सारी बातें एक मजाक-सा मालूम हो रही थीं। पर मैं वास्तव में ही रिहा कर दिया गया था। आज साढ़े छः वर्ष बाद मैं स्वतन्त्र हो दुनिया को देख सकता था। हर आदमी से बातचीत कर सकता था। नहीं बता सकता कि क्या-क्या भाव उस वक्त मेरे हृदय में उमड़े। सारी रात जागकर उस दिन स्वप्नावस्था में ही बिता दी।

कानपुर पहुंचा। मित्रों को किसी तरह मेरे आने की खबर लग गई थी। उस दिन शहर में दिन में भी कर्फ्यू आर्डर लगा हुआ था। आन्दोलन का जमाना था। पुलिस राजनैतिक कार्यकर्ताओं को ढूंढ़-ढूंढ़कर जेल में ठूंस देना चाहती थी। कानपुर के युवकप्राण श्री वीरेन्द्रनाथ पाण्डेय, यद्यपि पुलिस इस समय भी बुरी तरह उनके पीछे पड़ी थी और उनके बड़े भाई श्री सुरेन्द्रनाथ पाण्डेय को दफा 110 का शिकार बनाकर जेल में बांध रखा था, अपने सहयोगी सर्वश्री जोगेश्वर त्रिवेदी, महेश, विश्वनाथ टण्डन, मणीलाल, द्वारिकाप्रसाद व रामस्वरूप सक्सेना आदि 20-30 युवकों को लेकर स्टेशन पर उपस्थित थे। पास आते ही 'इंकलाब जिन्दाबाद' और शहीदों के जिन्दाबाद के नारों से स्टेशन का वातावरण गूंज उठा।

मेरे लिए यह सब बातें एकदम अजीब थीं। यह नारे पहले कभी सुने भी न थे। अपने शहीद साथियों का नाम सुनते ही दिल भर आया। भाषा मौन हो गई। आभार से सर झुकाकर सबसे मिलने के सिवा मैं एक शब्द भी न बोल सका।

पुलिस शिकारी कुत्ते की तरह तैयार थी। मैंने देखा, यदि मेरे ये साथी कुछ समय वहां और रुके तो अवश्य ही कुछ हो जाएगा। मैंने उन्हें अपनी आशंका जताई और वे उसे मान उसी समय इधर-उधर हो गए। मैं इक्के में चढ़कर अपने छोटे भाई के साथ घर पहुंचा। पर मेरी आशंका निर्मूल न सिद्ध हुई। मेरे निकट-तम बाल्य बन्धु श्री भगवती प्रसाद शुक्ल को साथ ले मैं भाई राजकुमार की माता जी से मिलने गया था कि लौटते समय पुलिस ने भगवती प्रसाद जी को गिरफ्तार कर लिया और जबर्दस्ती काले कानून के अनुसार उन्हें छः महीने की सजा देकर जेल में बन्द कर दिया। कुछ ही दिनों बाद कराची जाने के लिए रेल में सवार होते वक्त, कानपुर स्टेशन पर चलती गाड़ी को रोक, भाई वीरेन्द्रनाथ पाण्डेय को भी गिरफ्तार कर लिया गया।

बाहर आकर विवाह करके मैं अभी लगभग छह महीने भी न रह पाया था कि एक दिन सारे कानपुर में तलाशियों की धूम मच गई और कई जगह हथियार पकड़े गए। श्री हलधर बाजपेयी को गिरफ्तार करने जाकर एक सब इन्स्पेक्टर पुलिस को गोली का सामना करना पड़ा। सर्वश्री राजेन्द्र निगम, हलधर बाजपेयी सूर्यप्रसाद शुक्ल, पंचमलाल, रामनारायण जौहरी तथा रामप्रसाद उर्फ सुक्खा आदि कई साथियों की तरह मुझे भी गिरफ्तार कर लिया गया। कुछ दिनों बाद सुना कि देहरादून के कोई मास्टर केवलकृष्ण कपूर मुखबिर हो गए हैं और देहरादून-कानपुर षड्यंत्र केस चलेगा। दो बार शिनाख्त परेड हुई, पर किसी ने किसी को पहचाना नहीं। सारा मामला टांय-टांय फिस्स हो गया। जिन लोगों के पास कुछ हथियार वगैरह मिले थे उन्हें उसमें सजा हो गई। मुझे पांच-पांच हजार की दो जमानतों पर रिहा किया गया। कुछ दिनों बाद यह मुकदमा वापस हो गया। लेकिन थोड़ा-सा अन्तर दे, एक लड़का जहर खाकर मर गया था, सो उसके कत्ल के इल्जाम में मुझे फिर गिरफ्तार कर लिया गया। लोगों का ख्याल था कि यह लड़का पुलिस को खबरें देता है और पुलिस का ख्याल था कि इसी वजह से वह मारा गया है। मामला अदालत तक न पहुंचा, मैं स्वतन्त्र हो गया। कुछ ही दिन इधर-उधर घूमा था कि फिर एक दिन धर लिया गया। अबकी बार दफा 110 का वार था। जुर्म साबित हो गया और दो-दो हजार की दो जमानतें तथा एक वर्ष नेकचलनी के लिए दाखिल करने पर पीछा छूटा। इसके बाद 124 ए की गिरफ्तारी और अन्त में अपने सहयोगियों के साथ देहली में नोटिस के उल्लंघन पर छबीली भटियारी की सराय में विश्राम मिलने के बाद आजकल कानपुर कांग्रेस के सैनिक के नाते जीवन व्यतीत हो रहा है।

परिशिष्ट

कुछ चुने गाने

जो काकोरी के अभियुक्त उस समय गाते थे

(1)

तू वो मये खूबी है ऐ जलवये जानाना
हर गुल है तेरा बुलबुल, हर शमा परवाना ।।

सर मस्ती में भी अपना साकी के कदम पर हो
इतना तो करम करना ऐ लगज़िशे मस्ताना ।।

या रब इन्हीं हाथों से पीते रहें मतवाले
या रब तू ही साथी हो या रब वही पैमाना ।।

आंखें हैं तो उसकी हैं किसमत है तो उसकी है
जिसने तुझे देखा है ऐ जलवये जानाना ।।

छेड़ो न फरिश्ते तुम जिक्रे-गमे-जानाना
क्यों याद दिलाते हो भूला हुआ अफ़साना ।।

यह चश्मे-हकीकी भी क्या तेरे सिवा देखें
सिजदे से हमें मतलब काबा हो या बुतखाना ।।

साक़ी को दिखा देंगे अन्दाज़ फ़क़ीराना
टूटी हुई बोतल है फूटा हुआ पैमाना ।।

(2)

भारत जननि तेरी जय हो, विजय हो।
तू शुद्धबुद्धि और ज्ञान की आगार
तेरा विजय-सूर्य, माता, उदय हो॥
हों ज्ञानसम्पन्न, जीवन सुफल होवे
सन्तान तेरी सकल प्रेममय हो॥
आएं पुन: कृष्ण, देखें दशा तेरी
सरिता-सरों में 'भी बहता प्रणय हो॥
भारत के संकल्प पूरण करें ईश
विघ्न और बाधा सभी का प्रलय हो॥
गांधी रहें और तिलक फिर से आवें
अरविन्द, लाला, महेन्द्र की जय हो॥
मेरे लिए जेल हो स्वर्ग का द्वार
बेड़ी की झनझन में वीणा की लय हो॥
कहता खलील, आज हिन्दू-मुसलमान
सब मिलके गावो जननि तेरी जय हो॥
भारत जननि०

(3)

मुर्गे-दिल मत रो यहां आंसू बहाना है मना
अन्दलीबों को कफस में चहचहाना हैं मना॥
हाय बेदर्दी तो देखो, कह रहा सैयाद यह
वक्ते-जिबहा बुलबुलों को फड़फड़ाना है मना॥
बक्ते-जिबहा जानवर को देते हैं पानी पिला—
हज़रते-इन्सान को पानी पिलाना है मना॥
मेरे खूं से हाथ रंगकर बोले क्या अच्छा है रंग
अब हमें तो उम्र भर मेंहदी लगाना है मना॥
ऐ मेरे ज़ख्मे-जिगर नासूर बनना है तो बन—
क्या करूं इस ज़ख्म पर मरहम लगाना है मना॥
खूने-दिल पीते हैं 'असग़र' खाते हैं लख्ते जिगर—
इस कफ़स में क़ैदियों को आबोदाना है मना॥

(4)

अपना खूं अपने ही हाथों से बहाना है हमें।
मादरे हिन्द को सर भेंट चढ़ाना हैं हमें॥
कूटते-कूटते करना है बदन को फ़ौलाद—
दिल को पत्थर से कहीं सख्त बनाना है हमें॥
विदेशी सुर्मे की हमको न जरूरत हर्गिज़—
आंख में खाके-वतन जबकि लगाना है हमें॥

(5)

हम भी दिल रखते हैं सीने में जिगर रखते हैं।
इश्क़ सौदाएवतन रखते हैं सर रखते हैं।
माना यह, जोर ही रखते हैं न जर रखते हैं—
वलवला जोशे-मोहब्बत का मगर रखते हैं।
कंगूरा अर्श का आहों से हिला सकते हैं।
खाक में गुम्बदे-गर दूं को मिला सकते हैं॥
शौक हो जिनको सताने का, सताएं, आएं।
रूबरू आके हों, यूं मुंह न छिपाएं, आएं।
देख लें मेरी वफ़ा, आएं, जफ़ाएं आएं—
शौक से लूंगा बलाएं मैं, बलाएं आएं।
दिल वो दिल ही नहीं जिसमें भरा दर्द नहीं।
सख्तियां सब्र से झेले न जो वो मर्द नहीं॥
क़ैस हैं पर किसी लैला के गिरफ़्तार नहीं।
कोहकन हैं किसी शीरीं से सरोकार नहीं।
ऐसी बातों से हमें उन्स नहीं, प्यार नहीं—
हिज्र के, वस्ल के क़िस्से हमें दरकार नहीं।
दिल ये उसमें है बसा जो कि वतन अपना है।
जान उसकी है, पला जिससे यह तन अपना है॥
यह वो गुल है कि गुलों का भी वक़ार इससे है।
चमन-ए-दहर में इक ताज़ा बहार इससे है।
बुलबुले-दिल को तसल्ली वो करार इससे है—
बन रहा गुलचीं की नजरों में खार इससे है।

चर्खे-कजबाज के हाथों से बुरा हाल न हो।
तू शिगुफ़्ता रहे हरदम, कभी पामाल न हो।।

आरज़ू है कि इसे सीम-ओ-ज़र से सींचें।
बन पड़े गर तो इसे आबे-गुहर-सी सींचें।
आबे-हैवां न मिले दीदए-तर से सींचें—
वक़्त पड़ जाए तो फिर खूने-जिगर से सींचें।
हड्डियां रिज्के-हुमा बनके न बरबाद रहें।
घुल के मिट्टी में मिलें खाद बनें याद रहें।।

हम सितम लाख सहें, शाइके-बेदाद रहें।
आह थामे हुए, रोके हुए, फ़रियाद रहें।
इसकी परवाह किसे, शाद कि नाशाद रहें—
हम रहें या न रहें, ऐसे रहें, याद रहें।
हम उजड़ते हैं तो उजड़ें, वतन आबाद रहे।
हों गिरफ़्तार; तो हों, पर वतन आज़ाद रहे।।

(6)

ऐ जमीने-हिन्द तू मत ज़ार हो, बस से आंसू पोंछ ले बेदार हो।।
तेरे फरजन्दों ने दिल में ठान ली, जान तक हाजिर है गर दरकार हो।।
हाय, हम सब यों खड़े देखा करें, और तू रुसवा सरे-बाजार हो।।
हैफ़, हम उस दिन को जिन्दा क्यों रहें, तू तो सर मांगे हमें इनकार हो।।
ऐ मेरे प्यारे कन्हाईलाल, दत्त ! क्या तुम्हारे वस्ल का इज़हार हो।।
जान देना और देना इस तरह, क्यों न फिर फांसी गले का हार हो।।
कम रहे किस बात में मंसूर से ? बल्कि बढ़कर नाम के हक़दार हो।।
नौजवानों के दिलों में घर किया, दार पर चढ़के हुए सरदार हो।।
देखिए किस-किस से छूटे अपना देश, और किस-किस से जुदा घरबार हो।।
और किस-किस के न जाने खून से, सुर्ख क़ातिल की अभी तलवार हो।।
हम तो आशिक हैं हमें परवा नहीं, लाख क़ातिल बरसरे-आजार हो।।

(7)

(अमर शहीद अशफ़ाकउल्ला खां की ग़ज़ल)

उरूजे-कामयाबी पर कभी हिंदोस्तां होगा।
रिहा सैयाद के हाथों से अपना आशियां होगा॥
चखायेंगे मज़ा बर्बादिये-गुलशन का गुलचीं को—
बहार आ जायेगी उस दम जब अपना बाग़वां होगा॥
ये आये दिन की छेड़ अच्छी नहीं, ऐ खंजरे-कातिल।
बता कब फ़ैसला 'उनके-हमारे दरमियां होगा॥
जुदा मत हो मेरे पहलू से ऐ दर्दे-वतन हर्गिज़।
न जाने बादे-मुर्दन मैं कहां और तू कहां होगा॥
वतन की आबरू का यास देखें कौन करता है।
सुना है आज मक़तल में हमारा इम्तिहां होगा॥
शहीदों की चिताओं पर जुड़ेंगे हर बरस मेले।
वतन पर मरने वालों का यही बाक़ी निशां होगा॥
कभी वह दिन भी आयेगा जब अपना राज देखेंगे।
जब अपनी ही ज़मीं होगी और अपना आशियां होगा॥

(8)

भारत न रह सकेगा हर्गिज गुलामखाना।
आज़ाद होगा, होगा, आता है वो ज़माना॥
खूं खोलने लगा है हिंदोस्तानियों का—
इस पस्तहिम्मती का होगा कहां ठिकाना॥
यूं बेज़ुबान बनकर बस अब न हम रहेंगे।
कर देंगे जालिमों का सब बंद जुल्म ढाना॥
परवाह अब किसे है इस जेल औ' दमन की।
इक खेल हो गया है फांसी पे' झूल जाना॥
क़ौमी तिरंगे झंडे पर दिल फ़िदा है अपना।
भारत निवासी सारे गाते हैं यह तराना॥
भारत के हम हैं बच्चे भारत वतन हमारा।
भारत के वास्ते है मंज़ूर सर कटाना॥

(9)

खुशी के दौरे-दौरा से है यां रंजो-अमन पहले।
बहार आती हैं पीछे को खिजां गिर्दे-चमन पहले॥
मुहब्बाने वतन होंगे हजारों बेवतन पहले।
फलेगा हिंद पीछे को बसेगा अंडमन पहले॥
मुसीबत आ, क़यामत आ, कहां जंजीरे-जिंदां हैं।
यहां तैयार बैठे हैं गरीबाने-वतन पहले॥
उन्हीं के सर रहा सेहरा उन्हीं के ताजे-कुर्बानी।
जिन्होंने फाड़कर अपने रखा सिर पर कफ़न पहले॥
न हम इज्जत के ताबिल हों न दौलत की करें परवा।
फ़िदा इस मुल्क पर कर देंगे तन-मन और धन पहले॥
जमीने-हिंद तो फूले-फलेगी एक दिन लेकिन—
मिलेंगे खाक में लाखों हमरे गुलबदन पहले॥

(10)

असीराने कफ़स पर नित नयी बेदाद करते हैं।
कतर कर पर वो कहते हैं तुम्हें आजाद करते हैं॥
यही तक़्सीर है अपनी चमन को याद करते हैं।
इसी इल्जाम पर वो आशियां बरबाद करते हैं॥
दो अमली से जमा रक्खा हैं क़ब्जा खान-ए दिल पर—
कभी वो शाद करते हैं कभी नाशाद करते हैं॥
पियाला जुल्म का लबरेज होकर ही छलकता है—
मैं खुश होता हूं वो जितने सितम ईजाद करते हैं॥
बदलते हैं वो क्यूं तेवर हमारी आहोंजारी पर—
फ़लक के हम सताए हैं खुदा को याद करते हैं॥
यही मंज़ूर है उनको निशां दुनिया से मिट जाए।
हमारी खाक भी बादे-फ़ना बरबाद करते हैं॥
दिले-वहशीं समझकर उनके वादों का यक़ीं करना।
है दिल में कुछ जुबां से और कुछ इरशाद करते हैं॥
बहुत दुश्वार हैं मिलनी रिहाई उनके पंजे से—
ये दिल रखने की बातें हैं कि हम आज़ाद करते हैं॥

बिगड़ते हैं, अकड़ते हैं, डपटते हैं, झिड़कते हैं—
अयां जब उनसे हम हाले-दिले नाशाद करते हैं॥
अरे जालिम खुदा से खौफ़ खा आबाद रहने दे।
कहीं बेकस के घर को इस तरह बरबाद करते हैं॥

(11)

लकब था एक दिन हिंदोस्तां जन्नत निशां तेरा।
जमीं थी दामने-गुल आइना था आस्मां तेरा॥
गुबार आलूदा मतला क्यों है कहिए आजकल आखिर—
ये मजलूमों की आहें हैं या छाया है धुआं तेरा॥
कफ़न के वास्ते भी हो गये मुहताज गैरों के—
हुआ बेदस्त-ओ-बेपा इस तरह पीरो-जवां तेरा॥
असीरी में रिहाई के मजे सब भूल बैठे हैं—
कफ़स से छुटके उड़ना कब हो मुर्गे नातवां तेरा॥

(12)

उटियानी, न हैरानी, न थे पांव में छाले।
हम भी थे कभी, आह, बड़े नाजों के पाले॥
जुल खाये, मिटे, उड़ गई आजादी औ' राहत—
अल्लाह ये दिन अपने दुश्मन पे' भी न डाले॥
मारा है, मिटाया है हमें आह उन्होंने—
कर बैठे थे हम जानो-जिगर जिनके हवाले॥
हमने तो हमेशा तेरी खुशनूदी ही चाही—
खुद बिगड़े मगर काम तो तेरे सारे संभाले॥
उसका ये सिला हमको मिला, उफ़री मुहब्बत—
बरबाद किया डाल दिये जान के लाले॥
सौगंध है तुझको तेरे उस जोरो-जफ़ा की—
जी भरके हमें जितना सताना हो सता ले॥
चमकेगा कभी अपनी भी किस्मत का सितारा—
हम भी कभी देखेंगे आजादी के उजाले॥

बदले की लहर तब तेरे सर चढ़के कहेगी—
था जहर पै केंचुल से ये लाचार थे काले ॥

(13)

हैफ़ हम जिस पे कि तैयार थे मर जाने को।
यक-ब-यक हमसे छुड़ाया उसी काशाने को।
आस्मां क्या यही बाक़ी था ग़ज़ब ढाने को।
लाके गुरबत में जो रक्खा हमें तड़पाने को!
क्या कोई और बहाना न था तरसाने को॥

फिर न गुलशन में हमें लायेगा सैयाद कभी।
क्यों सुनेगा तू हमारी कोई फरियाद कभी।
याद आयेगा किसे यह दिले-नाशाद कभी।
हम भी इस बाग़ में थे क़ैद से आज़ाद कभी।
अब तो काहे को मिलेगी वो हवा खाने को॥

दिल फिदा करते हैं कुरबान जिगर करते हैं।
पास जो कुछ है वो माता की नजर करते हैं।
खाने-वीरान कहां देखिए घर करते हैं।
खुश रहो अहले वतन हम तो सफ़र करते हैं।
जाके आबाद करेंगे किसी वीराने को॥

देखिये कब ये असीराने-मुसीबत छूटें।
मादरे हिंद के कब भाग खुलें या फूटें।
देशसेवक सभी जब जेल में मूंजें कूटें।
हम यहां ऐश से दिन-रात बहारें लूटें!
क्यों न तरजीह दें इस जीने पे' मर जाने को॥

कोई माता की उमीदों पे' न डाले पानी।
ज़िंदगी भर को हमें भेज के काले पानी।
मुंह में जल्लाद हुए जाते हैं छाले पानी।
आब खंजर का पिला करके दुआ ले पानी।
भरने क्यों जाये कहीं उम्र के पैमाने को॥

हम भी आराम उठा सकते थे घर में रहकर।
हमको भी पाला था मां-बाप ने दुःख सह-सहकर।
वक़्ते-रुखसत उन्हें इतना भी न आये कहकर।
गोद में आंसू जो टपकें कभी रुख से बहकर—
तिफ़्ल उनको ही समझ लेना जी बहलाने को॥

देशसेवा ही का बहता है लहू नस-नस में।
अब तो खा बैठे हैं चित्तौड़ के गढ़ की क़समें।
सरफ़रोशी की अदा होती हैं यूं ही रस्में।
भाई खंजर से गले मिलते हैं सब आपस में।
बहनें तैयार चिताओं पे' हैं जल जाने को॥

नौजवानो, जो तबीयत में तुम्हारी खटके।
याद कर लेना कभी हमको भी भूले-भटके।
आपके उज्वे-बदन होवें जुदा कट-कट के।
और सर चाक ही माता का कलेजा फटके।
पर न माथे पे' शिकन आये क़सम खाने को॥

अपनी क़िसमत में अजल से ही सितम रक्खा था।
रंज रक्खा था मुहिन रक्खा था ग़म रक्खा था।
किसको परवाह थी और किसमें ये दम रक्खा था।
हमने जब वादिये गुरबत में कदम रक्खा था।
दूर तक यादे वतन आई थी समझाने को॥

मैकदा किसका है यह जामे-सुबू किसका है।
वार किसका है मेरी जां ये' गुलू किसका है।
जो बहे क़ौम की खातिर वो लहू किसका है।
आस्मां साफ़ बता दे तू उदू किसका है।
क्यों नये रंग बदलता है ये तड़पाने को॥

दर्दमंदों से मुसीबत की हलावत पूछो।
मरने वालों से ज़रा लुत्फ़े-शहादत पूछो।
चश्मे-मुश्ताक से कुछ दीद की हसरत पूछो।
कुश्त-ए-नाज़ से ठोकर की क़यामत पूछो।
सोज़ कहते हैं किसे पूछो तो परवाने को॥

बात तो तब है कि इस बात की ज़िद्दें ठानें।
देश के वास्ते क़ुर्बान करें सब जानें।
लाख समझाये कोई एक न उसकी मानें।
कहता है खून से मत अपना गरेबां सानें।
नासिहा, आग लगे तेरे इस समझाने को।।

न मयस्सर हुआ राहत में कभी मेल हमें।
जान पर खेल के भाया न कोई खेल हमें।
एक दिन को भी न मंज़ूर हुई 'बेल' हमें।
याद आयेगा बहुत लखनऊ का जेल हमें।
लोग तो भूल ही जायेंगे इस अफ़साने को।।

अब तो हम डाल चुके अपने गले में झोली।
एक होती है फ़क़ीरों की हमेशा बोली।
ख़ून से फाग रचायेगी हमारी टोली।
जब से बंगाल में खेले हैं कन्हाई होली।
पूछता अब तो नहीं कोई भी बरसाने को।।

नौजवानो, यही मौक़ा है, उठो, खुल खेलो।
सख़्तियां राह में जो आएं खुशी से झेलो।
मादरे हिंद के सदक़े में जवानी दे दो।
फिर मिलेंगी न ये, माता की दुआएं ले लो।
देखें कौन आता है इरशाद बजा लाने को।।

• इन तरानों के अतिरिक्त आजादी के दीवाने अमर शहीद रामप्रसाद बिस्मिल की लिखी दो गजलें सरफरोशी···और मिट गया जब···को भी गाते थे। ये दोनों गजल इस पुस्तक में पष्ठ 111 पर दी गई हैं।

—संपादक

□□

www.ingramcontent.com/pod-product-compliance
Lightning Source LLC
LaVergne TN
LVHW010935051026
849532LV00003B/988
* 9 7 8 9 3 9 5 1 4 5 2 1 3 *